평화를 주소서

평화를 주소서

이기헌 지음

DONA NOBIS
PACEM

가톨릭동북아평화연구소

추천사

먼저 이기헌 주교님의 생애와 신앙 여정을 담은 책 '평화를 주소서' 발간을 진심으로 축하드립니다. 주교님께서는 순교자들의 피를 통하여 신앙의 씨앗이 싹튼 한국천주교회 역사의 한 지점에 있는 순교자 집안의 후손으로 태어나셨습니다. 고조부모와 증조부 일가족 세 분이 신앙의 증인으로 현재 시복 절차 중에 있으며, 한국전쟁이 일어나기 전 평양에서 사목하시다 양들을 버리고 떠날 수 없다며 묵묵히 순교의 길을 걸어간 이재호 알렉시오 신부님께서는 삼촌이 되십니다.

현직 주교단에서 고향이 북쪽인 분은 이기헌 베드로 주교님이 유일하십니다. 주님의 섭리였는지 주교님께서 고향만이 아니라 당신이 걸으신 인생의 여러 길에서도 우리 한반도 역사의 아픔을 마주하셨고, 그 아픔들을 감내하시며 간절하게 '평화'를 염원하셨던 여정이 책 곳곳에 파노라마처럼 펼쳐집니다. 주교님의 삶은 평화라는 종착역으로 가기 위한 헌신과 실천하는 삶 그 자체였습니다. 그래서인지 주교님의 글 '평화를 주소서'를 읽으며 참 감사한 마음이 들었습니다.

저는 춘천 주교와 함흥교구 서리 직무까지 맡게 될 때 두 지역의 특성과 함께 지금 우리 현실의 삶에 있어 가장 중요한 '평화'를 간절히 염원하며 '하나됨·평화'를 사목 표어로 정했습니다. 현 주교회의 민족화해위원회 책임자로서 이기헌 주교님께서 10여 년 정성을 쏟으신 평화의 지향을 이어가고자 노력하고 있습니다. 책 중간에 세 번째 북한 방문 이야기가 나옵니다. 그 당시 저는 민족화해위원회 총무 자격으로 주교님들을 모시면서 처음 북한을 방문했습니다. 함께 하신 주교님께서 평양 장충성당과 평양 거리와 인근 마을들을 바라보시던 모습, 미사를 봉헌하시며 북쪽 신자들을 보시던 눈빛이 남다르셨습니다. 평양 방문 후 주교님께서는 기꺼이 지반이 약해져 보수가 필요했던 장충성당을 도와야 하겠다는 생각을 나누기도 하셨습니다.

주교회의를 마치는 날, 주교님께서는 초년생 주교들을 평양냉면 잘하는 우래옥이라는 식당으로 초대해 주셨고, 어느 쉬는 월요일에는 저를 주교관에 초대하시어 평양식 김치말이밥을 맛나게 먹게 해주셨습니다. 올 유월 주교단 영성모임 때는 북쪽에서 공수한 냉면과 새터민이 만든 북한 음식을 준비해 주셨습니다. 이런 기회를 통해 주교님께서 어릴 때 떠나오셨지만 고향의 맛을 그리워하신다는 것을 느낄 수 있었습니다. 평양교구 출신으로 신학교에 입학하시면서 '사제가 될 즈음에는 고향으로 갈 수 있겠지!'라는 희망과 최전선의 군인들을 사목하며 바랬던 평화에 대한 희망, 개성에 인접한 의정부교구에서 사목하시며 하루빨리 우리 민족이 하나가 되기를 바랐던 희망은 아직 이루어지지 않았지만, 주교님께서는 서울교구에서 건축을 시작하였으나 중단 상태에 있었던 참회와 속죄의 성당과 민족화해센터를 완공하셨고, 가톨릭동북아평화연구소를 설립해 한반도 평화를 위한 주교님의 확고한 사목적 의지를 표명하시고 그 초석을 단단히 놓으셨습니다.

언젠가 주교님께 현직에서 물러나면 무엇을 하고 싶으신지 우문愚問을 드리자, 좋아하는 책을 여유롭게 읽으시고 한반도의 평화를 위해 끊임없이 기도하시며, 할 수 있는 소임이 있다면 기꺼이 실천하시겠다는 현답賢答을 해주셨습니다. 그렇습니다. 이기헌 주교님께서는 한평생 평화가 함께하기를 바라며 살아오셨기에, 주님의 부르심을 받기 전까지 끊임없이 '한반도 평화를 위한 밤 9시 기도'는 물론, 당신이 하실 수 있는 역할을 기꺼이 해내실 것입니다. 아무쪼록 주교님의 영육 간 건강을 두 손 모아 빌며 '평화를 주소서'라는 주교님의 소망과 민족의 염원이 하루빨리 이루어지길 희망합니다.

춘천교구장/함흥교구 서리

김주영 시몬

간행사

 이 책은 이기헌 주교님의 생애가 담긴 책입니다. 가히 한반도 분단역사와 함께 한 삶의 기록이라 해도 과언이 아닙니다. 이 책을 읽으시면 누구나 주교님의 삶에서 '민족의 화해와 일치'가 소명이었음을 이해하실 수 있을 것입니다.
 우선 주교님의 출생이 그러합니다. 주교님은 6·25전쟁 전 평양에서 태어나셨습니다. 1·4 후퇴 때 두 누님을 북에 남겨 둔 채 남쪽으로 내려오셨습니다. 주교님의 부모님은 이 두 딸을 끝내 보지 못한 채 영면하셨습니다. 이 이산가족의 신산한 기억과 삶이 주교님을 민족의 화해와 일치로 이끌었습니다. 둘째, 이 이산가족의 삶은 주교님을 일제 강점, 강대국 분할 점령, 6·25전쟁으로 불귀의 디아스포라로 살아가게 된 동포들에 대한 연민으로 이끌었습니다. '제1부 평화순례'에서 이 배경을 확인하실 수 있습니다. 셋째, 주교님이 걸어오신 이 화해와 일치의 여정은 본인도 거부할 수 없는 하느님의 강한 부르심이었습니다. 하느님은 주교님 생애를 관통하는 키워드라 할 수 있는 '평화' 여정의 여러 계기에 함께 하셨습니다. 이 책 서두의 '지난 세월을 돌이켜 보며'에서 이 오묘한 섭리를 확인하실 수 있을 것입니다.

'평화를 주소서'는 주교님이 직접 지으신 제목입니다. 이 책의 제2부 '평화 메시지'를 읽다 보면 이 제목에 여러 깊은 의미가 담겨 있음을 확인하실 수 있을 것입니다. 우선, 이 제목에는 주교님을 평생 이끌어 주셨고 주교님이 기꺼이 당신 삶을 의탁해온 하느님에 대한 깊은 신앙고백이 담겨 있습니다.

둘째, 민족의 화해와 일치에 관심을 가진 분이라면 누구나 한반도 평화가 인간의 힘만으로 실현되는 일이 아니라는 것을 아시게 됩니다. 남북끼리 해결하는 문제라면 그래도 쉬운데 끼어드는 나라들이 너무 많습니다. 이 때문에 세상의 그 어떤 고차방정식도 이만큼 풀기 어렵지 않을 정도입니다. 그래서 우린 마지막에 '이 일은 하느님만 하실 수 있다'고 고백하게 됩니다. 그러나 이것이 소극적인 태도는 아닙니다. 평생을 이 문제에 바쳐온 사람만이 할 수 있는 탄식이자 기도입니다. 온갖 방법을 다 써 보아도 끝내 마주 서게 되는 거대한 벽 앞에서 우리는 겸허해질 수밖에 없기 때문입니다. 따라서 이 말이 우리 노력을 포기하는 것을 뜻하지 않습니다. 역사의 주인이신 하느님께

주도권을 넘겨드리려는 태도일 뿐입니다. 저는 이 고백이 '평화 영성'의 핵심이라 생각합니다. 주교님의 평화 여정에서 이 깊은 평화 영성을 확인하실 수 있을 것입니다.

셋째, 이 말 안에는 이산가족 아니면 느낄 수 없는 안타까움, 회한이 담겨 있습니다. 평생 북녘 땅을 바라보며 언젠가는 이뤄질 것이라 소망하던 통일이 더 멀어져 버린 것에 대한 안타까움, 게다가 이제는 나이까지 들어 회한이 더 깊어집니다. 이런 아픔은 당사자 아니면 아무도 모를 일입니다.

마지막으로, 이 말에는 희망이 담겨 있습니다. 우리 땅에서 평화는 불현듯 다가왔다 신기루처럼 사라지곤 합니다. 우린 여러 차례 이런 일을 경험했습니다. 영원히 오지 않을 것 같다가도 어느 날 갑자기 훈풍이 불어옵니다. 그러다 언제 그랬나 싶게 신기루처럼 사라집니다. 허망하지만 그렇다고 좌절하기도 어렵습니다. 우린 그저 그분이 하실 일이니 그 분께 희망을 둘 뿐입니다. 저는 주교님이 그동안의 삶을 돌아보며 민족의 화해와 일치를 위한 기도 사도직을 새로 시작하시겠다는 고백에서 평화 영성의 또 다른 핵심인 '희망'을 봅니다. 저는 이 이상 주교님의 평화 사상과 영성을 대변하는 말이 없다고 생각합니다.

이 책을 내기 위해 저는 열 번 가까이 원고를 읽었습니다. 수고스러울 것 같았는데 매번 읽는 일이 즐거웠습니다. 가장 큰 즐거움은 하느님이 한 인간을 어찌 부르고 이끄시는지 그 섭리의 손길을 보는 일이었습니다. 매 순간 글을 통해 살아 계신 하느님을 느낄 수 있어 기뻤습니다. 또 다른 즐거움은 제가 주교님께 무엇인가 의미 있는 선물을 해드리고 싶었는데 이 책을 만드는 일을 거들어 드리게 된 것이 선물이 된 점입니다.

저는 주교님이 교구에서 함께 일해보자고 평신도 신학자들에게 먼저 손을 내미신 일에 늘 감사해왔고 또 자랑스러웠습니다. 제 개인적으로는 북한학으로 두 번째 박사 학위를 받을 수 있도록 주교님이 물심양면으로 지원해주셨습니다. 제가 아주 힘들 때 큰 도움도 주셨습니다. 이래저래 주교님은 제게 '착한 목자'이셨습니다. 그래서 이 작업이 기뻤습니다. 한평생 기도의 사람으로 살아오신 주교님께 이 작은 노력이 선물이 될 수 있기를 바랍니다. 주교님이 새롭게 시작하실 은퇴 후의 삶에도 응원을 보냅니다. 주교님 수고하셨습니다. 함께 할 수 있어 기쁘고 행복했습니다. 감사합니다.

2023년 10월
박문수

| 목차 |

추천사 · 004

간행사 · 008

책을 펴내며 · 016

지난 세월을 돌이켜보며 · 021

제1부 평화순례

제1장 중국

34년 전, 처음 동포들을 만났던 감동과 추억들 · 036

34년 전 기록들 · 041 | 처음 중국 땅을 밟다 · 041

중국에서 맞은 둘째 날 · 043 | 중국 성당에서 미사에 참례하다 · 044

연길행 비행기를 타다 · 048 | 송강으로 가며 본 풍경들 · 050

백두산의 원시림과 쭉쭉 뻗어 있는 길 · 056 | 해란강이 있는 용정을 가다 · 059

연길 성당에서 목이 쉬어라 우리말 성가를 함께 부르다 · 064

조선 중학교를 방문하다 · 068 | 김대건 신부님께서 첫 미사드린 곳을 가다 · 069

제2장 일본

가깝고도 먼 나라에서 만난 민족의 상처 · 076

일본에서 쓴 사목 단상들 · 081 | 이방 속의 한국, 한인 성당 · 081
향수병 전문의 · 083 | 한 지방 두 살림의 조화 · 087
타향 같은 고향 · 091 | 기도, 화해, 일치에 인색함을 반성하자 · 094
해방 50년을 맞는 한국과 일본 · 097 | 종군 위안부 앞에 일본 정부는 '벽창호' · 101
뉴스마다 '북한 핵' - '한복 수난' · 104
묵주 100개 선물 "너무 고맙다" 북한 천주교인 대표단 방일 이모저모 · 109
고베의 폐허 속에 교회는 한 줄기 희망 · 112
30년 만에 다시 떠난 일본 평화 순례 · 114 | 조선인 마을 · 116
조선학교 · 117 | 조세이 탄광 수몰지 사고 현장 · 120
히로시마 방문 · 122

제3장 사할린

동토(凍土)에서 지킨 신앙 · 128 | 동양인은 모두 우리 동포 · 130
동포 집 응접실에서 여장을 풀다 · 134 | "고향 사람 좀 보자" 문전 성시 · 139
이것은 틀림없는 은총이다 · 141

제4장 북한

나의 고향, 우리의 반쪽 · 148 | 나의 고향 평양 · 148
처음으로 하는 북한 방문 · 153 | 대련에서 순안까지 · 153

평양 거리를 달리며 · 156 | 가까이서 만난 사람들 · 158
거리의 인상 · 162 | 없는 게 너무 많은 나라 · 168
지방 길을 달리며 · 171 | 그리운 금강산 · 175
장충 성당에서 · 179 | 다시 또 하고 싶은 이야기 · 185
우리 가족 이야기 · 189 | 17년 만에 다시 찾은 평양, 세 번째 방문 · 195
17년 만에 만난 북한 신자 대표들 · 197 | 시설 방문과 밤 9시 기도 · 199
장충 성당에서 드린 미사 · 201 | 결실과 과제 · 203

제2부 평화 메시지

제1장 강론
'한국전쟁 정전협정 70년' 한반도 평화 기원 미사 · 210
'주교 영성 모임' 미사 · 218 | '한일 여자 수도자 장상 총회' 미사 · 223
2023년 세계평화의 날 미사 · 227 | 민족의 화해와 일치를 위한 미사 · 233
JSA 성당 봉헌식 축사 · 238 | 남북 정상회담 성공 기원 미사 · 241
6월에 북녘의 교회를 생각하며 · 246 | 설맞이 이산가족 위령미사 · 250
'적군 묘지' 미사 · 254 | 민족화해센터 봉헌 미사 · 259
통일 전망대 성모의 밤 · 265

제2장 강연

한반도 평화를 위한 한미 주교회의 간 협력 · 272
끝나지 않은 전쟁 · 281 | 그리스도인들의 평화와 화해의 임무 · 294
2019년 한반도 평화를 위한 호소문 · 304 | 평양 장충 성당과 북녘 신자들 · 310
다양한 방식으로 이루어진 북한 신자들의 세례 · 313

제3장 인터뷰

'DMZ 평화의 상' 수상 소감 · 326
6·25전쟁 발발 70주년 기념 인터뷰 · 330
2018 남북 정상회담의 성과와 한계 · 340

제4장 평화 단상

밤 9시 기도는 계속됩니다 · 348
빨간색의 편견을 지우며 평화의 여정에 함께합시다 · 352
종군 위안부, 김군자 할머니 · 356

이기헌 베드로 주교 약력 · 361

책을 펴내며

지난 2022년 12월 31일부로 나는 만 75세가 되었습니다. 주교들은 만 75세가 되면 교황님께 현직 주교로서 사임서를 내고 은퇴를 기다리게 됩니다. 지금은 그때를 기다리는 시간입니다. 물론 은퇴 후에도 주교로서의 나의 시간은 계속됩니다. 하지만 하느님께서 불러주신 교구장 주교 소임을 끝내는 것은 참으로 홀가분한 일입니다.

　나는 은퇴하면 많은 시간을 기도하며 보낼 생각입니다. 무엇보다 평화를 위해 기도하려 합니다. 이런 결심은 내가 살아온 삶이 이끌어 준 것 같습니다. 내가 북녘 땅인 평양에서 출생한 것, 북녘에서 살았던 기억은 없지만 기억보다 더 강하고 진하게 부모님과 한반도 역사가 나를 이렇게 기도하게 만드는 것 같습니다.

부모님은 갈 수 없는 고향을 늘 그리워하며 사셨습니다. 그 그리움의 많은 부분은 북녘에서 신앙생활하던 교회와 교우들, 그리고 공산당에 잡혀가 순교하였을 목자들에 대한 존경과 그리움이었을 것입니다. 그러나 그보다 더 강한 것은 끝내 만나지 못하게 된 두 딸을 가슴에 묻은 채 살아야 했던 아픔이었을 것입니다.

내가 우리 민족과 한반도 평화에 대해 다른 사람보다 더 많이 생각하며 살 수 있게 되었던 것은 우리 가족이 겪은 이러한 6·25전쟁과 분단 체험의 영향이 컸습니다. 그러나 이보다 더 컸던 것은 전쟁과 분단이 만든 적대감과 분열이 남북뿐 아니라 우리 사회 전체의 성장에 걸림돌과 족쇄 역할을 하고 있다는 깨달음이었습니다. 이에 못잖게 내가 우리 민족의 아픔을 느끼고 민족화해와 한반도 평화에 관심을 갖게 해준 것은 신부가 되고 나서 하게 된 사목 체험이었습니다.

이 체험의 시작일 수 있는 첫 사건이 중국 여행이었습니다. 당시는 쉽지 않았던 중국 여행을 하며 내가 가졌던 호기심은 오랜 역사를 가진 중국 역사의 발자취보다 조선족을 만날 수 있는 연길 방문에 대한 것이었습니다. 연길에서 가졌던 조선족들과의 만남은 내가 처음 느껴보는 커다란 민족적 충격이었습니다. 20일이라는 짧지 않은 시간 동안 중국을 여행하며 나는 조선족의 모습을 지켜볼 수 있었습니다. 나는 매일 밤 그날 만남에서 받았던 감동과 충격을 글로 남겼습니다.

이 여행은 우리 민족이 어두운 역사 때문에 살 곳을 찾아 세계 여기저기로 흩어져 디아스포라로 살 수밖에 없었던 몇 안 되는 불행한 민족임을 확인시켜주는 시간이었습니다. 그러나 그들은 먼 곳에 흩어져 살면서도 우리 민족임을 잊지 않았고 우리 민족이 전쟁 없이 평화롭게 하나 되어 살기를 바랐습니다.

중국 여행을 하고 나서 몇 년 후 이번에는 짧은 여행이 아닌 5년이라는 긴 시간을 동경에서 교포사목을 하며 보내게 되었습니다. 우리 민족에게 아픈 역사를 만들어 주었고 아직도 아픔을 주고 있는 일본에 살게 되었던 것입니다. 나는 이 시간 동안 이방인이 되어 일본이라는 나라를 잘 느낄 수 있었고 재일조선인의 아픈 삶도 살펴볼 수 있었습니다.

중국 여행과 일본에서의 생활보다 더 결정적이었고, 강한 충격으로 내 삶에 다가온 것은 북한 방문이었습니다. 북한 사람들은 오랜 기간 갈라져 살아서인지 처음엔 외국인처럼 느껴졌습니다. 가난하고 불행하게 사는 그들을 보며 민족화해와 한반도 평화를 위해 더 열심히 일해야겠다고 생각하게 되었습니다. 통일이라는 명제가 멀어져가는 요즘 우리 민족의 화해와 한반도의 평화를 위해 우리가 할 수 있는 최선의 일은 남북이 손잡고 대화를 나누는 일임을 깨닫고 함께 노력하는 일이라 생각하게 됩니다. 이제 우리가 해야 할 일은 남과 북을 가로막고 남쪽 사회를 분열과 갈등으로 멍들게 하는 것이 적대감임을 생각하며 우리 자신과 교회부터 적대감 없이 서로 존중하며 살아가는 것입니다.

신부가 되어 민족화해를 위해 사목했던 시간은 나에게 행복이었고 그중에서도 탈북자들과 함께 보낸 시간이 특히 보람이었습니다. 주교가 되어 10년 가까이 주교회의에서 민족화해위원장을 맡게 된 것도 제겐 귀중한 체험이 되었습니다. 돌이켜보면 그동안 한반도 평화 여정은 참으로 험난하였습니다. 특히 새 정권이 들어선 지금 한반도에 차가운 바람이 몰아치는 형국입니다. 이런 것을 보면 평화가 우리 힘만으로 실현되는 것이 아님을 절실히 느끼게 됩니다.

평화는 하느님이 당신이 마음에 들어 하는 이에게 주시는 선물입니다. 정의를 실천하고 적대감 없이 살아가는 사람, 공동선을 실천하며 희생하며 살아가는 사람에게 주시는 선물이라는 것입니다. 평화가 참으로 소중하다는 것을 깨닫고, 평화를 소망하며 기도하는 사람이 늘고 함께 연대하는 사람이 많아질 때 우리에게도 평화가 찾아올 것입니다.
한반도 평화는 우리 민족이 걸어온 어두운 역사 안에서 희생되었던 이 땅의 수많은 사람들과 또 다른 의미에서 희생자들인 중국, 러시아와 일본 같은 나라에서 지금도 외롭게 살아가고 있는 분들을 생각해서라도 우리가 이루어야 할 과제입니다. 그리고 무엇보다 반쪽으로 나뉘어져 사는 우리 민족에게 가장 소중한 일이기에 한반도 평화 여정은 계속되어야 하고 또 많은 사람이 함께해야 합니다.

　우리 민족이 서로 사랑할 수 있도록, 한반도 평화와 세계평화를 위해 끊임없이 기도드릴 수 있도록 나를 이끌어준 지난날들을 기록한 글들을 모아 책을 내게 되어 기쁘게 생각합니다. 평화의 어머님이신 성모님께 우리 민족과 한반도 평화를 위해 빌어주시기를 간구합니다.

지난 세월을 돌이켜보며

지난 세월을 되돌아보니 참으로 감사한 일이 많습니다. 우선 75년이라는 긴 시간을 하느님께서 큰 병치레 없이 살게 해주셨고, 교구장 직책도 무탈하게 마칠 수 있도록 해주셨으니 감사하기 그지없습니다.

의정부교구에 부임하게 되었을 때 평양교구 출신 성직자라는 신원(身元)과 북한과 맞닿은 최북단 지역을 담당하는 교구의 교구장으로 불러주셨다는 것이 큰 의미가 있다고 생각하였습니다. 나이가 드니 젊을 때보다 북한을 가까이 볼 수 있는 장소에서 부모님 생각을 더 많이 하게 됩니다. '언제 통일이 될까?' 자주 혼자 말을 하게 되기도 합니다.

몇 해 전 윤공희 대주교님께서 북녘이 가까운 '참회와 속죄의 성당'에서 며칠 지내고 싶다면서 제게 전화를 거신 적이 있습니다. 그때 저는 "꼭 오세요, 냉면과 녹두 빈대떡을 맛있게 해드릴게요." 이리 말씀드리고 기다렸는데 오시기 이틀 전 낙상을 당하셔서 결국 못 오셨습니다. 참회와 속죄의 성당에 오셔서 고향을 생각하는 시간을 갖고 싶으셨을 윤 대주교님도 이산가족의 마음이 여전히 크신 것 같습니다.

하느님께서는 지금은 북한 땅인 평양에서 내가 태어나게 하셨습니다. 너무 어려 기억은 별로 없지만 평양이 나의 고향이라는 것을 자랑스럽게 생각하도록 부모님께 키워졌습니다. 그리고 무엇보다 6·25전쟁이라는 우리 민족의 비극에도 함께할 수 있게 해주셨다는 것은 대단히 큰 의미가 있는 사실이었습니다. 하느님께서는 북한 공산정권의 종교박해를 피해 자유로운 신앙생활을 할 수 있도록 우리 가족을 삼팔선을 넘어 남쪽으로 넘어오게 하셨습니다. 그리고 두고두고 감사한 것은 나를 순교자 집안에 태어나게 해주시고 신앙이 얼마나 소중한 선물인가를 어려서부터 깨닫게 하여 평생 신앙 안에 살도록 이끌어 주신 것입니다.

성장하는 과정에서 내가 간직한 소중한 기억의 대부분은 교회와 관련된 것이었습니다. 첫영성체 하던 날 제단 위에서 친구들과 함께 미사에 참례한 일이며, 나를 기쁘게 해주기 위해 온 가족이 축하해주었던 일은 아름다운 기억으로 남아 있습니다. 뛰어놀 곳이라고는 없던 시절, 방학 때면 성당 마당에서 맘껏 뛰놀던 일도 기쁜 추억으로 남아 있습니다. 부모님과 함께 지냈던 어린 시절의 추억, 가족들과 함께 미사 가던 일이나 성탄이나 부활 축일을 같이 지낸 것도 아름다운 기억으로 남아 있습니다. 남쪽으로 내려와 부모님이 자주 만나며 즐거워하셨던 분들은 대부분 이북에서 넘어온 교우였습니다. 특히 평양교구 출신 교우들과 야유회라도 가게 되면 아주 기뻐하셨던 일이 새삼스럽습니다.

나는 어린 시절 복사를 섰고 주일학교에 열심히 다녔습니다. 청소년 시절에는 성당에 잘 다녔고 책도 부지런히 읽으며 건강하게 잘 지냈습니다. 그 덕분에 나는 자연스럽게 신학교를 선택할 수 있었습니다. 평양교구에서 사목하시다 순교하셨던, 작은 아버지 신부님의 대를 이어야 한다는 아버님 뜻을 받들어 평양교구 신학생이 되었습니다. 관할 지역이 없는 교구 신학생이었지만 통일의 희망을 안고 신학교 생활을 열심히 했습니다. 신학교 여름 방학 때는 부산지역에서 사목하시는 평양교구 출신 신부님들과 신우회 회원들이 우리 평양교구 신학생들을 초대해 즐거운 시간을 갖게 해주었습니다.

저는 신학교 재학 중에 군에 입대하였습니다. 문학을 아주 좋아하였던 저는 세상을 넓게 경험하고 인간적으로도 성숙한 사제가 되고 싶었습니다. 군대에 가게 된 것도 인생을 경험할 수 있는 좋은 기회라 생각하였습니다. 그래서 최전방에 가고 싶었습니다. 다행히 제가 원하는 대로 철책선을 지키는 최전방 사단에 배치받을 수 있었습니다. 야무지고 튼튼하게 쳐진 철책선 앞에 있는 소대가 나의 근무지였습니다. 소대 막사 앞에 개울이 흘러 동료들과 식기를 닦고 배급으로 나온 '화랑' 담배를 피우며 한가한 시간을 보내기도 했습니다. 저녁을 먹고 어두워질 무렵이면 철책선 앞 통나무로 된 자그마한 초소에서 다음 날 동이 틀 때까지 경계근무를 섰습니다. 밤새 졸지 않기 위해 전방을 바라보며 묵주 기도를 수없이 바쳤습니다. 기도를 드리다 때론 분단된 현실이 비감할 때도 있었습니다. 그렇게 인생과 조국의 현실을 체험하고 제대 후 신학교로 복귀하였습니다.

1975년 12월 8일 드디어 '원죄 없이 잉태되신 동정 마리아 대축일'에 사제 서품을 받았습니다. 서품을 받고 사제생활을 보람차고 행복하게 시작하였습니다. 신부가 되고 얼마 안 되어 '북한선교위원회'에 관심을 가지게 되었습니다. 그래서 매달 임진각 근방에서 북한선교위원회가 주관하는 평화와 통일을 위한 미사에 열심히 참여하였습니다. 추운 겨울에도 벌판에서 드리는 미사에 함께하였고 묵주 기도도 열심히 바쳤는데 참석한 교우들 중 많은 분들이 이북에서 넘어오신 분들이었습니다. 미사에 참례한 신자들이 가슴에 '기도로 통일을'이라는 리본을 달고 있던 기억이 생생합니다.

사제생활을 2년 반 정도 하였을 때 우리 동창들이 군종신부로 가게 되었습니다. 갑자기 군종신부 할당 숫자가 늘어나 꼭 가야 한다는 주교님 말씀에 동창 전원이 군종신부로 나가게 된 것입니다. 2년 반 동안 사제생활을 한 덕에 대위로 임관할 수 있었습니다. 두 번째 하는 군대 생활이었기에 사병들의 마음을 잘 이해할 수 있었고 군대 사정에도 비교적 익숙하였습니다. 얼마 안 되는 신자지만 이들은 신앙생활에 충실하였고 젊은 신부인 나에게도 잘 대해 주었습니다.

본당 건물이 없고 할 일도 찾기 어려웠던 강원도 산골부대에서의 군종신부 생활은 힘들고 외로웠습니다. 무엇보다 사제의 정체성을 찾지 못해 힘들어 하였습니다. 그때 체험한 성체조배는 평화와 힘을 얻을 수 있는 보물과 같은 선물이었습니다. 성체조배는 평생을 두고 큰 힘이 되었습니다. 그 후에도 저는 외롭고 힘든 시간이 있을 때마다 성체조배를 했습니다. 성체조배는 제게 평화와 안정을 가져다주는 안식처였습니다. 그리고 군종신부 생활 중에 내가 가장 좋아했던 일은 전방 철책선에서 지내는 병사들을 찾아가 기도로 위로해주며 자그마한 선물을 나눠 주는 일이었습니다. 인생에서 가장 귀중한 시간을 보내고 있는 젊은이들에게 작은 위로라도 해주고 싶은 마음 때문이었습니다.

  군종신부를 마치고 첫 본당으로 잠원동 성당에 발령받았습니다. 잠원동 성당은 나의 첫사랑이었습니다. 잠원동 성당은 '성심원'이라는 고아원 건물을 서울대교구가 인수하여 본당으로 승격한 곳이었습니다. 성당 지붕이 함석이라서, 바람 부는 날이면 지붕에서 요란한 소리가 났습니다. 그래도 신자들은 옛날 고향에 있던 성당 같다며 좋아하였습니다. 성당을 지을 때는 온 신자가 한마음이 되었습니다. 모든 신자가 기도하며 한마음으로 성당을 지을 때 행복했습니다. 40년이 되어가는 지금도 옛날 잠원동 신자들은 그때가 가장 행복했다고들 합니다.

  얼마 안 있어 일본으로 교포사목을 떠나게 되었습니다. 이를 계기로 넓은 세계를 볼 수 있었습니다. 특히 일본은 우리나라의 암울한 역사의 흔적이 많이 남아 있는 곳이라 특히 의미가 있었습니다. 이곳에서 우리 민족을 많이 알게 되었고, 일본이라는 나라도 비교적 잘 이해하게 되었습니다. 일본인 가운데 아프고 죄스런 마음으로 우리 신자들을 대해주는 이들이 많았습니다. 동경 대교구장이셨던 시라야나기 추기경님, 사와다 신부님과 후카미즈 신부님이 그러하셨습니다.

  일본에 있는 동안 두 차례 시라야나기 추기경님을 비롯한 일본 신자들과 함께 중국교회를 순례하였으며, 후카미즈 신부와 함께 사할린을 방문하기도 하였습니다. 이 여행을 하면서 고향을 떠나 외로이 살아야 했던 동포들의 삶과 우리 민족의 암울한 역사를 생각할 수 있었습니다.

일본에 있는 동안 좋았던 일 중 하나는 1년에 한두 차례 일본 여행을 오시는 김수환 추기경님을 모시는 일이었습니다. 추기경님과 함께 기차를 타고 여행할 때면 추기경님은 당신의 젊은 시절 이야기를 종종 들려주곤 하셨습니다. 일제 말기 학도병으로 나가셨던 이야기며 평생 스승님이셨던 게페르트 신부님 이야기를 들었습니다. 고베 대지진 때는 지진현장을 방문하였는데, 이재민과 함께 아파하시던 추기경님의 모습이 새삼스럽습니다.

교포사목을 마치고 나는 서울대교구청으로 발령받았습니다. 5년 동안 교육국장과 사무처장 일을 보았는데, 이때 교구청이 하는 역할을 웬만큼 알게 되었습니다. 특히 교구청에 있는 동안 남북관계와 북한 지원 업무를 조금이나마 거들 수 있었던 것은 행운이었습니다. 교구 민족화해위원회 총무를 맡으며 북한에 두 번 방문할 수 있었습니다. 두 차례 방문과, 그 후 북경을 무대로 북한 천주교 임원들과 만나며 친분을 쌓게 되었던 것은 내게는 큰 도움이 되었습니다.

1999년 12월 주교로 임명받았습니다. 주교 서품을 앞두고 경남 고성 올리베타노 수녀원에서 피정을 하게 되었습니다. 경당에 들어갔을 때 펼친 성서 구절이 여호수아기 1장 9절인 "힘과 용기를 내어라. 무서워하지도 말고 놀라지도 마라. 네가 어디를 가든지 주 너의 하느님이 너와 함께 있어 주겠다."였습니다. 일부러 찾아보기도 힘든 이 성경 구절은 제게 큰 위로와 하느님께서 함께 계셔주심을 느낄 수 있는 말씀이었습니다.

　주교가 되어 10년간 군종 교구장직을 수행하였습니다. 젊은 병사가 주축이고 군 간부들과 그들의 가족을 위해 사목하며 보낸 10년은 기쁘고 행복하였습니다. 세 번째로 군과 인연을 맺게 된 나의 임무는, 젊은이에게 신앙을 심어주고, 군 간부와 가족들에게 신앙생활의 소중함을 가르쳐주고 행복하게 살게 해주는 일이었습니다. 군부대가 있는 곳이면 어디든 달려가 견진성사를 집전하고 신자들을 만났던 일은 다른 교구에선 맛볼 수 없는 보람이었습니다. 특히 루르드에서 있었던 군인 순례에 참여하여 전 세계에서 온 군인 신자들과 함께 기도하고 미사 드리며 성지에서 보냈던 일은 결코 잊을 수 없습니다. 루르드 마을을 돌며 묵주 기도를 바치고, 매 단이 끝날 때마다 촛불을 높이 들고 "아베, 아베, 아베 마리아"를 노래했던 밤 행렬은 참으로 아름다운 시간이었습니다.

10년간 군종교구장 임무를 마치고 나는 새로운 임지인 의정부교구장으로 발령받았습니다. 나의 전임 교구장인 이한택 주교님을 찾아가 인사드렸을 때 의정부교구 신자들 모두 순박하고 신심이 깊다는 말씀을 해주셨습니다. 실제로 신자들을 만날 때마다 이를 확인할 수 있었습니다. 2명의 신학교 동창이 교구에 있어 다행이었고 신부들 대부분이 서울대교구 시절 얼굴을 익혔던 터라 친근감이 있었습니다. 이들의 얼굴에서 가난한 신자들을 위해 사목하고 싶어 하는 마음을 읽을 수 있었습니다. 실제로 많은 신부님이 열정을 가지고 가난한 이들을 위해 살고 있었습니다.

　교구설정 10주년을 맞아 교구민을 대상으로 실시한 설문조사 결과에서 신자들이 바라는 교회상이 무엇인지 잘 알게 되었습니다. 이런 현실 인식에 바탕을 두고 교구 실정에 맞는 사목을 하기 위해 열심히 노력하였습니다. 부임하고 얼마 안 돼 신부들과 면담할 기회가 있었는데, 그때 신부들이 제게 했던 건의 중에 기억에 남는 것은 '후배들이 너무 긴 기간 보좌신부로 있으면 의욕을 잃으니 빠른 시간 내에 주임을 나가게 해주면 좋겠다'는 것이었습니다. 전체 사제들의 모임에서 나는 이 건의를 이야기하며 그러려면 모든 신부가 희생해야 하는데 그렇게 할 수 있겠냐고 했더니 다들 그렇게 하겠다는 결의를 보였습니다. 이것이 한국교회 안에서는 새로운 시도라 할 수 있었던 협력사목의 출발 과정이었습니다. 다행히 모든 신부, 특히 선배 신부들이 모범을 보이고 희생을 하여 이제는 정착이 되었습니다.

의정부교구장 직무 외에 나는 주교회의 민족화해위원장을 꽤 오랜 기간 맡았습니다. 정권이 바뀔 때마다 달라지는 대북정책 때문에 분위기가 달라지는 어려움은 있지만 이런 변화에도 변함없이 할 수 있는 일이 '기도 운동'이고 '화해와 평화를 위한 교육'임을 실감하였습니다. 그래서 시작하게 된 것이 밤 9시 '한반도 평화를 위한 주모경 바치기' 운동과 본당에 '민족화해분과'를 설치하여 신자들이 일상적으로 민족화해와 일치를 위해 기도하고 평화 여정에 함께 하도록 하는 일이었습니다. 다행히 김수환 추기경님께서 '민족의 화해와 일치'를 위해 지은 '참회와 속죄의 성당'과 '민족화해센터'가 우리 교구 안에 있어 여러 관련 활동을 할 수 있었던 일은 교구장인 나에게는 큰 축복이었습니다.

2018년 평창올림픽과 남북 정상이 만날 때만 해도 한반도에 평화가 곧 올 것 같아 꿈에 부풀기도 했습니다. 그러나 하노이 북미 정상회담이 결렬되며 큰 실망을 하고 상처를 입은 북한은 그 후 문을 닫아걸고 있습니다. 새로 출범한 정부가 대북 강경 일변도로 나가면서 북한도 북한대로 우리와 미국에게 더 강경하게 나오고 있습니다. 남북 양측의 이러한 '강 대 강' 대결 구도가 한반도 평화에 어두운 그림자를 드리우고 있습니다. 이런 때 우리가 해야 할 일은 평화의 주인이시고 자비로우신 하느님께 기도드리며 그분께 한반도를 맡겨드리는 일입니다. 기도드리는 일은 은퇴를 하고 나서 제가 하고 싶은 일이기도 합니다.

2023년 9월
이기헌 주교

제1부

평화 순례

제 1 장

/

중국

34년 전,
처음 동포들을 만났던
감동과 추억들

　우리 민족을 생각하게 해주었던 첫 번째 여행은 1989년도에 떠난 중국 여행이었습니다. 마흔두 살 한창나이 때 우리 민족의 굴곡진 역사로 인해 고국을 떠나 이역만리 낯선 땅에서 아프고 외롭게 살아야 했던 동포들 모습을 보며 가슴이 아렸던 것이 중국 여행을 떠나는 계기였습니다.

　중국 여행이 계기가 되어 이후 우리 민족을 돌아보는 마음이 제 삶에 크게 자리를 잡게 된 것 같습니다. 우리 민족에게 큰 관심을 쏟지 못했던 저는 이후 일본에 사는 재일 동포, 사할린을 포함 러시아 대륙에 사는 고려인들을 만나며 그들에게 남다른 애정을 갖게 되었습니다. 서글픈 우리 민족의 역사 탓에 고향을 떠나 타지에 살게 되었음에도 집단을 이뤄 강인하게 살아가는 모습이 큰 감동을 주었기 때문입니다.

　처음 중국 여행을 하며 우리 민족이 일제의 탄압과 가난을 벗어나기 위해 먼 이역(異域)에 와 큰 집단을 이룬 연변, 도문,

용정에서 그분들의 삶을 생생하게 볼 수 있었던 것은 큰 체험이자 공부였습니다. 특히 그곳에서 만난 동포들이 우리말을 쓰고, 우리 음식을 먹고, 우리 문화를 유지하며 살아가고 있어 마치 우리네 시골을 방문한 듯 친근하면서도 애잔한 느낌을 주었습니다.

연길 본당에서 만난 중국 동포들과 함께 드린 미사, 미사가 끝난 후 함께 나눈 대화는 감동이었습니다. 연길에서 저녁 식사에 초대받았을 때 예전 공소회장님들이 중국 문화혁명 당시 몰래 숨어 신앙생활을 하였던 이야기는 눈물겨웠습니다. 한국에서 고향인 용정으로 휴가를 왔다 제2차 세계대전이 발발해 이곳에 발이 묶여 수녀원으로 돌아가지 못한 부산 올리베타노 수녀회 감 수녀님과의 만남은 하느님 섭리가 무엇인지 생각하게 해주는 시간이었습니다.

가장 흥미를 끌었던 일은 조선족 신학생 이야기였습니다. 문화혁명으로 종교가 아예 자취를 감추었던 시간이 오래 지속된 뒤여서 조선족 신학생 이야기가 새로웠습니다. 당시 유일한 조선족 출신 신학생은 팔도구 출신 엄태준 아브라함이었습니다. 우리가 연길에 갔을 때는 그가 학기 중이라 신학교에 있어 만날 수 없었습니다. 곧 사제품을 받게 될 것이라던 엄 아브라함은 중국어가 서툴러 보류될 수도 있다고 하였는데 조선족 신자들의 끈질긴 청원으로 마침내 1989년 서품을 받을 수 있었습니다. 그 후에도 조선족 출신 신부가 여러 명 나왔습니다. 저는 그들과 오랫동안 가까이 지냈습니다. 특히 엄 신부와는 그 후로도 계속 만나며 가까이 지냈습니다.

제가 일본에서 교포사목을 하고 있을 때 어느 날 엄 신부가 자신이 주교로 임명되었다고 하면서 주교 서품 준비로 서울에 가게 되었다고 연락을 주었습니다. 내가 좀 와서 도와주면 좋겠다고 하여 서울에 가 그를 만났습니다. 그런데 그 후 주교 서품을 받기 얼마 전 중국 신부들이 반대해 주교품을 받지 못했다는 소식을 들었습니다. 처음에는 안타까웠지만 교회 운영 방식이 우리와는 많이 다른 당시 중국교회에서 주교가 되었더라면 힘들게 살았을 텐데 오히려 잘되었다는 생각이 들었습니다. 그는 이후에도 서울에 여러 차례 방문했는데 그때마다 동생 같은 그에게 사제생활에 필요한 일, 특히 성경 공부를 열심히 해야 하고, 강론 준비와 기도를 잘해야 한다고 강조하였습니다. 연길에서 조선족 신자들을 위해 조용히 사목하던 그는 2019년 50대 젊은 나이에 지병으로 세상을 떠났습니다. 그의 선종 소식을 듣고 가슴이 많이 아팠습니다.

엄 신부 이후에도 조선족 출신 몇 명이 더 신부가 되었는데, 이 가운데 한 사람이 요코하마 교구 하마오 주교님 주선으로 일본에 유학을 온 윤이라는 신학생입니다. 마침 내가 동경에서 교포사목을 하던 때라서 그를 종종 만날 수 있었습니다. 그가 어느 날 저를 찾아와 중국으로 돌아가겠다고 하였습니다. 그에게 일본 생활이 무엇이 그렇게 어려웠느냐고 물으니 문화적 차이를 극복하기 힘들었다고 하였습니다. 결국 중국으로 돌아간 그는 다시 신학교에 들어가 서품을 받고 지금은 사제생활을 하고 있습니다.

나의 첫 중국 여행은 신기하고 감동적인 일로 가득했습니다. 어느 면에서는 유럽 여행보다 더 신선하고 인간적이었습니다. 그래서 힘들게 하루를 마치고 호텔로 돌아오면 기억이 사라지기 전에 생생한 체험을 글로 옮겼습니다. 지금도 가끔 예전 일을 떠올리며 그때 적었던 글을 다시 읽어보곤 합니다. 그럴 때마다 젊은 날의 소중했던 시간이 되살아나는 것을 느낍니다.

벌써 34년 전 일이라 몰라보게 발전한 지금의 중국과 비교하기 어려운 모습이 글에서 보이긴 하지만 오히려 발전 이면에 숨어 있는 중국을 다시 볼 수 있게 해줍니다. 특히 처음 떠난 중국 여행에서 내게 감동을 준 것은 만리장성이나 천안문 같은 역사적 흔적보다 우리 동포들과의 만남이었습니다. 그 후로도 몇 차례 중국을 방문할 기회가 있었습니다. 방문할 때마다 느꼈던 점은 짧은 기간 동안 중국이 몰라보게 발전하고 있다는 것이었습니다. 그 속도가 얼마나 빠른지 피부에 와닿았습니다.

어느 해인가 아직 이동전화가 상용화되지 않았을 때 이동전화를 멋으로 들고 다니던 성인을 보며 한국보다 많이 뒤처졌다고 생각했었는데 이제는 첨단 산업 분야에서 세계를 압도하고 있으니 그 발전 속도가 경이로울 뿐입니다. 지난 30년 동안 우리나라도 몰라보게 발전했지만 중국도 경제적으로나 군사적으로 크게 발전한 모습을 보며 감탄하지 않을 수 없습니다.

최근 중국은 미국과 세계 패권을 다툴 만큼 강한 나라가 되었습니다. 한국은 안보, 외교와 경제를 미국에 의존할 수밖에 없는 상황이지만, 우리나라 경제를 좌우하는 무역에서 가장 큰 비중을 차지하는 중국을 멀리하는 외교와 정치가 되어선 결코 안 될 것 같습니다. '안미경중(安美經中)'의 지혜로운 외교가 지속되어야 할 것 같은데 미국 일변도로 나가는 현 상황이 불안해 보이기만 합니다.

젊은 시절 많은 감동을 주고 많은 것을 생각하게 해준 나의 첫 중국 여행 기록을 함께 나누려 합니다. 나는 여행을 할 때마다 여행 기록을 남기곤 하는데, 유럽 여행보다 중국에서 남긴 여행 기록에서 더 큰 여운과 감동을 확인할 수 있습니다. 나에게 흐르는 동양인의 피 탓일 수도 있지만 무엇보다 처음 만난 동포들, 더욱이 그들의 삶 안에서 어두웠던 우리 민족의 역사를 볼 수 있었기 때문일 것입니다.

34년 전 기록들

처음 중국 땅을 밟다

비행기가 북경 땅에 요란하게 착륙했다. 꿈에도 그리던 중국 땅을 밟게 되어 참으로 감개무량하였다. 만리장성이 있고, 황하강이 있고, 조국을 찾겠노라 말 달리던 애국지사들의 조국애와 애환이 펼쳐졌던 만주 벌판이 있는 거대한 땅에 온 것에 감사했다. 무엇보다 우리 동포들이 조선 민족인 것을 자랑스럽게 여기며 한데 모여 살고 있는 연변 지역을 가볼 수 있다는 것이 기뻤다.

  북경의 첫인상은 낡고 정돈이 안 된 공항 모습과 군인 복장을 한 공항 직원들의 경직된 얼굴과 거친 매너였다. 공항을 벗어나니, 중국 관광사에서 마중을 나와 있었다. 낡은 구식 소형 버스가 기다리고 있었는데, 가이드는 연변에서 태어난 김금산이라는 35세 조선족이었다. 그는 아버지가 함경도 사람이고 어머니가 충청도 사람이었는데 북경에 있는 민족대학을 졸업하고 지금은 소수 민족이 자기 나라 책을 번역 출판하는 민족출판사라는 곳에서 한국어 계통 책을 번역한다고 했다.

호텔로 가는 도중 그가 버스 안에서 안내하며 사용했던 어투는 함경도 억양이 많이 섞여 있었는데 표준말에 상당히 가까웠다. 자신의 성장 과정, 연변 지역 동포들 이야기, 최근 중국에서 영위하는 자신의 삶과 조선족으로 살며 느꼈던 이야기를 들으니 왠지 모르게 눈시울이 뜨거워졌다.

한국에서 태어나지 않았음에도 한국말을 그리 잘하고, 말도 말이려니와 조선족으로서 민족의식과 긍지가 대단한 것에 새삼 놀랐다. 호텔에서 짐을 풀고 저녁을 먹고 나니 방으로 그가 찾아와 이야기를 나누게 되었다. 부업으로 관광 안내를 하는데 꽤 역사의식도 있고 깊은 사고와 유머 감각이 있는 젊은이였다. 그에게는 초등학교 2학년짜리 아들이 있는데 한국말을 곧잘 하다 요즘 중국 학교에 다니게 되면서 한국말을 잘 안 하려 든다고 해 큰일이라며 걱정했다. 그의 말에서 중국 속의 젊은 조선족, 젊은 아버지의 진한 민족의식을 느낄 수 있었다. 커튼을 열고 밖을 내다보니 북경의 밤이 펼쳐지고 있었다. 서울처럼 복잡하고 시끄럽지는 않았다. 인적이 끊겨 적막이 감돌았다. 그렇게 북경의 밤이 깊어 갔다.

중국에서 맞은 둘째 날

새벽 6시쯤 일어나 창밖을 내다보니 푸르고 신선한 가로수와 샛강과 큼직한 돌다리가 보였다. 아름다운 풍경이었다. 거리에서는 트레이닝복 차림의 젊은이가 조깅을 하는가 하면, 나이를 분간할 수 없는 남자들이 여기저기서 맨손 체조를 하였다. 그들은 우리나라 체조처럼 구분 동작으로 힘차게 하는 것과 달리 천천히 팔 허리와 목만 움직였다.

세면을 하고 짐을 정돈한 뒤 다시 거리를 내다보니 이제는 자전거 행렬이 물결을 이루고 있었다. 중국인 특유의 무겁고 어두운 색깔의 작업복을 입은 사람들이 학교로, 직장으로 출근하고 있었다. 쌍안경으로 보니 자전거를 타고 가는 모습이 평화롭고 친근감을 주었다. 어떤 이들은 둘씩 바싹 붙어 타고 가며 이야기를 나누고 있었다. 부부인 듯한 사람도 많았고 친구끼리 동료끼리 다정한 대화를 나누며 여유 있게 타고 있었다.

아침 식사를 하고 북경 첫날 일정인 명소 관광을 떠났다. 가이드가 차 안에서 문화혁명에 관한 이야기를 들려주었다. 책으로 읽던 문화혁명과 달리 당시 살던 사람들이 직접 체험한 문화혁명은 훨씬 더 대단했고 몸서리쳐지는 악몽이었다. 공산당이 혁명으로 중국을 장악하는 과정에서 신격화된 모택동이 중국 인민들의 절대적인 숭배를 받는 현실과 유소기·임표·'사인방' 간 권력 다툼이 빚은 피비린내 나고 처절했던 투쟁이 전체 중국 인민에게 미쳤던 영향력과 그 결과는 거의 커다란 태풍에 비유할 수 있는 것이었다.

비판, 숙청, 방화와 살인 같은 피비린내 나는 투쟁이 끝나고 난 뒤 찾아온 것은 과거 기나긴 중국 공산당, 더 나아가 중국 대륙에서 이루어진 모든 것을 새로운 눈으로 비판하는 안목과 새로움에 대한 추구, 그리고 그 모든 것에 대한 열망의 표현이기도 한 '개방'이었다.

1966년 12세 때 몸서리치며 눈으로, 마음으로, 몸으로 문화혁명을 겪었다는 김의 말을 통해 중국 체제 안에서 오랜 세월 동안 살아온 한 젊은이가 피부로 느낀 비판적이고 고뇌였으며 어두웠던 체험의 단편들이 무겁고 진하게 가슴에 와닿았다.

중국 성당에서 미사에 참례하다

아침 7시에 드리는 미사에 참례하기 위해 남당 성당에 갔다. 미사에 참례하기 전까지는 솔직히 '애국교회'에 대한 선입관 때문에 구경한다는 느낌이었다. 그러나 성당에 들어서면서부터 차차 생각이 달라지기 시작하였다.

성당에 들어서니 '레퀴엠'이 은은하게 오르간 반주에 맞춰

울려 퍼졌다. 그 순간 참으로 경건하고 성스러운 마음에 숙연해지고 저절로 무릎이 꿇어졌다. 마침 장례 미사가 있었다. 관은 성당 입구에 모셔 놨는데 관에는 돌아간 망자 이름이 쓰여 있고, 울긋불긋한 조화로 장식돼 있었다. 창미사였는데 성가대에서는 한 사람의 나이 든 남자 솔리스트와 대여섯 명의 여성 단원이 신학교 때 많이 불렀던 〈주여 나를 구원하소서(Libera me Domine)〉를 아주 구성지게 불렀다. 복사는 소년이 아니라 청년 네다섯 명이 했는데 옛날식으로 미사 경본을 옮기고 향도 여러 차례 사용하였으며 사제들이 쓰던 사각 모자(비레타)도 미사 중간 중간 사용하였다.

미사 참례하는 중국 신자들

미사 드리는 사제도 목소리가 상당히 좋았고 주님의 기도나 감사송 등은 노래로 불렀는데 듣기가 좋았다. 무엇보다 감동적이었던 것은 미사에 참례하는 신자들의 경건한 모습이었다. 신자들은 합장을 하고 미동도 없이 제대를 응시하며 마치 천상으로 몸과 마음을 향하는 자세로 미사에 시종일관 참여하고 있었다. 미사 중간 양편에 있는 소제대에서 다른 사제가 미사를 올리는 것을 보니 대성당다운 면모가 느껴졌다.

오래간만에 좌석에 앉아 미사 참례하는 맛이 좋았다. 영성체 시간에 제대 난간에 무릎을 꿇고 사제의 "그리스도의 몸(Corpus Christi)" 소리에 "아멘"이라 응답하며 참으로 오래간만에 그리운 구식 영성체를 하였다.

성당 내부는 고딕식이었으나 전체 색깔이나 장식은 상당히 중국적이었다. '무염시태 마리아'라는 글이 제단 좌우 빨간 천에 쓰여 걸려 있었고 제단 벽 정면에는 커다란 성모상이 십자가보다 더 크게 돋보였다. 사방팔방 붉은 천에 쓰인 성서 구절이 얼룩덜룩하게 걸려 있었는데 중국에 토착화된 모습 같았다.

천안문에 모여든 중국 군인들과 함께

　사제관을 나와 천안문으로 향했다. 천안문 앞에는 문화혁명 때 130만 명의 홍위병이 모였다는 세계 제일의 넓은 광장인 천안문 광장이 있었다. 광장은 중국 각지에서 몰려온 중국인과 외국 관광객으로 붐볐다. 이틀 동안 거의 볼 수 없었던 모택동의 거대한 초상화가 걸려 있었고, 붉은 중국 깃발이 나부꼈다. 특박을 나온 중국 인민군 신병들이 떼를 지어 광장을 지났다. 사천성에서 왔다는 작고 어려 보이는 신병과 그의 동료들과 사진을 찍었다. 사진을 보내줄 테니 주소를 적으라 하니 사천성 고향집 주소를 적어주었다.

모택동과 인민대회, 문화혁명과 홍위병 궐기 대회의 자취가 깃들인 천안문…. 넘치는 자유와 개방의 물결로 저기 천안문에 모인 수많은 젊은이에 의해 이제 중국도 서서히 변화되리라.

연길행 비행기를 타다

북경 공항에서 연길행 비행기를 타기 위해 기다리고 있는데 몇 사람 안 되는 탑승객 가운데 억센 사투리를 쓰는 조선족이 3명 있었다. 한 사람은 부인이고 두 사람은 남자였는데 북경 출장차 나왔다 돌아가는 길이라 했다. 복장도 중국 사람과 똑같았고, 말투마저 억센 함경도 사투리를 썼기에 잘 듣지 않으면 알아듣기 어려웠다. 대구에서 왔다는 한국 사람도 있었는데 그 사람은 철강 재료를 팔 수 있을까 해서 중국에 여러 번 왔다고 했다.

이윽고 비행기를 탔다. 연길행 비행기는 50명도 채 못 타는 낡고 형편없어 과연 제대로 날 수 있을까 겁날 정도였다. 비행기는 곧장 연길로 가지 않고 옛날에는 봉천이라 불렀던 심양을 경유했다.

동포들을 만나 이것저것 묻고 신나게 한국말로 떠드는 소리를 들으며 생각에 잠겨 보았다. 일본 식민지 시대 가난하고 서러웠던 시절, 살기 위해 정처없이 고향을 등졌던 사람들이 이제 머나먼 만주 벌판과 만주 하늘을 고향 삼아 굳세게 살아가고 있다.

드디어 연길시에 도착하였다. 아주 작은 공항이었는데 갑자기 날씨가 싸늘하게 변해 내복을 입지 않은 채로는 추위 덜덜 떨 지경이었다. 비행장 내 여기저기 공안원들인지 군복을 입은 사람들이 서 있었다.

미스터 김 어머니와 형님이 마중 나왔는데 어머니가 우리 일행을 환하게 맞았다. 고향이 충북 제천이라는데, 금세 우리 일행 중 부인들과 얼싸안고 이야기꽃을 피웠다.

한국어와 중국어로 된 안내문이 여기저기 붙어 있어 반가웠다. 연길 관광사에서 나온 버스를 타고 우리 숙소인 백산 호텔로 향했는데 가는 도중 한국말로 된 간판을 읽으며 우리 일행은 마치 한국말을 갓 배운 학생이 간판을 신나게 읽듯 "조선 식당, 랭면, 리발점, 파마점, ○○상점" 하며 야단이었다.

백산 호텔에 들어서니 여기저기서 한국말이 들렸다. 상점 점원들도 한국말로 대답하며 친절히 대해 연길시가 우리 동포들 거주 지역임을 실감할 수 있었다.

호텔에서 짐 정리를 마치고 저녁 식사는 두만강 식당에서 하였다. 이곳은 북한과 중국이 합작으로 투자한 식당이라 했다. 생전처음 북한 사람을 대하는 순간이었다. 젊은 종업원들 가슴에는 김일성 배지가 달려 있어 왠지 기분이 이상했다. 식사에 나온 반찬은 이곳에서 차로 4시간 거리에 있는 청진에서 수송해 온 해산물들이어서 맛이 있었다.

  이곳에서 일하는 종업원들은 3년을 임기로 근무한다고 하는데, 아마도 정보요원 아니면 군 복무를 겸하는 젊은이들이 아닌가 생각되었다. 사실 우리도 처음 대하는 북한 사람인 데다 김일성 배지를 달고 신경을 쓰며 경직된 표정으로 왔다 갔다 하는 모습을 보니 가슴이 아팠다. 사진을 찍는 것도 신경을 쓰던 이들이 식사를 마치고 나갈 때는 사진을 같이 찍자니 순순히 응해 사진도 여러 장 찍었다. 종업원 중 한 사람이 "남조선 동무들은 사진을 찍고는 보내주지 않습데다. 보내주는기요?" 하길래 주소를 적어달라고 했더니, "중화인민공화국 연길시 조중합영 두만강 호텔 조선측 접대원 ○○○"라고 써 주었다. 아! 드디어 우리 민족이 고향을 떠나 외롭게, 그러나 힘차게 조선 민족임을 긍지 삼고 살아가는 연길시에 왔구나!

송강으로 가며 본 풍경들

아침 6시 30분에 일어나 미사를 드리고 그리운 백두산으로 향했다. 아침 일찍 찾아온 연길 지회장님과 허창덕 신부님과 동창이라는 김 회장님을 통해 연길 교회 이야기를 들었다. 간단히 들려준 소식 중에는 동포 신학생 이야기도 있었다.

연변 지역 동포들은 조선족 신부를 무척 기다리고 있는데, 두 명의 신학생 가운데 엄 아브라함은 곧 품을 받게 되지만 품 심사 과정에서 신학교 당국이 중국말이 서툴다며 보류시키는 중이라 했다. 이 소식을 안 연변 조선족 교우들이 진정서들을 내고 해서 당국에서 신품 받을 수 있는 방향으로 가는 모양이었다. 바로 이런 점이 애국교회의 특징일 것이다. 정부가 교회의 고유 영역인 서품 문제에도 영향력을 행사하고 있으니 말이다.

이제 백두산행이다. 눈이 많이 쌓여 있어 천지까지는 도저히 갈 수 없다고 하여 실망이 대단하였다. 눈이 쌓였어도 가는 데까지 가 보자고 강행하여 소형 버스 한 대와 더 작은 소형 버스 한 대에 분승하여 출발했다.

연길에서 안도현 쪽으로 가는 길이 있었다. 우리는 안도현 쪽으로 가는 모양이었다. 가는 길에 많은 눈으로 차량 통행이 별로 없는 한산한 길인데도 사고가 두 군데서나 있었다.

백두산 지역은 기후변화가 심해 7, 8월이 아니면 산행이 어려운 모양이었다. 특히 천지까지는 더 그래서 이곳에 사는 사람도 대여섯 번 갔음에도 천지를 한 번도 못 본 사람이 많다고 했다. 7, 8월이라면 가는 도중에 더 아름다운 풍경을 볼 수 있었을 텐데 하얀 설경과 눈 덮인 평야만을 바라다볼 뿐이어서 조금은 단조로웠다. 가는 도중 벌판 가운데 드문드문 마을이 나타났는데 마을 어귀에는 마을 이름을 표시한 글들이 새겨져 있었다. 여기선 마을을 '툰'이라 부르는 모양이었다.

벽돌이 흔한 중국이라 온통 붉은 벽돌로 집을 지었는데 군데군데 초가집도 보였다. 벽돌집도 조선족 집과 중국 사람 집은 모양이 다른 것 같았다. 중국 집은 한쪽으로만 창이 나 있고 지붕도 선이 없이 반듯한 직선인 게 특징인 듯하였다.

끝없이 차를 달려가는 도중 군데군데 조선인 마을을 볼 수 있었다. 어느 마을에는 '백년대계의 근본은 교육', '9년제 의무교육을 위해 분투하자'는 구호가 적혀 있는 것을 보아 고향을 떠나 타향에서 외롭게 살아가는 이들의 희망이 자식 성공에 있음을 실감하였다. 조선족은 특히 자녀 교육에 정성을 다하고 대학 진학률도 높아 중국에 사는 여러 민족 가운데 교육열이 제일 높은 편이라 하였다.

눈과 마을을 바라보며 가는 도중 차 안에서 나는 북경의 김금산과 연길의 미스터 김과 한참 이야기를 나누었다. 연길의 미스터 김이 천주교회에 대해 이야기를 좀 해 달라고 하였다. 이 친구는 연길 대학에서 영어를 전공했고, 처음에는 교원 생활을 5년 했는데 대우도 안 좋고 교원들에 대한 사람들의 인식도 안 좋아 시험을 치르고 여행사에 입사했다고 하였다. 미국에도 한 번 다녀왔고, 88 서울 올림픽도 다녀왔기 때문에 견문도 넓고 트인 사람 같았다. 자기도 이제 아이를 낳고 세상을 그럭저럭 살아보니 뭔가 믿고 싶다고 했다. 교민 목사들의 설교도 들어보았고 미국 신부들과 이야기도 나누어 보았는데 신부들의 강론이 더 낫고 천주교가 더 좋다고 했다.

그가 진심으로 신앙에 대한 이야기를 듣고 싶어 하기에 나는 직접 천주교 교리를 이야기하기보다 신앙에 접근할 수 있는 참된 삶의 이야기라든지, 인간의 한계에 대해 이야기하며 지금 우리가 찾아야 할 분이 하느님이시고, 이기적인 사랑이 아니라 조건 없이 누구나 사랑할 수 있어야 한다는 이야기, 나눔 생활에 대한 이야기, 함께 살아야 하는 삶에 대한 이야기, 하느님이 어떤 분인지, 예수 그리스도가 어떤 분인지를 이야기해주었다.

북경 미스터 김도 아주 열중해서 들었는데 연길의 미스터 김처럼 긍정적인 반응을 쉬 보이지 않았다. 그는 유물론 사상에 젖어 있었다. 갑작스레 인간주의로 넘어가는 것이 어려웠을 테고 전혀 신앙적 배경이 없는 사람들에게 거부 반응이 있을까 하여 휴머니즘과 인간 존재의 불완전성, 영적 갈망에 대해서만 이야기하였다.

점점 올라갈수록 눈이 더 많이 쌓여 있었다. 군데군데 삼림철도와 마을들, 끝없는 논과 평야를 지나 백두산에 가까이 다가셨다. 중간중간 큰 마을이 보였는데 그런 마을은 산동 지방 사람들이 들어와 이루어졌다고 했다.

오후 세 시쯤 송강(松江)에 이르렀다. 이곳은 꽤 컸는데 본래 안도현의 중심 소재지로 건설되었으나 다른 지방과의 교통이 불편해 다시 안도로 옮겼다고 하였다. 가는 도중에도 어떤 지역은 눈이 무척 많이 쌓였는가 하면 또 어떤 곳은 전혀 눈이 안 온 곳도 있는 것을 보며 참으로 불확실하고 변덕스러운 기후임에 틀림 없다고 생각했다. 조금 더 가니 이제는 제법 큰 나무 군락이 나타났다. 삼림 철도의 종점인 이도백하(二道百河)라는 곳에 이르니 장도 서 있고 백두산 관광 기지여서 여관도 많았다.

오늘은 온천장까지 올라가지 못하고 중간 지점에서 숙박을 할 것이라 했다. 우리가 하루 묵을 호텔에 도착해 짐 정리를 하였는데 건물만 컸지 시설은 엉망이었고 화장실 변기는 변도 잘 내려가지 않고 물도 안 빠져 불결하였다. 군데군데 중국 사람들이 식사를 하고 있었는데 한참 이야기하다 말고 여러 차례 모두 자리에서 일어나 건배를 하는 것이 재미있었다.

한쪽에 모인 사람들의 얼굴이 모두 미끈하고 깨끗해서 물었더니 연예인들이라고 했다. 통역을 시켜 노래 한 곡 불러줄 수 없느냐, 해주면 우리도 한국 노래를 해주겠다고 하니 공공장소에서는 노래를 못하게 되어 있는 이곳 규칙 때문에 노래를 못 들려드려 정말 죄송하다고 하였다.

저녁 식사를 마치고 산책도 할 겸 민가 구경도 할 겸 어두운 거리로 장대익 신부님과 함께 나갔다. 동네를 돌아다니다 마침 가게가 하나 있어 들어갔다. 운 좋게도 조선족 젊은 부부가 하는 구멍가게였다. 술도 있고 과자도 있고 일용품을 파는 가게였는데, 우리를 보고 무척 반가워했다. 88 담배를 한 갑 선사했더니 무척 고마워하며 중국 담배를 다시 선사하였다.

부부가 다 조선학교를 나와 한국말은 잘하지만 조선족이 별로 살지 않는 깊숙한 고장에 와 있어 다른 사람보다 한국말을 잘 못한다고 했다. 비교적 말은 잘했는데 중간중간 중국말이 튀어나왔다. 남한 소식을 많이 들었고 지난 올림픽 때는 텔레비전 있는 집에 가서 염치불구하고 밤새 보았다고 했다. 텔레비전을 통해 남한이 얼마나 잘살고 얼마나 문화국인지 알게 되었다면서 자랑스러워하였다. 반면 북한은 여전히 낙후돼있고, 문화혁명이 일어나기 전 중국처럼 김일성을 태양처럼 받들고 있다는 이야길 하는 것을 보면 만주에 사는 조선족은 남한에 대한 인식이 아주 새로워진 것 같았다. 다만 신앙에 대해 물었더니 기독교, 성모교라고 듣긴 했지만 이것 모두 미국 사람 습성 아니냐, 우린 그런 건 관심 없다고 하였다.

장 신부님께서는 이 젊은 부부에게 간단히 하느님 개념을 설명해주셨다. 이 부부는 이제 열심히 살겠다면서 언젠가 남한에서 온 사람이 선물로 준 삼양 라면을 보여주며 자랑하였다.

앉아 있는 동안 드문드문 사람들이 물건을 사러 오는 걸 보면 이렇게 장사해 그럭저럭 살아가는 모양이었다. "이렇게들 살아가고 있구나!" 인간의 운명이란 무엇인가, 이념이란 무엇인가에 대해 사색하게 했던 만남이었다.

우리가 가려는데 이 젊은 부부가 자기 가게에서 파는 과자 한 봉지씩을 손에 쥐어주며 정말 반갑고 기뻤다고 인사하였다. 이렇게 중국 대륙 깊숙한 어느 산골에서 만난 동포들의 뜨거운 정을 느끼며 참으로 가슴이 뭉클했다.

이제 내일 새벽은 백두산행이다.

백두산의 원시림과 쭉쭉 뻗어 있는 길

새벽 5시 30분 백두산에 가기 위해 서둘렀다. 어젯밤까지는 괜찮았는데 창을 열어보니 온 천지에 눈이 하얗게 쌓여 있었다. 여기까지 와서 백두산 구경도 못하는 것이 아닌가 실망하고 있었는데, 여행사에서는 올라갈 수 있는 데까지 가보자고 했다. 한국에서 온 대규모 여행단이 처음이라서 중국 방대(方大) 여행사에서 무척 신경을 썼고, 이곳 사람들도 매우 호의적으로 협조하고 있는 것이 느껴졌다.

버스가 눈길을 달렸다. 눈에 덮인 침엽수림이 장관이었다.

끝없이 펼쳐진 원시림은 그야말로 '임해(林海)'를 이루었다. 1시간 정도 신비스럽게 쭉쭉 뻗은 나무숲을 옆으로 하고 올라가니 변방참에 이르렀다. 이곳에서 입장권을 팔았다. 외국인 입장료는 내국인의 15배라 하였다. 중국에서는 이렇게 내국인과 외국인 간 차등을 두고 있었다. 변방참은 국경을 경비하는 군대 주둔지였음에도 군인들이 거의 눈에 띄지 않았다.

눈이 너무 많이 쌓여 제설차가 눈을 치워주고 난 다음에나 올라갈 수 있다고 하여 2시간 이상 기다렸다. 기다리는 동안 휴게실에 준비된 탁구대에서 한·중 탁구 시합을 하였다. 중국 운전수, 안내인, 그리고 우리 동포들도 탁구에는 모두 일가견이 있었다. 역시 중국에서 탁구는 국민 스포츠였다.

변방참 부근을 잠시 돌아보니 쭉쭉 하늘로 뻗은 나무들에 둘러싸인 경치가 참으로 대단하였다. 20센티미터 이상 눈이 쌓여 있는 길을 어르신들이 신나 하며 산책하고 있었다. 온 천지가 눈에 덮이고 쭉쭉 뻗은 원시림과 길을 바라보니 금방 사슴이 튀어나올 것만 같았다. 영화 〈닥터 지바고〉에 나오는 그런 풍경으로 느껴져서인지 누군가는 〈Somewhere My Love〉, 누군가는 〈아 목동아〉를 부르고 있었다. 저쪽에 다리가 보이길래 가보았더니 백두산 제1교라 쓰여 있었다.

우리가 타고 온 차로는 도저히 더 이상 올라갈 수 없다 하여 여행사에서 제공하는 지프차를 타고 올라갔다. 가는 길이 험하고 미끄러워 몇 군데서는 차가 미끄러져 빙그르르 돌기도 하였다. 30분 가까이 눈길을 달리는 동안 침엽수로 이루어진 원시림 숲을 감상할 수 있었다. 온천장 입구에 차를 멈추고, 온천과 폭포 입구까지 계속 걸어 올라갔다. 군데군데 스키 훈련을 하는 선수들이 보였다. 눈 덮인 아름다운 대자연을 바라보며 하는 산행은 그지없이 감동적이었다.

20분 정도 올라가니 온천이 있었다. 이렇게 높은 곳인데도 온천이 흘렀다. 온천은 눈으로 덮인 숲에 길을 내었다. 온도가 80도가 되는 온천도 있다고 하였다. 눈 사이로 여기저기 뜨거운 김이 무럭무럭 피어오르는 것도 장관이었다. 온천에서 100미터 정도를 더 올라가자 안내원이 더 이상 갈 수 없다는 신호를 보냈다. 아쉬웠지만 장백 폭포를 눈앞에 두고 다시 내려왔다.

수건을 챙겨오지 못했음에도 온천욕을 하고 싶은 마음이 들어 온천탕에 들어갔다. 가로 5미터 세로 3미터 정도 되는 탕에 들어가니 온천물 감촉이 좋았다. 그동안 쌓인 피로가 한순간에 풀리는 것 같았다. 탕 안에는 중국 청년 둘밖에 없어 조용했다. 호젓하고 상쾌하게 온천욕을 즐겼다. 온천욕을 마치고 기념할 요량으로 백두산 돌 작은 것 3개를 골랐다. 이곳 온천장에서 조선족을 여러 명 만났다. 어떤 분은 이곳 산속에서 온천과 백두산 관광 개발 공사를 위해 1960년부터 살았다고 하였다.

이제 하산이다. 내려갈 때는 스키 마차라는 것을 탔는데 올라올 때보다 한결 수월하였다. 천지는 구경하지 못했지만 이 정도나마 보게 된 것도 큰 행운이었다. 아침 일찍 식사를 한 탓인지 일행은 배가 고프다고 야단이었다. 그렇게 백두산 등반을 마치고 기쁘게 내려 왔다.

점심은 '미인백송(美人白松)' 호텔에서 하고 연길로 향했다. 연길은 이곳에서 여섯 시간 정도 걸린다고 했다. 가는 도중 창밖으로 만주 벌판과 여기저기 군락을 이룬 집들이 보였다. 가는 도중 안도에서 저녁을 먹었는데 식당 이름은 청송(靑松)이었다. 전 종업원이 조선족이었고 손님들도 대부분 조선족이었다.

버스에 다시 올라 연길을 향했는데 창밖에는 어둠이 짙어지고 있었다. 일행은 지루함도 잊은 채 신나게 노래 부르고 웃고 떠들었다. 옆에 앉은 사람과 미스터 김이 한편으로 안 되었다는 생각이 들었다.

사람의 운명이란 묘한 것이다. 한국인으로 태어나 한국 땅을 밟아보지 못한 젊은이들이 그래도 조선족이란 긍지를 갖고 힘차게 살아가고 있다. 형제애, 동포애의 감정이 진하게 몰려왔다.

해란강이 있는 용정을 가다

아침에 용정(龍井)을 방문하였다. 시인 윤동주의 고향이고 요즘 한창 TV에서 방영되는 박경리 원작 〈토지〉의 본고장이다. 연길의 지(池)회장님과 팔도구에서 온 연변 애국교회 총회장 격인 김익찬 회장님이 동승하였다. 옆자리에 앉은 회장님들을 통해 애국교회에 대한 소식을 들을 수 있었다. 듣다보니 애국교회는 한국에서 듣던, 변질되고 타협하는…. 그래서 교리에 어긋난다든지 신부들이 결혼한다든지 등의 모습이 아니라 중국 사회에서 살아남기 위해 어쩔 수 없이 정부 간섭을 받는 특수 상황에 있는 교회 모습이었다. 신학교 출신 회장님들이 그래도 고난과 어둠의 땅에서 신앙을 보존하기 위해 몸부림치며 하느님을 믿느라 애쓴 신앙 공동체이기도 하였다.

용정에 들어서니 해란강이 보였다. '일송정 푸른 솔'의 해란강은 이제 많은 변모를 겪은 듯하였다. 해란강 근처, 넓은 용정의 근원지임을 알리는 기념비가 있는 곳에 들어서니 이곳 명소답게 많은 사람이 모여 있었다. 여기저기서 한국말이 튀어나왔고 반갑다고들 몰려들어 야단이었다.

용정 성당에서 이곳 성당 역사와 현재 교회 현황에 대해 들었다. 이 용정 성당은 두 번째로 세워진 성당으로 300여 명의 신자가 열심히 신앙생활을 하고 있고, 아침저녁으로 모여 조과와 만과를 한다고 하였다. 부산 올리베타노 베네딕토 수녀회의 감(甘) 수녀님도 계셨는데, 이분은 69세로 숱한 고난을 겪으

도문에서

북한 땅이 보이는 도문에서

며 참으로 순교자적인 삶을 사신 분이셨다. 지금은 장애를 가진 조카와 함께 살고 계시는데 사복을 하고 어렵게 사시는 듯 보였다. 용정 성당에서 〈바다의 별〉을 합창하고 주모경을 바쳤다. 성당을 나와 용정 민속 박물관을 구경하였는데 민속 박물관이라기보다 소규모 민속촌으로 한국의 민가, 한국 전래 농기구, 가구, 그리고 여러 품목이 진열되어 있었다.

다시 연길로 와 점심 식사를 하였는데 호텔에서 점심 식사를 할 수 없는 회장님들을 위해 장 신부님과 함께 거리 대중 식사집에 가 냉면을 먹었다. 냉면값은 네 그릇에 12위안, 한국 돈으로 200원 정도니 굉장히 싼 편이라 생각되었는데 이곳 물가로 보아서는 싼 편도 아니었던 것 같다. 점심 식사 후 백화점에 들러 보았다. 제일 좋은 백화점이라는데 물건이 우리나라의 시골 백화점 축에도 못 들 정도였다. 이곳에서 연변 노래가 담긴 테이프를 세 개 사고 다시 도문으로 가기 위해 호텔로 이동해 버스를 탔다.

도문은 연길에서 1시간 반 정도 되는 거리에 있는데 이곳에도 꽤 많은 조선족이 살고 있다고 하였다. 기대를 안고 찾아간 두만강은 푸른 물이 아니라 누렇게 퇴색한 작은 강이었다. 물론 상류는 그렇지 않겠지만….

함경북도 남양시가 아주 가깝게 건너다보이는 이곳 조중(朝中) 접경지대는 중국 군인이 보초를 서고 있고 건너편에 북한

측 특색이기도 한 선전 목적으로 지은 4, 5층짜리 건물들이 있었다. 쌍안경으로 보니 시가지 로터리에 걸려 있는 현수막에 '위대한 김일성 수령님의 만수무강을 축원한다'는 글씨가 보였다. 〈두만강 푸른 물에〉를 부르려 해도 이 기막힌 남북 분단의 서러움 때문에 목이 메어 부를 수 없었다.

많은 조선족이 나와 있었는데 그중에서 두세 살 난 꼬마를 데리고 온 아기 아버지와 어린아이가 인상적이었다. 어머니는 공장에 나가고 아버지가 쉬는 날이라 아이를 데리고 산책을 나왔다고 했다.

도문 성당을 찾아갔는데 도문 성당은 가난하고 초라한 동네 한구석에 있는 작은 건물이었다. 여기서도 이곳 성당에 대한 개관을 들었다. 도문시 인구는 4만 명인데 신자 수는 30명밖에 안 된다고 하였다. 지난 부활과 성탄 때는 영세식도 있었다고 한다. 어두워질 무렵 다시 연길로 출발하였다.

저녁은 지회장님 댁에서 하였는데 지회장님 댁도 가난한 동네에 있었다. 온 가족이 모여 서울에서 온 손님들을 대접하느라 분주하였다. 식사를 하는 동안 지회장님은 벼르고 별렀을 말씀을 하였다. 요지는 그동안의 고충과 개방 정책이 실시되고 나서 개신교에서는 미국과 한국에서 전교에 손을 뻗치고 많은 원조를 해주는데 천주교는 아무런 혜택이 없어 답답하고 원망스러웠다는 것이다. 책과 교회 유지를 위한 헌금을 특별히 부탁한다고 하였다.

　지회장님의 셋째아들이 나에게 관심을 보이며 계속 편지 왕래를 하면 좋겠다고 하였다. 자기는 문학을 좋아하는데 문화혁명의 피해자였기에 공부를 많이 못했다고 하였다. 술이 한 순배 돌아가니 그동안 쌓였던 이야기와 간곡한 부탁들이 쏟아졌다. 이렇게 동족을 만나면 반가운데 그동안의 정치 체제와 우리 한국교회의 무관심이 가슴 아팠다. 이제 연길에서도 마지막 밤이다.

　가지고 온 작은 선물들을 주고받으며 오랜만에 회포를 나눈 뜻깊은 시간이었다

연길 성당에서 목이 쉬어라
우리말 성가를 함께 부르다

오늘 아침 미사는 호텔 홀에서 하였다. 마침 내 차례가 되어 주례를 서게 되었는데 연길 교우들도 12~13명이 왔다. 오늘 온 교우들은 연길교회 대표자 격인 분들이었다. 지회장님과 그 가족, 딸, 아들을 포함해 성당에서 한몫하는 교우들인 것 같았다.

　미사 후 아침 식사도 함께했는데 지회장님 아들 지철근이

옆에 앉아 얘기를 나누었다. 철근이는 문화혁명의 피해를 본 것을 너무 속상해하였다. 한창 공부해야 할 나이에 문화혁명으로 희생되었기 때문이다. 그는 문학을 좋아해 한국문학 책들을 읽고 싶어 하였다.

아침 식사 후 연길 천주교회로 갔다. 다른 성당에 비해 번듯한 교회 모양을 갖춘 성당이었다. 뾰족 탑이 있었는데 문화혁명 때 용케 살아 남았다. 이곳 연길 성당 주임 신부는 유 신부라고 하는 중국 사람이었다. 문화혁명 때 11년간 감옥살이를 했고 조선족을 위해 애를 많이 쓰지만 비사교적이라고 하였다. 아무래도 조선 사람한테는 중국 신부가 어울리지 않았을 것이다.

성당 앞 제단에는 양쪽 위에 빨간 글씨로 한쪽은 한문, 한쪽은 한글로 "십자 나무로 이 세상을 구원하였다"는 말이 쓰여 있었다.

연길, 도문, 목단강(牧丹江)에서도 교우 대표들이 한국에서 온 교우들과 신부들을 보기 위해 모여들었다. 성당에서 잠시 성가와 기도를 바친 후 회의실에서 이곳 교우들과 함께 계속해 성가를 부르고 기도를 바쳤다. 이곳에서도 옛날부터 지금까지 한국에서 사용하는 '정선 성가'를 똑같이 부르고 있었다. 이제 이 세상 나그네길에서, 더욱이 고향을 떠나 머나먼 만주 땅에 살며 그동안 신앙 때문에 받은 박해와 공산당 체제에서 겪은 인민의 수난, 소수 민족의 한과 설움을 우리는 느끼고 이분들은 토해내면서 목이 쉬어라 함께 성가들을 불렀다.

　이렇게 그리운 만남, 이렇게 감격스런 만남이 하느님 안에서 이루어짐을 느끼려 계속 계속 성가들을 그치지 않고 불렀다. '바다의 별', '무변 해상', '창파에 뜬 일엽주', '고요한 밤' 등 이렇게 감격스럽게 성가를 부른 것도 처음이었다.

　성당을 나와 시내 구경을 하였는데 같은 얼굴임이 틀림없는데 서울 말씨와 화려하고 번듯한 모양새 때문인지 가는 걸음을 멈추고 구경을 하였다. 백화점에 들어갔더니 요즈음 물건이 많은 편이었음에도 품질이나 디자인 수준은 우리보다 훨씬 뒤떨어져 있었다. 특히 전자제품과 옷감 등은 색상이며 모양이 세련된 맛이 없었다. 테이프 가게에서 연변 노래와 중국 노래 테이프 몇 개를 샀다.

　요즘 중국 사회는 사회가 개방되고 인민의 생활이 자유로워지면서 잘살아보고, 돈도 벌어봐야겠다는 욕심에서 자영업을 하는 사람들이 많이 늘어나는 모양이다. 괜찮은 편에 속하는 월급쟁이 월급이 이곳 돈으로 300원(우리나라 돈으로 6만 원)이라 하니 물가가 비싼 편이다.

　백화점에서 나오는데 김일성 배지를 단 두 아주머니가 머리에 짐을 잔뜩 이고 나왔다. 중국으로 친지 방문을 할 때 북에서 가져온 물건과 이곳 물건을 물물교환을 한다고 했다. 북쪽에서는 주로 마른 명태 같은 어물을 가져오는데 북쪽에서 온 사람들은 이곳 백화점의 화려함과 풍족함에 눈이 휘둥그레진다고 하였다. 이들이 만일 우리 롯데 호텔 같은 곳에라도 온다면 어떨까?

백화점 구경을 마치고 자유 공원에 들렀다. 한가로움이 넘치고 자유스러워 보였다. 젊은 남녀의 데이트 장소이기도 하고 시민들의 휴식처이기도 하단다. 이곳에서는 조선족이 장사를 많이 하고 있었는데 여기서 뺑뺑이를 돌려 물건을 타 가게 하는 장사를 하는 조선족 여자를 만났다. 그녀와 한참 이야기를 나누었는데 남한에 대한 동경이 대단하였다. 경제면에서 남쪽이 훨씬 잘산다는 것을 88 올림픽을 통해 알았고, 또 북쪽 사람은 변경 지대를 통해 들어오기 때문에 이들은 남과 북의 비교에서 남쪽이 월등하게 우세하다는 것을 알고 있었다.

그러나 문화혁명 때 하도 혼이나 등소평의 개방정책으로 커다란 변화가 있긴 했지만 언제 변할지 모르는 불안함을 갖고 있는 듯하였다. 중국 사회가 전체적으로 종교와 언론의 자유가 보장되고 있었음에도 눈치를 살피는 것 같았다. 북한과 남한 그리고 중국 사이에서….

이제 연길을 떠날 시간이다. 연길 방문과 이곳 연변 지역을 떠나는 마음이 참으로 아쉽고 왠지 모르게 괴롭기마저 하였다. 우리말을 잊지 않으려 애쓰는 우리 민족들, 중국 땅에서 겪은 수난, 이제 머잖아 개방의 좋은 결실을 얻겠지만 아직도 문화혁명 그 어둔 시대의 아픔 때문에 활짝 마음을 열지 못하는 것 같았다.

연길 성당 본당신부가 특히 그랬다. 11년 감옥 생활이 그렇게 조심스럽고 폐쇄적으로 만들었는지, 아니면 실제로 어려움이 있었는지 무척 조심스럽고 경직되어 있었다. 이제 장춘행이다. 밤 기차를 탔다. 지회장을 비롯 연길 교우들이 역까지 배웅을 나왔다.

조선 중학교를 방문하다

점심때 다시 호텔로 돌아와 식사를 하고 오후에는 조선 중학교를 방문하였다. 학생 수가 500여 명이라고 하였다. 교장실에 들어가 얘기를 나누었는데 이곳 학생들의 수준이 그리 뒤떨어지진 않으나 도시에서 온 아이와 시골에서 온 아이의 격차가 너무 심하다고 하였다. 시골에서 온 아이들이 다니는 조선학교는 고등학교 나온 교사가 가르치기 때문에 당연히 그럴 수밖에 없다는 것이다. 중국 내에 있는 조선족은 민족애가 대단히 강하다는 것을 다시 한번 느낄 수 있었다.

교실에 들렀는데, 40~50명 되는 남녀 학생이 수학 수업을 하고 있었다. 아이들 책상 위에 놓인 책을 보니 일본어, 수학,

조선어, 자연에 해당하는 책이 놓여 있었는데 책 제본이나 인쇄된 글자가 반듯하지 못하였다.

장대익 신부님이 잠시 시간을 빌려 일행을 대표해 아이들에게 인사를 하였고 'Boys be ambitious'란 말을 칠판에 적고 착하고 야망을 갖고 살라고 당부하였다. 아이들 옷이나 얼굴 등은 남루하였지만 천진하기 짝이 없었다. 이 학교의 대학 진학률은 30퍼센트 정도 된다고 하였고, 1956년에 생겼으니 역사도 꽤 오랜 셈이었다.

호텔로 돌아와 저녁 미사를 올리고 저녁 식사를 하였다. 식사 후에는 내일이 김일성 생일이라 하여 우리 일행이 김일성의 회개와 주님의 특별한 은총을 구하며 묵주 기도를 바쳤다. 밤에는 장대익 신부님과 잠시 거리 구경을 나갔는데 어찌나 어둡고 조용한지 택시를 타고 거리에 나가기도 기분이 안 좋고 택시도 거의 없어 일찍 돌아왔다.

김대건 신부님께서 첫 미사드린 곳을 가다

어제는 상해 신학교를 방문하였다. 이곳에서 상해 대주교인 김 주교님을 만났는데, 풍기는 분위기와 인상이 이곳 중국교회의 대들보 역할을 하시는 분이라 생각되었다. 상해 대교구를 대표해 한국에서 온 우리 일행을 환영한다는 말씀을 하시며 이번 순례가 마지막이 아니고 또 오기를 바란다고 하셨고, 당신 역시 김대건 신부님 서품지인 김가항 출신이라 하였다. 김수환 추기경님에 대한 찬사, 김옥균 주교님도 2년 전 만났다는 말씀으로 서론을 삼았고 이어 중국에 개방문화가 꽃피고 있는데 이 호시기를 이용해 전교 기회로 삼아야 할 것이라 역설하셨다. 특히 청소년 문제를 심각하게 우려하셨는데 청소년들이 돈에만 눈이 어두워 공자 사상을 별로 따르지 않고 도전의 기회, 창조의 기회를 잃어버리고 있다고 하였다.

10년 전 문화혁명 당시 4인방의 폭력적 탄압으로 교회가 짓눌렸지만 이제 교회의 노력으로 부활하는 중이라 하였다.

문화혁명 당시 홍위병들의 난동이 얼마나 심했는지 서적이 하나도 없이 불태워져 개신교로부터 책을 빌려 새롭게 번역 출판했다고 하였다. 신학교도 둘러보았는데, 이 신학교는 140명의 신학생이 수업을 하고 있다고 하였다. 마침 어느 학년인지 소강당에서 그레고리안 성가를 연습하고 있었다. 제일 많이 부르는 미사곡이었는데, 열심히들 잘 불렀다. 한국 신부들도 뺑 둘러서서 성가를 함께 불렀고, 장 신부님이 공부 열심히 하라는 얘기와 위트 있는 말을 늘어놓아 분위기가 좋았다.

오십이 거의 다 돼 보이는 영감 신학생도 있었다. 다 함께 일어서서 〈Salve Regina〉를 힘차게 불렀다. 우리를 한마음이 되게 해주고 영적인 분위기와 사제적 소명을 다시 일깨워준 시간이었다. 중국 신부도, 중국 신학생도, 한국 사제들도 〈Salve Regina〉를 불렀다. 성모마리아여! 이 중국교회를 굽어살피소서.

신학생들과 오붓한 시간을 마치고 대성당을 구경했다. 걸어가는 동안 내내 중국 신부님들과 그레고리안 성가를 불렀다. 사제적인 분위기, 어려운 상황 속에서 특별한 소명의식과 신원의식이 필요한 우리 모두의 흐트러진 마음을 정화하고 영적 영양분을 맛볼 수 있는 좋은 시간이었다. 아마도 열대여섯 곡은 불렀으리라.

〈엑체 괌 보눔〉과 〈파니스 안젤리쿠스〉 그리고 〈아베 마리아〉, 대화가 필요 없는 그 그윽한 맛은 사제들이기에 더 공감할 수 있었으리라. 우거진 나무와 안개에 가려진 대성전이 신비스럽게 보였다.

홍위병들에 의해 파괴되었던 예수 성심상, 성모상, 요셉상 앞에서 열심한 중국 교우들이 기도에 열중하고 있었다. 아마도 예수 성심 호칭 기도를 하는 것 같았다…. 그들은 '저희에게 자비를 베푸소서'에 해당하는 후렴을 무릎을 꿇고 계속하고 있었다. 중국 교우들은 저렇게 열심이다.

교구에서 준비해준 점심을 먹었다. 역시 호텔이나 식당에서 준비한 음식보다 정성이 더 들어 있었다. 특히나 수녀님들께서 준비해주시니 참 감사했다.

이제는 김대건 신부님 서품 장소인 김가항으로 간다. 김씨 성을 가진 사람이 많이 산다는 뜻을 가진 곳인데, 상해 시가지가 복잡하여 상해신학교에서 이곳까지 가는 데만 2시간 반 정도 걸렸다. 가난하고 그리 깨끗하지 못한 동네였는데 이곳에서도 주민들이 나와 환영해주었다. 옛 성당은 다 파괴되고 교우들이 모여 기도할 수 있는 작은 강당에 제단이 꾸며져 있었다.

김가항을 마지막으로 중국교회와의 만남이 끝났다.

그동안 우리 일행이 한 활동의 의미와 재정 보고, 각자 각자의 감사함을 표하고 해단식 비슷하게 하였다. 왠지 모를 깊은 의미가 있었음을 깨달으면서도 한편으로는 이곳에서 만나고 접한 사람들과 교회의 어두운 면, 하느님의 도우심이 필요한 면 때문에 괜스레 마음이 무거웠다.

금산이가 찾아와 각별한 인사를 나눴다. 짧은 기간이었지만 정이 많이 들었는가 보다. 금산이를 통해 우리 민족의 모습을 많이 엿볼 수 있었고, 공산주의, 사회주의 속에서 제대로 자란 인간의 모습과 고뇌를 느낄 수 있었다. 종교에 대한 이야기를 많이 나눴는데 그가 특별히 나에게 신앙에 대한 긍정적인 말을 못해 맘에 걸렸는지 그는 "많은 변화된 느낌, 좋은 느낌은 있었고 종교에 대한 매력은 있지만 이곳에 발붙여 살기 위해 나는 아직 종교를 가질 수 없다"고 하였다. 그래서 미안하다는 말을 내게 진지하게 하였다. 그가 공산당원임을 밝히면서…. 그러나 하나도 놀랍지 않았다.

 이곳에 발붙여 살려면 어쩔 수 있겠는가. 그보다 우리 일행과 함께 여러 날을 보내면서 그가 접한 또 다른 세상과 사상이 그에게는 큰 파문이 되었으리라고 생각하였다.

제 2 장

-

일본

'가깝고도 먼 나라에서 만난 민족의 상처'

중국에서 짧은 여행보다 일본에서 지낸 5년이 우리 민족의 암울한 역사와 일제 강점기를 통해 우리 민족이 얼마나 큰 고통을 겪고 철저하게 유린당했는지 너무나도 잘 알게 해주었습니다.

사제생활의 두 번째 본당인 석관동에서 사목하며 지내던 어느 날 당시 서울대교구 총대리 김옥균 주교님께서 나를 부르시어, 교구청으로 찾아뵈었더니 "이 신부! 일본 교포사목을 해보지 않겠는가?"고 물으셨습니다. 나는 기꺼이 가고 싶다고 답하였습니다.

중국 여행을 하며 느꼈던 우리 민족의 디아스포라 같은 삶이 더 구석구석 이루어졌던 곳이 일본이고 5년이라는 긴 시간을 살면 재일 조선인의 삶과 일본 문화나 역사를 잘 알 수 있겠다고 생각해 기쁜 마음으로 교포사목을 떠났습니다.

1990년부터 1995년까지 만 5년 동안 하게 된 일본 교포사목은 참으로 많은 것을 배우고 생각하게 해준 시간이었습니다.

너무나도 드라마틱한 역사를 가진 한국과 일본, 가깝고도 먼 두 나라 사이에서 한인 성당을 통해 작게나마 두 나라 간 우애를 형성하는 가교 역할을 하고 싶었습니다. 나는 실제로 처음 교포사목을 시작할 때 내심 한국과 일본 사이에 작은 다리 역할을 하겠노라 다짐한 바 있었습니다.

교포사목의 첫 시작은 일본교회에 대한 감사함으로 시작되었습니다. 작지 않은 규모의 한인 공동체를 동경교구 상징인 주교좌 성당과 함께 지내도록 공간을 허락해주셨던 교구장 시라야나기 대주교님의 넓으신 배려와 사랑을 지금도 잊을 수 없습니다. 동경 주교좌 성당을 한인 성당으로 쓸 수 있도록 마음을 굳히셨을 때, 대주교님께서는 주교좌 본당신자들을 설득하느라 고심이 크셨을 것입니다. 대주교님께서는 한인 성당이 주교좌 성당과 함께 지낼 때 한인 성당 신자들을 따뜻하게 살펴 주셨고, 종종 대축일 때 찾아오셔서 축하와 격려를 아끼지 않으셨습니다. 내가 주교 서품을 받을 때 대주교님께서는 주교 반지를 선물해주셨습니다. 주교 반지로는 보기 드문 재질인 자기로 만든 것이었습니다. 이 반지에는 성모님이 새겨져 있습니다. 아직도 이 반지를 끼고 있습니다.

한국인을 극진히 아껴주셨던 후카미즈 신부님이나 사와다 신부님 같은 분들도 큰 힘이 되어주고 종종 일본이라는 나라와 일본교회를 알게 해준 덕분에, 나는 일본과 일본교회를 잘 알게 되었습니다. 시라야나야기 대주교님 같은 분이 계셨기에 한국과 일본교회가 친밀한 관계를 맺을 수 있었습니다. 한국과 일본이 역사 문제로 관계가 어려운 상황일 때도 시라야나기 대주교님은 교회를 향한 담화문뿐 아니라 일본 총리에게도 서신을 보내어 일본이 아시아 여러 나라에 끼친 잘못을 상기시키며 사과해야 함을 말하셨습니다. 이처럼 정치적으로 개선하기 어려운 한일관계에서 화해와 친교의 다리를 놓는 역할을 하는 교회들과 신자들이 많아진다면 그 자체로 훌륭한 외교가 될 수 있으리라 생각해봅니다.

　한국과 일본의 역사에서 외교나 정치가 이루어 내지 못한 일을 시민단체와 종교가 다양한 교류를 통해 조금씩이나마 우정을 쌓아가는 일을 계속하면 언젠가는 한국과 일본이 가깝고도 가까운 나라가 될 수 있을 것입니다. 이런 면에서 한국과 일본의 가톨릭교회가 지금 이런 노력을 한다고 생각합니다.

　한국과 일본의 교회가 새로운 관계 수립을 시도하게 된 것은 대구대교구 이문희 대주교님과 요코하마교구 하마오 주교님이 마닐라에서 있었던 아시아주교회의에서 만난 일에서 시작되었다고 볼 수 있습니다. 두 주교님은 한국과 일본 두 나라 젊은이에게 바른 역사를 알려주자는 데 뜻을 같이하였습니다. 그 후 몇 차례 모임을 가지며 시작된 한일 주교들의 만남은 전체 주교 모임으로 확대되었습니다.

처음 몇 해 동안은 애초 의도했던 대로 교과서 문제와 관련된 회의를 하고 가톨릭 학교에서라도 가르칠 수 있을 정도의 책을 만들어보자는 데 뜻을 모아 교과서 문제와 관련된 회의는 매듭을 지었습니다. 그후 한일 주교 만남이 정례화되어 해마다 한국과 일본 두 나라를 오가며 모임을 갖고 있습니다. 한일주교교류모임 덕분에 한일 주교들은 그동안 꽤 많은 교구를 방문하게 되었습니다. 주교모임은 해가 거듭될수록 주교들 사이에 우정을 쌓게 하여 교구 간 자매결연을 맺는 교구들이 생기고, 사제가 부족한 교구들에서는 한국 주교님들에게 도움을 요청하여 선교사제 파견도 많아졌습니다.

내가 동경 한인 성당에서 교포사목을 할 때는 일본 전국에 사목을 위해 파견된 신부가 나 혼자였는데, 30년이 지난 지금 일본 전국에 50여 명의 한국 신부가 사목하고 있습니다. 한일주교교류모임이 이루어 놓은 큰 결실이라 하지 않을 수 없습니다. 한국 신부들이 사목하는 50여 개 본당에서 신자들이 자연스럽게 한국교회를 방문하며 친교를 맺고, 청년 교류가 이루어지면 그야말로 두 나라 사이에 다리를 놓는 일이 아닐까 생각합니다.

주교모임으로 시작된 한일교회의 교류는 현재 수도자 모임이 생겼고, 청년 교류를 비롯하여 알려지지 않은 크고 작은 교류들로 이어지고 있습니다. 특히 한국과 일본 수도자들, 청년들이 함께 연대하여 기후 문제나 원전 문제에 대해 소리를 높이는 것은 큰 결실이라고 생각합니다.

동경에서 교포사목을 하던 시절 나는 한국의 교회신문을 통해 종종 일본에서 하는 교회생활을 비롯, 일본 사회, 한국과 일본에 관련된 글들을 썼습니다. 나에게 일본 소식을 전하는 역할을 해달라는 《평화신문》의 부탁으로 나는 잠시 취재원도 하였습니다.

다음 글들 역시 30여 년 전 내가 젊었던 시절 쓴 것인데 지금도 크게 달라지지 않은 일본 사회와 정치 모습을 보면 일본에서 보낸 5년여 시간이 소중하다는 생각이 듭니다. 돌이켜보면 일본은 정부 특히 우익단체에는 어쩌지 못하는 힘이 작용하고 있어 혐한이나 차별을 일상적으로 하고 있습니다. 그러나 한국을 좋아하고 한일관계를 개선해야 한다고 생각하는 사람들도 꽤 많이 있습니다.

특히 그런 분들과의 만남은 행운이었습니다. 여러 방면에서 엔지오 활동을 하며 보여주는, 특히 역사 문제와 관련된 엔지오들의 양심적이고 정의로운 활동은 정부나 우익의 그늘에 가려 그 목소리가 잘 전해지지 않지만, 그런 분들의 존재가 밝은 미래를 만들어줄 것이라 생각합니다.

일본에서 쓴 사목 단상들

이방 속의 한국, 한인 성당

확실히 동경은 서울에 비하면 국제 도시임을 실감할 수 있었다. 어디서든 흔히 눈에 띄는 것이 외국인이었다. 일본이 경제 대국이 되고 일본 엔화가 강세를 보임에 따라 외국인 노동자가 많이 늘어났다. 일본 사람이 하기 싫어하는 위험하고 힘든 일을 하면서 허리띠를 졸라매면 몇 년 사이 고향에 큰집이나 땅을 사거나 심지어는 평생 먹고 살 수 있을 돈을 마련할 수 있다고 하니 일본행을 꿈꾸지 않을 수 없었을 것이다. 남미나 동남아 사람들이 많았지만 한국 사람들도 예외는 아니었다.

일본행에서 가장 큰 문제가 되는 것이 비자(Visa)다. 이 비자 문제를 해결해주면서 브로커들과 중개인들이 한몫을 단단히 보고 있다. 많은 경우 브로커들은 위장 결혼을 권장하는가 하면, 때로 많은 돈을 빼앗고, 오는 날부터 속이는 경우가 허다하다. 그래서 나리타 공항 도착과 동시에 여권을 압수당하고 돈 한 푼 만져보지 못하는 일, 무대에 서는 연예인이라고 해서 간 곳이 유흥업소인 경우도 흔하였다. 정식 상사나 기업 주재원이 아니라면 아무리 일본이라도 어디 쉽게 환경 좋고 대우 좋은 일자리를 얻을 수 있겠는가? 그야말로 일본인이 하기 싫어하는 일 또는 식당이나 유흥업이라야 자리를 구할 수밖에 없다.

세계에서 물가가 가장 비싸고, 세계적 불경기, 국내 불경기 같은 일이 있을 때 허리띠 졸라매기를 잘하는 일본인들이기에 외국인에게 일자리를 내주거나 음식점, 유흥업으로 돈을 벌기는 어렵다. 실제 아르바이트 자리가 없어 고민하는 학생들, 식당이나 술집이 문을 닫아 고민하는 사람들, 불경기 때문에 월급이 대폭 깎이거나 못 받아도 감지덕지한다는 사람들을 많이 보았다.

일본에서 교포사목을 하는 신부로서 이 지면을 통해 말하고 싶은 것은 아주 확실한 자리가 없고 대단한 결심과 의지가 없다면 일본에 오지 말라는 것이다. 열악한 근무 조건, 불안한 일자리, 일터에서 신앙인으로서 느끼는 고민과 가책, 유혹, 한국과 전혀 딴판인 사고와 관습, 정붙이기 어려운 일본 사람, 외국 생활 스트레스와 고독, 극복해야 할 것이 많아 허덕이게 되기 때문이다.

물론 열심히 잘사는 사람들도 많다. 말이 안 통하는 어려움

속에서도 물어물어 성당에 찾아와 신고하고 주님께 앞날을 봉헌하는 일을 계속 잊지 않는 사람들, 일주일 내내 힘든 노동을 하다 친정집 찾아오듯 성전을 찾는 사람들, 새벽 두세 시까지 주방일 하는 피곤한 몸인데도 레지오는 해야 한다며 성당을 찾는 아줌마들, 새벽같이 신문을 돌리며 한눈 안 팔고 억척같이 공부하다 대학에 턱 붙는 청년들도 있다. 그래도 너무나 극복해야 할 희생이 많고 현실적인 어려움이 많아 땀 흘려 고생하면서도 보람 있는 결실을 맺기에는 어려움이 있다. 일본에서 교포사목하는 신부로 이상한 이야길는지 모르지만 웬만하면 일본행에 제동을 걸고 싶은 심정이다.

《평화신문》, 1993년 11월 7일자 '사목 단상'

향수병 전문의

고향을 떠나 타향살이를 해본 사람은 고향이 얼마나 사무치게 그리운 것인 줄 안다. 타향살이를 해보지 않은 사람은 이렇게 뼈아픈 마음을 이해하기 어려울지 모른다. 교포사목을 하는 사제가 해야 할 역할 중에 하나가 이 향수병을 달래주는 일이 아닌가 생각된다.

동경보다는 이런 면에서 더 외로운 사람이 많은 오사카에서 언젠가 미사를 드릴 때 생각났던 것이 타향살이하는 사람들 즉 이방인들의 위로자이신 야훼 하느님이었다. 그 옛날 야훼 하느님께서 이스라엘 백성들에게 특별히 잘 대해 주시길 분부하신 계층이 과부, 고아와 함께 고향 떠난 사람들이었기 때문이다.

이 세상 어디나 고향을 떠난 사람들이 많이 있겠지만 특별히 우리 민족은 불행한 역사 때문에 자의가 아닌 타의로 많은 사람이 고향을 떠나야만 했다. 일제 때 강제 연행되어 탄광지나 노동 터로 끌려갔다 돌아오지 못한 사람들, 조국을 찾겠노라고 두 주먹 불끈 쥐고 만주 벌판으로 뛰어든 독립투사와 그 후손들, 조국이 해방되는 날을 기약하며 살길 찾아 떠돌아다니다 발붙인 곳이 일본 땅이며 사할린이고, 중국 대륙이며 러시아가 아니겠는가. 세상이 좋아지고 좁아져 이들과 만나 이야기를 나누다 보면 참으로 기구한 한 편의 대하(大河) 드라마를 보는 것 같다.

일본 땅에도 이러한 사람들이 많이 살고 있다. 이제는 백발이 된 노인들이 향수를 달래며 이 향수를 천국 고향에 대한 그리움으로 승화시키고 있다. 바로 이러한 대표적인 분의 하나가 인노첸시오 수녀님이라고 생각된다.

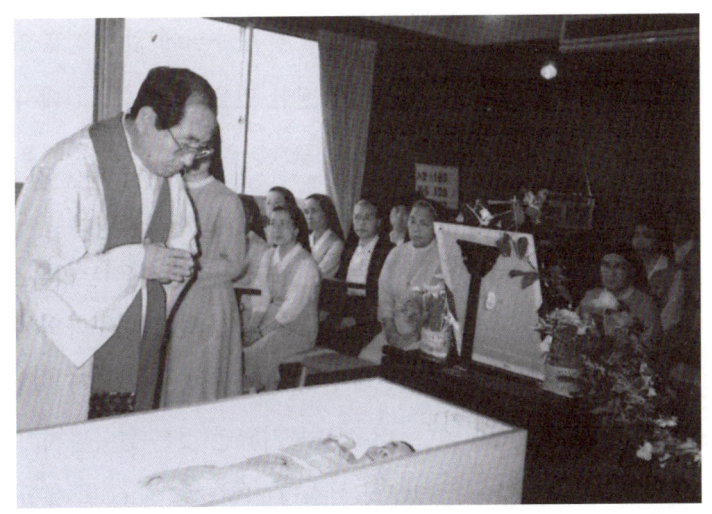

교포 용 인노첸시오 수녀님의 장례 미사

　인노첸시오 수녀님과 만남은 내가 일본에 부임한 지 한 달 정도 되었을 때 이루어졌다. 그것도 수녀님 살아생전이 아니라 가마쿠라에 있는 수녀원, 바다가 아름답게 내려다보이는 수녀원 성당, 수녀님의 장례 미사에서였다.

　수녀님은 희성(稀姓)인 용(龍)씨 성을 가진 수녀님으로 80해를 살다 돌아가셨다. 20세의 앳된 처녀 때 디자인 공부를 하러 일본에 왔다가, 일본에 온 지 얼마 안 되어 수녀원에 입회하였다. 조선인이 겪어야 했던 민족적인 차별과 암울함을 감수하면서 고향을 떠난 이방인으로 수도생활에 정진했고 조용한 가운데 말없이 소임에 지극한 정성을 다하며 사셨다고 한다.

노년기에 들어가서는 인간이기에 겪을 수밖에 없는 상황으로 인해 다투는 일도 생겼고 불안정한 면을 보여 수도원에서는 이 수녀님을 격려하기 위해 교토(京都)의 한인 담당 소임을 맡겼다. 후에 수녀님은 자신의 수도생활을 돌이켜보면서 자신이 제일 행복했던 시절이 교토에서 한국인들과 함께 지냈던 때였다고 두고두고 말했다고 한다. 그리고 몸져눕기 전 마지막으로 들르고 싶어 찾아간 곳도 당시 한인교회가 있던 록본기 프란치스코 수도원이었다. 더욱 눈물겨웠던 것은 돌아가시기 얼마 전 의식을 잃은 상태에서 헛소리를 하였는데, 60년 동안 쓰지 않아 잊어버렸을 한국말로 하더라는 것이다. 아마 임종의 순간에도 수녀님 가슴 깊숙이 간직된 것이 고향에 대한 그리움이 아니었을까 생각된다.

　인노첸시오 수녀님, 이제는 영원한 고향에서 안식을 누리옵소서. 위령의 달을 맞으면 우리 한인교회 레지오는 가마쿠라에 있는 수녀님 묘지를 찾아간다. 가서 미사도 올리고 고향을 떠나 이국 땅에서 잠든 영혼들을 위해 기도를 드린다.

《평화신문》, 1993년 11월 14일자 '사목 단상'

한 지붕 두 살림의 조화

동경 한인교회는 동경 주교좌 성당 안에 있다. 동경 주교좌 성당인 세키구치 성당과 함께 같은 성당 안에서 미사 드리고 한 건물 안에서 서로 시간대를 맞추어 모임도 하고 행사도 하고 있으니 말하자면, 주교좌 성당 구내에 한국·일본 두 본당이 함께 있는 것이다. 동경교구 안에는 여러 나라 공동체가 있는데 유독 한인 공동체만이 일본교회의 배려로 특별 대우를 받고 있는 셈이다.

한인교회가 주교좌 성당으로 들어오게 될 때 동경교구의 사제나 신자들 간에 많은 반대가 있었다고 한다. 만일 명동 성당에 신자 숫자도 거의 비슷하고 단체활동이나 행사가 많은 일본교회가 들어와서 명동 교회가 불편한 점이 생긴다고 할 때 과연 우리는 어떠할 것인가. 지금 와서 생각해봐도 참으로 감사한 일이 아닐 수 없다. 문화와 습관이 다른 두 공동체가 같은 건물 안에서 서로 양보하고 이해하고 협조하면서 살아야 한다는 것은 대단한 희생이 아닐 수 없다. 교회정신과 한국·일본 두 나라의 관계와 역사 안에서의 아픔을 생각하며 내린 시라야나기 대주교님과 일본교회의 처사가 아닌가 생각된다.

이런 점에서 한인교회는 한일 양국 중간에서 사회나 그 어느 세계에서도 이루어질 수 없는 화해와 우정, 나눔을 실천해

동경 한인 성당 주일 미사

동경 한인 성당 성모의 밤 행사 후

야 할 공동체다. 함께 살면서 말 못할 어려움도 있겠지만 서로 서로 많이 배우고 있음은 틀림없다. 예를 들어, 우리는 미사 전례 때 성가를 부르고, 줄을 서서 기다리며 성사를 열심히 보는 일이며, 레지오 활동의 활발함을 보여준다면, 일본교회는 질서 정연하고 조용하고 엄숙한 전례, 조직적이고 계획적인 모임이나 교회 행사를 보여준다. 함께 생활을 하면서 우리는 일본인이 갖고 있는 장점을 많이 접한다.

비교적 교육 수준이 높은 주재원이 주류를 이루는 우리 공동체지만 일상 교회생활에서 우리 한국인이 갖는 단점을 많이 드러내고 있다. 때로는 이런 점이 일본인들에게는 곤혹스러울 수 있을 것이다.

언젠가 부활 대축일을 공동으로 보낸 적이 있다. 준비위원회가 구성되고 여러 차례 회의를 갖게 되었는데 처음 준비할 때는 대등하게 모였지만 한국인들은 세세하고 꼼꼼하게 준비하는 일본 신자들과의 모임에 홍역을 치르는 듯하였다. 일본교회는 갈수록 준비위원이 늘어가는데, 한인교회는 갈수록 사람이 줄어들었다. 확실히 이것은 일을 진행하는 관습이며 공동생활을 하는 문화의 차이 때문이었다. 한국 사람들에게는 부담스럽고 지겨웠을 테고 일본인들에게는 답답하였을 것이다.

이런 일뿐 아니라 심심찮게 아이들이 일본인들에게는 사

건에 해당할 만한 일을 일으키곤 한다. 공으로 유리창을 깨뜨리는 일이라든지 시설물을 망가뜨린다든지 하는 일은 물론이며, 30년 동안 한 번도 고장난 적이 없는 음식 나르는 식당 엘리베이터를 우리 아이들이 일처럼 타고 다니다 고장을 내 소방차가 달려온 일이며, 급하게 달려가던 아이가 대성당 대형 유리를 뚫고 들어간다든지, 눈 오는 날 신바람 난 아이가 높은 성당 지붕에 올라가 이곳 사목자들의 간담을 서늘하게 했던 일들 등이다.

해가 거듭되고 날이 갈수록 우리 한국인이 배워야 할 일본인들의 장점들이 눈에 많이 띄었다. 근면함과 정직함, 친절, 공동생활 안에서 다른 이들에게 피해 주지 않으려 정성을 다하는 일, 전체를 위해 자신을 아끼지 않고 전력을 다하는 태도를 배우게 된다.

학교나 사회가 소홀히 하는 교육 공동체를 살아가는 데 있어 개인의 역할을 가르치고 실천하는 것을 가르치고 몸소 살아가는 것이 교회의 몫이 아닌가 생각한다.

《평화신문》, 1993년 11월 21일자 '사목 단상'

타향 같은 고향

일본에 와서 재일교포들의 삶을 보며 마음먹게 된 것 중 하나가 한국에 돌아가면 재일교포와 외국인에게 잘 대해 주어야 하겠다는 결심이다. 재일교포들은 그 어느 곳에 살고 있는 교포들보다 쓰라린 고통을 많이 당해왔다. 이들은 일본 땅에서 대대로 말로 다 할 수 없는 수모와 민족적 차별로 서럽지만 이들에게 더 서러운 것은 그리운 고국에 찾아갔다 받고 돌아오는 마음의 상처인 것 같다.

와세다대학교 가까운 다카다노바바(高田馬場)에는 오래전부터 교포 신자들이 모여 회포를 풀고 신앙을 나누는 센터가 있다. 이곳에서는 매달 첫 주일에 신우회 월례 모임이 있다. 지금은 많은 사람이 동경 중심지에 속하는 이 지역을 벗어나 살고 있지만 첫 주일이 되면 이 먼 곳을 찾아들 온다.

나도 가끔 모임에 참석하고, 1년에 한 번 있는 총회 때는 한인교회 대표들이 초대해주어 참가하게 된다. 중년이 다 넘은 2, 3세들은 어린 시절 다니던 교회나 주일학교 얘기, 무섭던 신부님 이야기로 꽃을 피운다. 시간이 지나면 돼지 족발 같은 걸쭉한 한국 음식이 나오고 한 잔씩 하다 보면 이윽고 이분들의 신세 타령이 이어진다.

자기들은 일본 사람도 한국 사람도 아닌 무국적이라고 한다.

동경 한인 성당 성가대

설날을 맞아 교우들과 함께

생전처음 찾아간 고향에서 푸대접당한 이야기, 신원의식에 대한 열등감, 고향 사람들의 불친절, 공항에서 당한 수모, 어처구니없이 일본에 대한 적대감을 대신 받은 얘기 등 이들이 털어놓는 불만과 서러움의 이야기보따리는 끝이 없다.

가라앉은 분위기를 바꾸자고 돌아가며 노래를 부르는데 한국에서 온 지 얼마 안 된 신자가 왜 한국 노래도 모르느냐고 핀잔을 준 것이 화근이 되었다. 참을 수 없는 분노로 몸을 떨며 목소리를 높였다. "우리가 어떻게 살아왔는지, 고국이 우리에게 어떻게 했는지 아는가…." 참으로 가슴 아픈 이야기였다. 아프고 서러운 그들의 마음을 어루만져주고 용기를 줄 수 있는 것이 고국 아니겠는가.

또 한편 일본에 살며 느끼게 되는 것이 외국 사람들에게 잘해주어야겠다는 생각이다. 일본인들은 참으로 친절하고 정직하면서도 외국인들을 심하게 차별하고 있다. 강대국인 미국이나 서구인들에게는 껌벅 죽으면서도 동남아, 남미, 아프리카인들에게는 차별이 심하다. 일본에서 살아본 경험이 있는 사람이면 누구나 겪는 고통 중 하나가 집이나 방을 얻는 일이다. 아예 외국인을 사절하는 곳이 많아, 수십 군데를 다니다 겨우 방 하나 얻는 일도 흔하다. 그뿐 아니라 일상생활에서 많은 차별을 느낀다. 무시하는 말투, 제도적 차별, 학교나 직장에서 받는 수

모, 고용 조건의 격차, 낮은 임금 등등이다.

　최근에 들어 동경 교구에서는 외국인, 특히 외국인 노동자들에 대해 많은 신경을 쓰고 있다. 심포지엄과 세미나도 많이 있고, 권익 보호를 위해 애를 많이 쓴다. 일본 생활 적응을 위한 봉사 활동, 상담 등의 활동이 교구뿐 아니라 본당 차원에서도 활발하다. 동경 교구에서는 3년 전부터 '인터내셔널 데이'라는 행사를 하고 있다. 이 행사야말로 동경 교구의 외국인들에 대한 사목적 관심이며 배려라 할 수 있다. 각국 신자들이 한자리에 모여 자기네 의상을 입고 자기 나라 성가를 부르며 함께 미사를 올리고, 음식 잔치도 벌인다. 이 행사를 치르며 참가자들은 많은 감동을 받는다.

　한국 사회에도 이제 외국인 노동자가 제법 많다고 한다. 이제는 우리 차례다. 이제 우리 교회도 그들에게 따뜻한 관심과 사랑뿐 아니라 사목적 배려도 해야 한다고 생각한다.

《평화신문》, 1993년 11월 28일자 '사목 단상'

기도, 화해, 일치에 인색함을 반성하자

일본에 와 생활한 지 3년이 지났다. 우리 민족의 어둡고 부끄러운 역사의 앙금이 어느 곳보다 더 많이 남아 있고 계속 되살아나는 곳이 이곳 일본일 게다. 일본에 오게 된 저마다의 기막힌 사연과 민족 차별의 서러움을 가슴에 가득 안고 살아온 노인들 이야기를 듣고 있노라면 한 편의 소설 속 기구한 운명의 주인공을 대하고 있는 느낌이다. 게다가 이들은 민단과 조총련으로 구분되는 또 하나의 소속 속에서 분단의 아픔뿐만 아니라 분열의 아픔도 느끼고 산다.

2년 전 지바에서 열린 세계 탁구 대회를 보러 간 일이 있다. 코리아란 이름으로 남북이 단일팀으로 출전했던 그 대회 때문에 참으로 오래간만에 일본에 살고 있는 남북은 긴장되지 않은 얼굴로 함께 자리하였을 것이다. 스탠드 여기저기 섞여 앉은 남북은 화기애애한 담소를 나누며 뜨거운 핏줄의 감동을 느끼기도 하였다. 모두가 한마음으로 코리아를 응원했고 드디어 여자 단체전에서 우승했을 때 모두는 〈우리의 소원은 통일〉을 목놓아 불렀다. 그 어떤 과정도 거치지 않고 민족의 화해와 일치가 자연스럽게 이루어지는 장면이 아닌가 싶은 순간이었다.

그러나 그 뒤로는 언제 그런 일이 있었을까 싶은 고요한 침묵과 똑같은 과거가 반복되었을 뿐이다. 통일은 바로 민족의 화해와 일치가 전제되는 것이고 그것은 이러한 만남이 어지간히 거듭되지 않고서야 가능한 일일 것이다.

카사이(葛西) 성당에서 미사를 마치고

    그동안 우리 교회도 통일을 지향하며 나름대로 많은 노력을 해왔다고 본다. 기본적으로는 많은 신자들이 기도를 바치며 통일을 빌러 왔을 것이다. 때로는 추운 겨울에도 임진각을 찾아와 통일 기원 미사를 올리고 북한 선교회를 중심으로 여러 가지 통일 사목을 위한 연구 모임을 갖고 북한교회와의 접촉을 위해 교회 어른들이 알게 모르게 여러 가지로 많은 모색과 시도를 하고 계실 것이라 생각된다.

    지난 4월 20일 나고야교구 소마 주교님의 초청으로 북한교회 신자 4명이 일본을 방문하게 되었다. 그중 2명은 공식적으로 북한 천주교 신자를 대표한 사람이었다. 특히 그중 한 사람은 북한이 원하는 '신부감'이다. 그동안 몇 차례 연락이 있었다. 어느 때는 공소회장의 모습을 느끼게 해주는 글인가 하면 어떤 때는 군사 용어 섞인 살벌한 글이 정책에 편승되어 실려 왔다. 알쏭달쏭한 인상도 받아왔지만 이번 만남은 참으로 반갑기 그지없었다. 무엇보다 함께 봉헌한 미사는 감동적이었다. 북한 신자 한 사람은 너무나 감격스러워 눈물이 다 나왔다고 했다. 길지는 않았지만 대표자끼리의 만남은 정말로 소중했다.

민족의 화해와 일치를 위해 기도드리는 오늘, 우리는 새삼 '민족화해와 일치'를 위해 바친 우리들의 기도의 빈약함과 화해의 인색함으로, 성숙지 못한 일치의 모습을 반성해야겠다. 통일이라는 말에 전제되고 있는 서로 간의 수용과 희생과 나눔을 우리는 성실하게 각오하고 있는가. 통일을 맞이하기 위해 숱한 노력을, 희생을 각오하며 준비했던 독일의 진통을 생각할 줄 알아야겠다. 우리 모두 자기 역할 안에서 민족을 위한 빛과 소금의 역할을 다짐하자.

《서울주보》, 1993년 6월 20일자 '말씀')

해방 50년을 맞는 한국과 일본

일본에 온 지 5년, 가깝고도 먼 나라, 우리 민족에게 결코 지울 수 없는 아픔을 안겨준 이곳의 생활이 참으로 소중했다고 말하고 싶다.

그 옛날 우리 선조들이 전해준 남아 있는 많은 유산에 자부심을 느끼는가 하면 식민지 시대의 굴욕이 그대로 남아 재일 교포들이 차별 가득한 생활을 하는 것에 분개하고 한국인이라는 점 때문에 묘한 수모를 겪고 비애를 느끼기도 한다.

세월이 그렇게 많이 흘렀는데도 한일관계는 개선될 줄 모른다. 나라는 그렇다 치더라도 국민감정도 오히려 악화되는 것이 아닌가 생각된다. 종전 해결, 한일관계 해결 문제는 일본만의 것이 아니다. 오히려 우리가 성큼 뛰어넘어야 할 것 같다.

우선 일본에 대한 적대 감정과 거기 따른 일본인들에 대한 미움에서 벗어나야겠고 일본이 갖고 있는 좋은 점들을 본받으려 하는 마음이 열려야겠다. 일본 사람들은 한 사람 한 사람을 볼 때는 참 정직하고 친절하다. 그리고 무슨 일이든 성실하고 열심히 한다. 5년 동안 일상생활 속에서 만난 일본인들은 대부분 그러했다. 문제는 집단이 될 때이다. 정치인들의 집단이 그 대표적인 예일 것이다. 종전 처리를 제대로 못하기 때문에 세계 각 나라로부터 빈축을 사고 경제적으로만 대국이지 양심 없는 나라로 낙인찍히는 위기에서 벗어나고자 금년 들어와서 일본은 '종전 처리'를 떠들어 댔다. 그러나 얼마 안 되어 총리가 종군 위안부 보상 문제로 물의를 일으켰고 또 종전 문제를 이번에는 끝내자 하는 식으로 시작했던 국회도 침략이나 식민지를 합리화하려는 투였다.

동경 한인 성당 주일 학교 어린이 행사

의외로 많은 정치인과 지성인이 과거를 부끄러워하고 사죄하고 있지만, 보수 세력이나 우익 세력은 도저히 어떻게 해볼 수 없는 막강한 힘으로 일본을 움직이고 있다. 일본 집단 이기주의의 엉뚱함이라고 생각한다. 이 집단 이기주의의 그늘을 벗어날 수 없는 일본은 답답하기 짝이 없지만, 선의의 양심적인 많은 일본인을 생각해야겠다. 한국을 좋아하고 한국인을 사랑하는 사람들의 숫자가 늘어나고 그들의 영향이 각 분야에 끼

쳐진다면 관계는 차츰 회복되지 않겠는가 생각된다.

　이런 점에서 동경 한인교회도 많이 반성해본다. 우리 한인교회는 동경 주교좌 성당 안에 있다. 신자 규모가 거의 대등한 두 교회가 한 건물 안에 있다. 참으로 일본교회에 감사할 일이다. 처음 한인교회가 주교좌 성당에 들어왔을 때 우리는 사회도 나라도 못하는 일들을 하여 적게나마 한일 우정의 다리 역할을 언어 소통의 어려움도 있었겠지만, 관계가 지속되기 위해서는 상대방의 생활 관습이나 생활 양식을 존중해주고 맞춰줘야 할 것 같다. 함께 행사를 치르다 보면 한국 사람들은 일본 사람들의 꼼꼼한 준비와 치밀한 일 진행에 질리게 되고 일본 사람들은 한국 사람들의 대충 대충하고 계획적이지 못함에 질리는 것 같다.

　한인교회 때문에 한국을 좋아하게 되었고 그래서 한인 신자들에게 일어를 가르치게 된 신자가 있다. 그분은 한인 신자들과 만남으로 몰랐던 지난 역사의 진실을 알게 되었고 부끄러운 일본을 사과하곤 하였다. 그런데 어느 날 나에게 찾아온 그분은 한국 사람들이 일본의 과거뿐 아니라 오늘날 일본 사회와 일본인들의 결함에 대해서 너무 많이 미워하고 공격하고 있어서 괴롭다고 눈물로 하소연하였다. 흔히들 일본 사람은 한국 사람이 인정이 많고 좋지만 너무 상대방을 생각하지 않고 정면 공격을 잘해 무섭다고들 한다. 일본은 아무것도 배울 것이 없고 형편없는 나라로 간주하면서 말이다.

　해방 50년을 맞이하는 길목에서 우리는 너무나도 엄청난 사건인 삼풍 백화점 붕괴 사건을 맞이하였다. 그동안 우리 사회가 안고 있는 모든 부실과 부정이 엄청난 것임을 보여준 총체적이고 예언적인 사건이었다. 일본에 와서 처음으로 일본인들 앞에서 심한 부끄러움을 느꼈다. 어려서부터 가정에서 학교에서 철저하게 교육받은 그들에게 몸에 배어 있는 것은 무엇보다 이웃에게 폐 끼치는 일 안 하고, 성실하고 정직한 사람이 되는 것이다. 해방 50년을 맞는 오늘 삼풍 백화점 붕괴의 아픈 기억과 교훈 속에서 우리는 역사의 새로운 장을 펼쳐 나가야겠다. 우리 사회가 총체적으로 회복해야 할 정직함과 성실함을 다짐하면서 말이다.

《서울주보》, 1995년 8월 13일자〉

종군 위안부 앞에 일본 정부는 '벽창호'

몇 해 전인가 〈여명의 눈동자〉라는 TV 드라마가 이곳 재일 한국인 사이에서도 꽤 인기가 있었다. 한국에서 방영된 것을 녹화하여 뒤늦게 보긴 했지만 참으로 기가 막히고 어이없는 감동을 느끼며 보았다. 물론 소설을 드라마화하긴 했지만 주인공

'여옥'같은 사람은 실재했을 테고, 이보다 비참하게 유린당했을 사람이 얼마나 더 많았겠는가.

'종군 위안부' 같은 세계에 유례없는 기막힌 발상을 한 일본 군대. 동남아 각국의 어린 여자들을 전쟁터로 끌고 가 전쟁하는 군인들의 사기를 올리려는, 그야말로 악랄한 범죄를 저지른 것이다. 그런 여인들의 숫자가 1만 명 내지 2만 명 정도 되었을 것이라고 한다.

그 희생 제물이 되어 부끄럽고 기막힌 자신의 운명을 한탄하고만 살던 그런 여인들 중에 많은 사람이 이젠 할머니가 되어 일본을 향해 억울함을 하소연하며 사죄와 배상을 요구하고 있다.

이들을 지원하는 교회 단체나 시민 단체도 많이 있고 모임도 자주 갖고 있지만 그야말로 해결의 장본인인 일본 정부는 너무나도 얄밉고 몰인정한 거대한 벽창호인 것이다.

패전 50년을 맞이한 일본도 전쟁에 얽힌 복잡하고 골치 아픈 문제들을 해결해야겠다고 큰소리를 치고 있다. 그런데 해결하겠다고 큰소리치고 나선 일본 정부는 최근 종군 위안부 문제에 대해서 국가로서 개인 배상을 하지 않고 민간 모금으로 피해자들에게 '위로금'으로 지급할 방침을 결정했다. 참으로 어이없는 일이며 또다시 양심 없는 일본 정부의 얼굴 두꺼운 모습을 보게 되는 것 같다. 참으로 답답하고 가슴 아픈 일이다.

이런 정부 방침에 대해서 일본 가톨릭교회도 지난 연말 동경교구 교구장이신 시라야나기 추기경께서 강한 반대 의사를 표시하였다. 무라야마 총리에게 보내는 서신에서 시라야나기 추기경은 "피해자와 직접 만나 그녀들의 요구를 들으려고 하지 않는 정부의 이 결정에 반대합니다. 위로금 구상을 용인하는 것은 국가의 책임과 국민의 책임을 고의로 혼동하여 일본이 행한 전쟁 범죄를 덮어버리는 일에 가담하는 것이 됩니다"라고 하였다. 또 이어서 우리 김 추기경께서도 무라야마 총리에게 "문제의 진상 규명과 국가로부터의 사죄와 법적 배상"을 촉구하였다.

그러나 종교의 영향이 미약한 일본 사회에서는 교회의 발언이 정부에 압력으로 작용되기 쉽지 않은 것 같다. 하지만 요즘 두 나라의 추기경께서 총리에게 보낸 종군 위안부 문제로 일본교회 안에서 조금씩 이야기되고 있는 것은 참으로 바람직한 일이라고 본다.

일본 사람들 한 사람 한 사람은 참으로 정직하고 좋은 사람들이다. 하지만 집단을 이룰 때는 문제가 달라진다. 이것을 잘 말해주는 것이 일본 정부의 모습이다. 종군 위안부 문제를 갖고 이야기를 나눌 때마다 느끼는 것이지만 많은 일본인, 특히 젊은 사람들은 과거 역사를 너무나 모르고 있다. 역사 교과서에서도 진실을 가르치지 않고 그 누가 바르게 얘기하지 않기 때문에 그렇다.

한국 사람의 입장으로서뿐 아니라 일본인들에게 올바른 인식을 갖게 하고, 일본 사회가 올바른 사회가 되기 위해서도 이러한 이야기들은 자주 발언되고 거론되어야 한다고 생각한다.

작년도 노벨 문학상을 받은 오에 겐자부로도 얘기하는 "애매한 일본 사람들이 참으로 바른 역사 인식을 갖고 살아가기 위해서" 또 애매함이 집단을 이루어 더 이상 또 다른 불행을 초래하지 않기 위해서도 전후 처리 문제는 참으로 중요한 과제임에 틀림없다. 이것이 바로 일본의 양심의 처리이고, 인도(人道)의 처리이며 도덕의 처리이기 때문이다.

《평화신문》, 1995년 2월 5일자

뉴스마다 '북한 핵' - '한복수난'

요즈음 일본에서 TV를 켜면 귀가 따갑도록 듣게 되는 것이 북한의 핵 문제와 관련된 내용이다. 뉴스 시간이면 제일 먼저 숨이 넘어갈 것처럼 보도하는 것이 핵 문제이며 특집으로 보도하기도 한다. 일본 측의 반응은 한국보다 훨씬 더 지나치게 긴장되어 있는 것 같다.

이러한 매스컴의 보도 탓으로 시사에 밝지 못한 사람들도 늘 듣게 되는 것이 '기타조센(北朝鮮)'이며 핵 이야기이기 때문에 제대로 내용도 모르면서 기타조센 때문에 큰일났구나 하는 의식이 팽배해 있다.

이러한 여파로 지금 일본에서는 전국적으로 재일교포들에 대한 폭행 문제가 적지 않게 일어나고 있다. 그중에서도 특히 많이 당하는 것이 조총련 계통 조선학교에 다니는 여학생들이라고 한다.

검정 치마에 흰 저고리를 당당하게 교복으로 입고 다니는 이 여학생들이 기타조센에 대한 좋은 분풀이 대상이 된다. 여학생들을 골목으로 끌고 가 때리는가 하면 칼로 치마저고리를 찢기도 하고, 지하철 홈에 서 있는 여학생을 철로 밑으로 떨어뜨려 부상을 입힌 사건도 있다고 한다. 동경 가까운 이바라키현 어느 조선학교에서는 학부모들이 학교에 찾아와 교복을 바꿀 수밖에 없지 않겠느냐는 강한 건의도 했었다고 한다.

북한 핵 문제에 대해 미국, 일본과 함께 대응책을 강구하고 있는 한국 입장을 잘 알고 있을 듯한데도 같은 민족으로 동일시하려는 일본인들의 감정적인 문제가 참으로 우려스럽다.

지난 5월 31일부터 6월 2일에 걸쳐 동경 이다바시에 있는 YMCA회관에서는 제4차 평화통일을 위한 그리스도인들의 모임이 있었다. 이 모임에서는 북한에서 온 5명의 대표도 함께 있었다. 2박 3일을 함께 지내며 예배도 드리고 성경 공부도 함께 하고 마지막 날엔 하코네에 가서 유람선도 타는 등 화기애

동경교구 인터내셔널 데이 개막 미사

애한 분위기 가운데 이루어졌다.

 이런 가운데 북한 대표들은 개인적인 담화에서도 핵 문제에 대한 옹호를 잊지 않았다. 모임이 끝나는 시간에 결의문과 더불어 '재일 동포들이 폭행당하는 문제'가 거론되었다. 정치적일 수 있는 결의문은 조금 논의되다 결론을 보게 되었는데, 오히려 이 문제에 들어가서는 거센 분위기가 되었다.

 가깝고도 먼 나라로 머물기만 하는 한국과 일본, 끊임없이 계속되는 민족 차별과 서로 간의 혐오감, 결국 지금 문제가 되고 있는 현 사태는 비단 핵 문제에 국한되는 것이 아니라 역사적인 과정에서 일본과 한반도가 갖고 있는 감정 대립의 반복인 것이다.

대대적인 서명 운동도 필요하고 시위를 벌이는 일도 중요하겠지만, 먼저 우리 마음속에 잠재되어 있는 일본에 대한 미움을 없애야겠다. 한국 사람들은 끝도 없이 일본을 미워하고, 일본 사람들은 그 끝도 없는 미움에 혐오를 느끼는 것이 아닌가 하는 생각이 든다.

우리 한인 성당은 동경 주교좌 성당 안에 있다. 건축 중이라 임시 건물을 쓰고 있지만 왼쪽은 한국 교회, 오른쪽은 일본교회가 나란히 있다. 버젓한 한국 멋쟁이들이 당당하게 공동체를 이루고 있는 한인교회는 규모나 활동 면에서도 거의 비슷하고 대등하다.

이렇게 한인교회가 있음은 상징적 역할이 대단히 크다고 생각한다. 서로 우애를 나누고 다른 사회가 못하는 그 역할을 해야 함이 마땅할 텐데 실제로 현실은 그렇지 못하다.

우리 교우들에게 일본말을 가르쳐주는 일본 교우가 있다. 그분은 한국 신자들과 접촉하는 동안에 한국 사람이 너무 좋아져 요즘은 한국말을 학원에서 정식으로 배우고 있다. 그런데 어느 날 그분이 나에게 하는 말이 "한국 사람들 중에는 일본 좋아하는 사람이 한 사람도 없는 것 같아요"라며 속상해 하였다. 때때로 거센 비판도 해야 하겠지만 일본의 훌륭하고 좋은 점을 칭찬하고 본받을 줄도 알아야겠다. 그분 이야기는 한국 사람들이 일본에 대해 너무 일방적으로 부정적인 것 같다는 것이었다.

일본 사람과 각 나라 사람이 함하는 동경교구 행사인 인터내셔널 데이를 마친 며칠 뒤 청년들과 성서 공부를 하는데 어느 여학생의 이야기가 가슴에 크게 와 닿았다. 인터내셔널 데이 때의 이야기였다.

그날 한국 청년들 담당이었던 쓰레기를 치우고 뒤늦게 점심 식사를 하고 있는데, 누군가의 "줄다리기 시합 있으니 빨리 오라"는 전달이 있었다 한다. 아무도 그 소리에 꿈쩍 않았는데 "일본과 하는 거야"라는 말이 이어지니 모두 하나같이 후닥닥 밥먹다 말고 뛰어 내려가더라는 것이다. 더욱 묘했던 것은 이를 악물고 기를 쓰는 자기 자신을 깨닫게 된 것이라 하였다. 묘한 미움과 "쟤네들한테 져선 안 돼"라는 심리를 생각하니 서글퍼졌다 한다.

다음 주일 주교좌 성당 한 울타리에 사는 한국과 일본 청년들이 볼링 대회를 갖는다고 한다. 우리 청년들이 얼굴을 찡그리며 이기려 하는 대회가 아니라 우애를 나누는 볼링 대회가 되기를 바란다.

(《평화신문》, '지금 일본에서는… 해외 교포사목 통신')

묵주 100개 선물 "너무 고맙다"
북한 천주교인 대표단 방일 이모저모

이번 조선천주교인협회 대표 4명이 일본을 방문한 것은 나고야교구 교구장 소마(相馬信夫) 주교의 초청에 의한 것이었다. 소마 주교는 작년 3월 24일부터 28일까지 조선 대외 문화 협의회의 초대로 일본 기독교협의회 조선 그리스도 교회 방문단의 옵서버로 북한을 방문하였는데 이번에 그 인사로 나고야 교구 주교 개인 자격으로 초청을 한 것이다.

단장 격인 장재철(張在哲, 사무엘)은 꽤 지위가 높은 최고인민회의 대의원, 최고 인민 회의 외교 위원회 위원, 조국 통일 민주주의 전선 중앙 위원회 상무위원, 조선 천주교인 협회 중앙 위원회 위원장이며 박사 호칭까지 갖고 있었다.

성당회장 직함만 가지고 있는 차성근(車星根, 율리오)과 조선 종교인 협의회 위원인 한인철(韓仁哲, 토마스)은 정부 측 임무를 받은 듯한 인상을 강하게 풍겼으며 통역원 김유철(金有哲, 요한)은 16살 때 북송된 재일교포 출신이었다. 이들 대표단은 4명 모두 세례명을 가지고 있었다.

이들은 줄곧 동경에 머물렀는데 숙박지는 원조회 수녀원에서 운영하는 신주쿠 이치가야(新宿區市谷田町)에 있는 수도원 숙박시설이었다. 방문 기간 동안 이들에 대한 안내 및 스케줄 운

영은 후카미즈(深水正勝) 신부(전 정평위 사무국장, 현 도시마 성당)와 히로시마교구의 한국어가 능통한 고토(後藤正史) 신부가 하였다.

• 21일(수): 오전에 아사히 신문사를 방문하고 오후에 총련 본부에 들렀는데, 이때 40여 분간 그쪽 사람들과 안에서 접견한 후 총련 기관지 조선신보사를 방문했다.

• 22일(목): 가마쿠라(鎌倉) 및 대불(大佛) 관광 후 유키노시타(雪下) 교회에 들러 잠깐 기도를 해 눈길을 끌었다.

• 23일(금): 가와사키시(川崎市) 자치체가 마련한 건물 교류 회관 후레아이관을 찾아 관장인 배준도(기독교 장로)씨의 설명으로 지역 활동, 아동 교실을 구경했으며 할머니들을 만난 장재철씨는 통일에 대한 연설을 하기도 하였다. 시(市) 총련회에 들른 후에는 요코하마 '항구가 보이는 언덕 공원'을 관광한 후 신주쿠 미쓰이(三井) 빌딩 52층을 관람하였다.

• 24일(토): 오전 11시 소마 주교를 만날 때 후카미즈 신부와 고토 신부가 동석했는데 인사가 끝나자마자 이들은 갑자기 평양에서 가져온 문서를 꺼냈다. 이 문서는 최근 인민대회에서 김일성 주석이 발표한 '통일을 위한 10대 강령'(일본어로 준비)으로 극찬하며 찬동해주기를 소마 주교에 권고하기도. 또 이들은 조선천주교인협회와 일본 가톨릭정의평화위원회가 공동으로 성명을 발표하자고 했는데 이에 소마 주교는 놀라는 표정

으로 만나자마자 교회가 독단으로 할 수 있는 일이 아니라고 설명해주기도 하였다.

• 25일(일): 아침 일찍 한인교회로 소마 주교가 찾아와 북측에서 오늘 미사는 참석하겠지만 미사 후 본래 가질 예정이었던 신자들과의 교류회 및 식사는 못하겠다는 뜻을 밝혀왔다고 알려주었다. 이유는 김수환 추기경님께 인사를 못 드렸기 때문이라고 밝혔다. 다행히 이들은 11시 40분경 미사에 참석하기 위해 한인 천주교회를 찾아왔다. 미사는 소마 주교도 함께 봉헌했으며 이들은 아주 열심히 미사를 드려 눈길을 끌었다. 이들은 미사 중 넓은 대성당과 성당을 가득 메운 신자들, 성가대의 성가와 전례에 압도된 듯 사뭇 감동 어린 표정을 지었다.

미사 후 교사들에게 둘러싸여 화개애애한 분위기가 흘렀으며 성당 뜰로 인도하려 하자 많은 사람을 만나는 것을 꺼려 하는 표정이 역력해 일부 신자들이 사무실로 안내, 신자 대표 몇 사람과 사제 사무실에서 30여 분간 이야기를 나눴다.

장충 성당의 상황이 사제가 없어서 곤란하지 않느냐는 누군가의 질문에 이들은 신자가 사제를 원하는 것은 당연하지 않느냐면서 하루빨리 김수환 추기경님의 품에 안기고 싶다고 답변해 눈길을 끌었다.

한인교회는 이들에게 공동번역 신구약 합본 4권과 묵주 100여 개를 선물로 주었으며 이들은 묵주 선물에 특별히 감사하다고 대답하였다. 묵주 신공을 할 줄 아느냐는 질문에 그렇다고 대답한 이들은 몇 가지 질문을 주고받은 후 성당 마당에서 기념 촬영을 한 뒤 아쉬운 작별을 고했다.

《평화신문》, 1993년 5월 2일자

고베의 폐허 속에 교회는 한 줄기 희망

2월 1일 새벽 6시 도쿄발 첫 기차를 타고 오사카로 향했다. 그곳 순교복자 수녀원에 묵고 계시던 김수환 추기경을 만나 재난의 현장인 고베 방문길에 오르기 위해서였다. 평소 같으면 철도편으로 쉽게 갈 수 있지만 철도가 파손돼 배를 이용하기로 했다. 1시간 이상 줄을 서서 기다린 끝에 배에 오를 수 있었다.

고베항에 도착하자 여기저기 참사의 흔적이 보이기 시작했다. 허물어지기 직전의 기울어진 빌딩, 완전히 무너져 내린 건물들이 곳곳에 깔려 있고, 전쟁이 휩쓸고 간 것처럼 불타 없어진 건물의 잔해가 시체처럼 늘어져 있었다.

제일 먼저 찾아간 곳은 피해가 가장 극심했던 나가다(長田) 구민단 본부였다. 기울어진 건물 입구에 대형 태극기가 걸려 있어 쉽게 찾을 수 있었다. 갈라진 사무실 벽에는 지원 현황이 빽빽하게 붙어 있었다. 일본 국내뿐 아니라 한국 각처에서도 많은 구호물자와 현금을 보내왔음을 알 수 있었다.

추기경께서 위로금을 전달하고 민단 관계자들과 대화를 했다. 민단측의 사망자 수는 120명 정도이지만, 워낙 교포들이 많이 살고 있고 낡은 집들이 많은 데다 많은 교포들이 일본 이름을 쓰는 경우가 많아, 실제 사망자 수는 훨씬 더 많을 것이라는 추산이다.

두 번째로 찾아간 곳은 이재민들이 수용되어 있는 피난소였다. 35만 명의 난민이 분산 수용되어 있는 수용소는 고베만 하더라도 500여 곳에 이른다고 한다. 우리가 찾아간 피난소는 구민회관에 있었는데 낮에는 노인들만 남아 있고 젊은 사람들은 허물어진 자기 집을 바라보며 허탈에 빠지거나 도둑을 지키거나 하면서 낮 시간을 보내다 저녁 늦게야 돌아오곤 한다. 피난소 바로 옆 터에는 봉사자들이 바쁘게 일하고 있었다. 한인 신자들이 대부분인 오사카 이쿠노 성당의 신자들이 많이 찾아와 봉사하는 중이었다. 교포 출신인 예수회 이성일 신부, 한인 신자 담당인 나카무라 신부를 비롯 여러 수녀들과 학생들이 열심히 봉사하고 있었다.

이번 지진에 교회도 많은 피해를 입었지만 그 와중에도 지역 주민과 함께하면서 열심히 봉사활동을 펴는 교회의 모습은 참으로 아름다웠다. 특히 성전 건물이 전파된 다카도리 성당은 이 지역 진료소와 재해 대책소를 겸하고 있었다. 이 성당에는 기적 같은 일이 벌어져 매스컴의 초점이 되기도 했다. 주위가 온통 파손되고 무너져 내렸는데도 두 팔을 벌리고 있는 예수 성심상 만은 아무런 피해 없이 온전하게 그 자리에 서 있었던 것이다. 베트남 신자가 기증했다는 이 예수 성심상은 이 재난의 지역을 사랑의 두 팔로 감싸안듯 그렇게 서 있었다.

오사카로 돌아오는 길 역시 배편을 이용했다. 얼마 전까지만 해도 호화 유람선이었던 배가 이제는 화물선과 흡사한 수송용 선박으로 변해버렸다. 앉을 좌석도 없는 맨바닥에 깔개를 깔고 입추의 여지가 없을 정도로 많은 사람이 앉아 있었다. 대자연의 힘 앞에서 인간의 무기력함을 뼈저리게 체험했기 때문일까, 책을 읽고 있는 사람 등 모두가 자연의 섭리에 조용히 순응하고 있는 것 같았다.

《평화신문》, 1995년 2월 12일자

30년 만에 다시 떠난 일본 평화 순례

2023년 4월 다녀온 일본 평화 순례는 나에게 여러 가지로 의미가 있는 여행이었다. 나는 순례하는 동안 졸업여행이라는 표현을 종종 썼다. 주교로서 현직을 끝내기 바로 직전에 하는 여행이었고, 내가 교구일 외에 가장 주력하였던 사목 분야가 한반도의 평화와 민족의 화해였기에 그리 부르고 싶었다.

다른 한 가지 이유는 우리 신자들 가운데 본당에서 민족화해분과에 소속되어 한반도 평화와 남북 화해에 대해 더 알고 배우고 싶어 하는 분들과 함께했던 현장체험이라는 의미도 있기에 그러하였다.

되돌아보면 우리 민족 가운데 일본의 재일 조선인 외에도 러시아의 고려인이나 중국의 조선족도 어두운 민족사 속에서 고향을 떠나 디아스포라의 삶을 살고 있지만, 어느 곳보다 차별과 멸시 속에 힘들게 살아왔던 대표적인 우리 민족 집단이 일본에 사는 재일 조선인들이 아닐까 생각한다.

이러한 내 마음을 알기라도 하듯 우리 교구 민족화해위원회에서는 이번 여행을 한반도 평화순례라 이름 붙이고 평소 가기 힘든 우리 민족의 설움과 회한이 서린 식민지 시대의 아픔이 남아 있는 곳들을 순례지로 정하였다.

우리 의정부교구 민족화해위원회에서 주관한 이번 여행에 참여했던 분들은 모두 35명이었다. 대부분 교구 민족화해위원회에서 마련했던 평화사도 연수에 참여했던 분들과 본당에서 민족화해분과 위원으로 활동하는 분들이라 민족화해와 한반도 평화에 대해 관심이 많았다.

3박 4일의 평화순례 장소는 두 곳으로 구성되었다. 한 곳은 일제 강점기 조선인으로서의 아픔이 서려 있는 곳인 시모노세키 조선인 마을과 조선인 학교, 해저 탄광인 조세이 탄광이었다. 특히 조세이 탄광은 강제 징용되어 일하다 억울하게 세상을 떠난 146명의 영혼이 잠든 바다여서 의미가 컸다.

다른 한 곳은 원자폭탄이 떨어져 수많은 사람이 죽은 히로시마였다. 여기서는 조선인 원폭 희생자 위령비에 참배하고, 이어 히로시마 주교좌 성당인 세계평화 성당에서 미사를 드렸다.

조선인 마을

우리 일행이 순례 일정으로 처음 들른 곳은 야마구치 조선인 마을이었다. 똥굴 동네라고도 불리는 이 마을은 실제로 일본인이 살지 않고 가지도 않으려 했던 혐오지역이었다. 전쟁이 끝나고도 고향에 돌아가지 못한 조선인들은 분뇨 처리장, 화장터, 공동묘지, 형무소가 있던 후미진 이곳에 자리를 잡았다. 동네를 한 바퀴 돌아도 인기척 하나 없는 것으로 보아 고령자와 독거노인이 주로 사시는 게 아닐까 하는 생각이 들었다. 아마도 이 동네에 사는 분들을 만나면 한 편의 대하 드라마 같은 이야기를 저마다 들려줄 수 있으리라.

드라마 〈파칭코〉에 나오는 동네는 이 동네에 비하면 그래도 꽤 괜찮은 편인 것 같다. 이 동네를 돌아보며 1960년대 멸시와 차별 속에 살아가던 재일 동포에게 북한에 가서 살 수 있는 방법인 북송(北送)은 지긋지긋한 일본을 벗어날 수 있는 길로 여겨졌을 것 같다. 실제로 10만여 명에 가까운 동포들이 북송선에 올랐다.

문득 동경 한인 성당에서 만난 안나 할머니가 생각났다. 북송된 두 아들을 위해 그렇게 열심히 기도하고, 몇 차례 아들을 만나러 북한을 다녀왔던 이야기를 1급 비밀이라도 되는 듯 속삭이며 들려주었던 일이 마치 어제인 듯 떠올랐다.

마침 이 동네에는 한국 수녀 1명과 일본 수녀 2명이 공동체를 이룬 '작은 자매회' 수녀들이 살고 있어 수녀원에 잠깐 들르게 되었다. 조선인 마을에 자리잡고 사는 이 수녀원은 존재 그 자체로 이 동네 사람들에게 큰 위로와 격려가 될 것이라는 생각이 들었다. 한국에서부터 알고 지내던 수녀님이 너무 반가워하여 우리 일행은 그 좁은 수녀원에 잠시 들러 이 동네와 수녀원을 위해 기도하고 강복을 드렸다.

조선학교

야마구치 조선 초급학교는 일본인이 살지도 않고 가지도 않으려 했던 혐오, 기피 지역인 조선인 마을 산꼭대기에 자리를 잡았다. 학교라 하기엔 너무 초라하고 시설도 제대로 갖추지 못했지만 민족정신만은 투철하고 나름 긍지도 있었다. 해방 후 이곳에 사는 동포들은 먹고살기가 어려웠음에도 후세대에 우리 말과 글을 가르치기 위해 각지에 국어 강습소를 세웠다. 이것이 나중에 조선인 학교로 발전하였다.

조선인 학교 학생들은 북한을 조국이라 불렀고, 남한을 고향이라 부르고 있다고 했다. 일본 정부는 1947년 '조선인 일본인 학교 의무화'를 공포하고 압박하기 위해 조선학교 폐교를 통보하자 동포 1만 명이 모여 조선학교 폐쇄 반대 집회를 열었다. 지금도 조선학교 학력을 인정하지 않는 대학교가 대부분이라 진학에 어려움을 겪고 있다. 정부 지원에서도 제외되는 차별을 당하고 있기도 하다.

그뿐 아니라 과거 조선학교는 여학생의 경우 까만 치마와 흰 저고리를 입고 등교를 하였기 때문에 종종 일본 남학생들이 폭력을 사용하거나 한복을 찢는 일이 빈번해 지금은 대부분 한복을 입지 않는다고 하였다.

우리는 조선학교 교장 선생님으로부터 자세히 학교 현황에 대해 들었다. 학교 명칭은 모든 조선학교가 우리 학교라 부르는데, 오늘 우리가 찾은 조선학교는 유치원에서부터 중학교에 이르기까지 반은 모두 편성돼 있는데 학생이 없는 학년도 있었다. 이 학교는 전교생이 25명이라고 하였다.

교사들이 10여 명 되었는데 여교사인 경우는 한복을 입고 가르쳤고 남교사들도 검정 바지에 흰 셔츠를 입고 일본말로 가르쳤다. 교사들 역시 거의 조선대학을 나와 민족의식이 강하고 후배들을 가르친다는 긍지가 컸지만 박봉이라 오래 근무하는 경우는 드물다고 하였다.

1998년 북한을 방문하였을 때 금강산 호텔에서 일본에서 수학여행 온 조선인 학생들을 만난 적이 있는데, 그때가 북한이 한창 고난의 행군 시기를 겪는 때여서 조선 학생들이 꿈을 안고 찾아온 고국에서 크게 실망하고 돌아가진 않을까 걱정되기도 했었다.

북한은 남쪽보다 잘살았던 1960년대부터 이 조선인 학교에 많은 지원을 해주었다. 그런데 지금은 경제적으로 어려워 지원을 해주지 못해 조선학교가 재정적으로 큰 어려움을 겪고 있다. 남과 북 이념을 떠나 조선학교를 도와주어야 하지 않을까 생각했다. 조선학교 방문은 우리 일행에게 애달픈 마음을 안겨주었다.

학생은 비록 얼마 안 되었지만 학교 운동회 때는 250명의 지역 동포들, 할머니, 할아버지, 아버지 어머니가 모여 아이들을 격려하며 함께 노래를 부른다는데 나중에 알게 된 노래 가사는 마음이 아플 정도지만 그래도 희망이 담겨 있었다.

비오는 날엔 비가 들이치고, 눈 내리는 날엔 눈이, 때 아닌 모진 바람도 너희들의 책을 적시고 뺨을 때리고 할퀴고 공부까지 못하게 만들어도 아이들아 이것이 우리 학교다.

큼직한 미끄럼 타기, 작은 그네 하나 없어 너희들 놀 곳도 없는 학교지만 조국을 떠나 나서 자란 너희들에게 조국을 배우게 하는 이것이 우리 학교다.

초라하지만 단 하나뿐인 우리의 학교 서투른 조선말로 웃으며 희망을 품는 아이들아 이것이 우리 학교란다.

조세이 탄광 수몰지 사고 현장

조세이 탄광 참사는 1942년 2월 3일 야마구치현 우베시 해안에서 1킬로미터 떨어진 해저 지하갱도에서 발생하였다. 누수로 지하갱도 내부로 바닷물이 밀려들면서 작업 중이던 조선인 136명과 일본인 47명 등 183명이 목숨을 잃었다. 사고 후 갱도는 폐쇄되었고 유골도 아직 찾지 못하였으며 사고 경위를 둘러싼 진상 규명도 제대로 이루어지지 않고 있다.

태평양전쟁에 광분하였던 일제는 석탄 생산에 총력을 기울였다. 이때 조선인들은 강제 동원되어 일본 각지 탄광으로 배

조세이 탄광 수몰사고 조선인 희생자 추도비 앞에서

치되어 힘든 일을 하였는데, 많은 차별 속에 큰 고초를 겪었다.

　조세이 탄광은 조선인이 강제로 끌려와 노동한 많은 탄광 중 일부에 지나지 않는데 해저 탄광에서 생긴 끔찍한 일이고 사망하신 분들 숫자도 많아 더욱 애통했다. 함께 동행한 일본 예수회 나카이 신부가 꽃을 준비해 와 우리는 바닷가 가까운 곳에서 꽃 한 송이씩을 바다에 띄워 보내며 가슴 아픈 헌화를 하였다. 바다로 향해 사라져가는 꽃들을 바라보며 애달프고 억울하게 숨진 영혼들을 떠올렸고, 우리는 잊으면 안 될 역사를 가슴 깊이 간직하였다.

조세이 탄광의 수몰 사고를 역사에 새기는 일본인들의 추도 글도 그곳에 적혀 있어 일부를 들려주고 싶다.

희생자 가운데 136명은 일본 식민지 지배 정책 때문에 토지 재산들을 잃어버려 부득이 일자리를 찾으러 건너오거나, 혹은 노동력으로서 강제로 연행되어 온 조선 사람들이었습니다. 또한 일본인 47명도 많은 이재민과 같이 전쟁의 혼란 속에 내버려졌습니다.

억울한 죽음을 당하고, 아직도 2개 피아의 깊은 바다 속에서 잠들고 계시는 분들께 삼가 애도의 뜻을 표합니다.

특히 조선인 피해자와 그 유족에게는 일본인으로서 진심으로 사과의 마음을 올립니다. 우리들은 이러한 비극을 낳은 일본의 역사를 반성하고 다시는 다른 민족을 짓밟는 포악한 권력의 출현을 용납하지 않도록 온 힘을 다할 것을 맹세하고 여기에 희생자의 이름을 새깁니다.

히로시마 방문

히로시마는 벌써 몇 차례 방문이지만 나가사키에 비하면 더 삭막해 보였다. 나가사키에는 무라사키 성당, 오우라 성당이 있고, 여러 관광지며 상가도 많고 사람들의 흥겨운 발걸음이 넘쳐나지만 히로시마는 나가사키에 비해 좀 더 무겁고 원폭 최초의 피해지로서 의미가 크게 다가오는 것 같다. 일본 사람들이 '성난 히로시마, 기도하는 나가사키'라고 하는 말이 두 원폭 피폭지의 특성을 잘 비교해주는 말이라는 생각이 들었다. 원폭 투하 장소로 처음부터 확실히 예정된 곳이 히로시마라 하였으니 더 그럴 수 있겠다.

히로시마 순례에서는 먼저 히로시마 평화공원에 있는 한국인 원폭 희생자 위령비에 들렀다. 일본 패전 당시 히로시마에는 강제 동원 노동자를 포함하여 14만 명 정도의 조선인이 거주하고 있었다. 1972년 한국원폭피해자협회는 이 가운데 원폭으로 5만 명의 피해자가 발생했고 그중 3만 명이 사망하였다고 발표한 바 있다. 평화기념관은 이곳을 찾은 사람들에게 핵폭탄 피해를 효과적으로 전하며 두려움과 공포를 느끼게 해주고 있었다.

1945년 8월 6일 원자폭탄 '리틀 보이'가 투하된 8시 15분이 공포의 숫자로 전시 공간을 뒤덮고 있었다. 그러나 이곳에서는 일본이 원폭 피해자로서만 묘사될 뿐 가해자로서 모습은 전혀 찾아볼 수 없었다.

이곳에서 만난 어느 일본 신자는 내가 한국의 성직자임을 알고 나에게 다가와 무언의 사죄를 하려는 듯 몇 차례나 인사하였다.

　히로시마 순례의 가장 중요한 시간이라 할 수 있는 것은 히로시마 주교좌 성당인 '세계평화'에서 미사를 봉헌하는 시간이었다. 우리는 이 미사에서 세계평화를 위해 간절히 기도하였다. 특히 이 미사에는 히로시마 교구장인 시라하마 주교님과 함께 하였는데, 주교님은 미사 중에 "과거 일본이 시작한 전쟁으로 인해 고통을 받는 한국인들과 한반도 분단에 대해 미안하다"는 말을 거듭하였다. 이어서 주교님은 "매일 저녁 9시에 한반도 평화를 위해 바치는 기도에 동참하겠다"는 말도 덧붙여 우리를 기쁘게 하였다.

　히로시마 주교님은 한일주교교류모임 일본 위원으로 한국에서 지난 2월 있었던 준비모임 때도 우리의 일본 평화 순례 이야기를 듣고 꼭 히로시마에 들려달라고 부탁하면서 평화에 대해 함께 기도하며 연대하고 싶다고 말씀하신 바 있었다.

제 3 장

-

사할린

동토(凍土)에서 지킨 신앙

고르바초프의 개방과 개혁으로 러시아가 자유화되었을 때, 사업차 사할린을 방문한 일본인 편에 사할린 동포 신 베드로 씨가 동경교구장 대주교님께 간곡히 방문을 청한 편지를 계기로 동경교구청 후카미즈 신부와 사할린을 방문하게 되었습니다. 이 방문에서 사할린 동포들의 기구한 사연을 들을 수 있었습니다.

사할린 동포 신 베드로 씨 집에 묶었을 때 저녁때면 찾아와 고향 소식을 묻던 할머니들이 이제는 대부분 고향 땅을 밟지 못하고 하늘나라로 가셨을 것 같아 안타깝습니다. 어느 날 방문했던 신 베드로 씨 가족 묘지와 주변의 많은 묘지들이 사할린 동포들의 기구한 삶을 침묵으로 대변해주는 것 같아 한동안 망연자실했었습니다.

신 베드로 씨는 나중에 대한적십자사가 주관하여 사할린 동포 영주귀국 일행으로 한국에 왔습니다. 귀국 후 얼마 안 되어 베드로 씨는 아파트 경비로 일하며 인근 본당에 열심히 다녔고 레지오 활동도 하였습니다. 나에게 종종 소식을 전하고 마치 예전 구교우들처럼 대축일이나 영명축일이 되면 어김없이 축하 전화를 주었습니다. 안산에 살며 한동안 행복하게 사는 것 같았는데, 귀가 잘 안 들리고 기운이 떨어지니 사할린에 있는 자녀들 생각이 간절해지신 것 같았습니다. 그래서 결국 사할린으로 돌아가셨습니다. 그곳에 있으면서도 종종 내게 전화를 하셨는데 내 말은 못 알아듣고 당신 말만 하셨습니다.

신 베드로 씨를 보면서 나는 북한보다 종교가 사라진 지 더 오래된 사할린에서 그렇게 열심히 신앙생활을 하는 모습을 통해 북한에도 그렇게 사는 신자들이 많을 것이라 생각했습니다. 세상에는 많이 배우진 못했어도 하느님께서 지혜와 깊은 신앙을 갖게 해주시는 분들이 계신다는 것을 느낄 수 있었습니다. 몇 해 전 세상을 떠난 신 베드로 할아버지는 분명히 천국에서 편안히 쉬실 것입니다. 이런 추억을 간직한 신 베드로 씨와 함께 지냈던 사할린의 날들을 다시 떠올려봅니다.

동양인은 모두 우리 동포

한국 사람들에게 사할린은 왠지 모르게 가슴 아프고 죄송한 지명이다. 지도상에 그려진 모습이 무척이나 구석지고 외롭게 느껴지는 것도 그렇지만 거기 몸담고 살아왔던 우리 동포들이 조국과 일본, 러시아 틈바구니에서 버림받은 상처를 안고 살아야 했던 역사 때문이다. 그래서인지 혈육 상봉의 눈물겨운 장면이 신문에 보도될 때마다 중국에서 찾아온 혈육이나 때로는 남북 상봉에서보다 더 뜨거운 감동을 느끼게 된다.

1992년 8월 31일, 홋카이도(北海道) 항구 와카나이에서 사할린행 여객선을 탔다. 일본 최북단 도시인 와카나이는 마치 남해에 있는 섬들로 가는 부산 여객 터미널 같은 인상을 주었다.

이번 여행은 사할린 동포인 신형우 베드로라는 분의 초청으로 나와 동경교구 사무처장 후카미즈(深水) 신부와 함께 떠났다. 현재 62세의 신형우 씨는 충북 출신으로 어린 시절 탄광 노동자로 일하러 온 아버지를 따라 사할린으로 온 동포 2세다.

그는 초등학교 시절이었던 13세에 여름방학을 이용 홈스크라는 곳에 갔다 거기서 누나와 함께 당시 일본 삿포로교구 소속 폴란드 신부로부터 세례를 받았다. 그때가 1943년이었다. 1945년 종전 후 소련이 사할린을 점령하고 교회가 종적을 감추는 신앙의 암흑시대가 시작되었다.

그러나 신형우 씨는 비록 어린 시절에 받은 세례였고 2년간의 짧은 교회생활이었지만 깊은 믿음을 갖고 있어, 교회와 사제 하나 없는 사할린에 살면서도 계속 기도하고 신자임을 잊지 않으려 옛날 기도서를 읽으며 꿋꿋이 신앙생활을 해왔다.

그러다 1990년이 가까워 오던 어느 날 사할린을 방문한 일본인을 만나게 되었다. 그는 이 일본인을 통해 최신판 일본 기도서와 성서를 얻으려는 시도가 계기가 되어 동경교구 시라야나기(白柳) 대주교와 연결되었다. 1990년에는 꿈에 그리던 한국 고향 방문길에 동경 주교좌 성당에서 47년 만에 미사도 봉헌하였다.

사할린을 여행하는 사람이라면 누구나 할 것 없이 식량 선물로 짐이 한 보따리다. 우리도 5킬로그램짜리 쌀 두 포대, 간장, 된장, 참기름, 아지노모토, 설탕, 카레, 봉지 사탕, 껌, 과자 등 주체하기 어려울 정도로 많은 짐을 싣고 배에 올랐다. 6시간밖에 안 걸리는 가까운 거리지만 얼마나 힘든 여행길이었던가!

사할린 유진사할린스크 광장에서

  우리가 탄 배는 검붉은 바다를 헤치고 신형우 씨와 우리 핏줄들이 4만 명이나 사는 사할린을 향해서 힘차게 달려갔다. 드디어 도착한 사할린 코르사코프 항구, 체격이 큼직한 러시아 뱃사람들이 보이기 시작했다. 하역 작업을 하는 러시아 사람 가운데 동양인은 모두 우리 동포였다.

  항구에서 입국 심사를 마치고 밖으로 나오니 누군가 일본말과 한국말로 "신부님, 오시느라고 수고하셨습니다" 하며 다가왔다. 신형우 씨였다. 일본과 3시간 시차(時差)가 있는 이곳은 벌써 10시가 넘은 깊은 밤이다. 첫날은 사할린의 수도 격인 유진(유주노)사할린스크에 있는 동생 집에서 머문다고 하였다. 이상하게 생긴 러시아 글자 간판도 재미있고 한결같이 비대한 여인들을 구경하는 것도 흥미로웠다. 드디어 도착한 동생 집은 몇 년 전 텔레비전에서 방영되었던 우즈베키스탄의 타슈켄트 시골집 모양과 흡사하였다. 문을 열고 들어가니 3세인 소냐가 서툰 한국말로 "어서 오세요" 하며 반갑게 맞았다.

아침 식사 후 시내 구경을 나갔다. 건물이나 거리는 완연한 소련풍이고, 사람들도 완전한 소련 사람인데 그 가운데 어딜 가나 볼 수 있는 사람들이 바로 우리 동포였다. 중국 연길에서 느낄 수 있는 완전히 우리 냄새가 나고 뭔가 우리를 보존하는 모습이 아니라 완전히 동화(同化)되어 하나도 어색함이 없는 모습이었다.

한 그룹의 유치원 아이들 가운데서도, 짝을 지어 데이트하는 젊은이들 사이에서도, 복잡한 시장 골목이나 붐비는 거리에서도 볼 수 있는 어울림이고 동화된 모습이었다. 그러면서도 이곳에서 걱정이 안 되는 것은 바로 말이었다. 동양인이면 누구나 할 것 없이 우리 핏줄이고, 나이 든 사람이면 누구나 할 것 없이 한국말을 할 줄 알았기 때문이다. 혼자서 시장 구경을 하고 싶어 일행과 떨어져 길을 물어물어 찾아간 곳이 우리 동포들이 많이 장사하고 있는 '바아자르'였다. 시장이라는 뜻의 '바아자르'는 옛날 동네에서 많이 볼 수 있던 노천 시장이었다. 물건은 몇 가지로 한정되어 있었는데 볼 수 있었던 물건은 고기, 빵, 소시지, 채소, 옷 종류와 극히 단순한 일상용품이었다. 한국계 아주머니들은 주로 김치와 토마토, 채소를 팔았다. 이는 동포들이 러시아 사람과 달리 농사를 부지런히 짓고 있기 때문이다.

동포 집 응접실에서 여장을 풀다

바아자르에서 함께 이웃하여 김치와 채소를 파는 두 아주머니와 함께 이야기를 나누었다. 한 아주머니는 한국에 다녀온 경험이 있다고 하였다. 사할린 생활이 어떠냐고 물으니 지금은 한국에 돌아가 영주해 살고 싶은 마음밖에 없다고 하였다.

  한국에 대하여 전혀 아무것도 몰랐던 이곳 동포들이 고국 방문을 하고 보니 생각할 수 없을 만큼 많이 발전되었고 이런 고국을 보고 돌아오니 고향에 돌아가고 싶은 생각이 간절한 것 같았다. 거기다 최근 자유화의 부작용이 러시아에서 사회적으로 무척 심한 것 같았다.

  고르바초프에 대해 어떻게 생각하느냐 물으니 자유를 준 것은 감사하지만 고르바초프 때문에 소련 경제가 엉망이 되었다고 하였다. 물가가 몇 년 전에 비해 10배 이상이나 뛰었고 빈곤 가운데 주어진 자유는 공산 사회적인 잔재와 섞여 어려움을 겪는 듯 보였다.

　전에는 이곳에 전혀 없던 마피아라는 강도들이 들끓고 이들이 나타나기만 하면 시장 바닥이 공포 분위기가 되어 돈을 있는 대로 다 뜯긴다고 하였다. 도둑맞는 일이 예사일 정도로 인심이 흉흉해 마음놓고 살 수 없고 가난에 쪼들리며 살기 때문에 사할린 동포들은 누구나 영주귀국을 희망하였다.

　걸어서 신형우 씨 댁으로 돌아올 때 마을을 여럿 지나게 되었는데 여기저기 우리 동포들이 많이 보였다. 러시아말로 신나게 떠들고 노는 4세(世) 어린이들을 보면서 다시 한번 슬픈 우리 민족사를 생각해보게 되었다. 어떤 마을 어귀에 금발의 20대 젊은 러시아 부부가 보금자리를 직접 짓는 모습이 보였다. 나중에 알고 보니 역시 보금자리를 직접 지었던 것이다. 물자 부족으로 빨리 짓는 것이 불가능해 작은 집 한 채 짓는 것도 몇 년은 걸린다고 하였다. 임시로 지어진 작은 판잣집이 그들의 집이라고 하였다. 한동안 걸음을 멈추고 이 광경을 바라보았다. 얼마나 소중하고 아름다운 모습인가.

　저녁에는 처음으로 미사를 드렸다. 신씨 형제들에게 교회 용어는 일본말 쪽이 훨씬 쉽지만 처음 드리는 미사니만큼 한국말로 하자고들 하여 한국말로 미사를 드렸다. 한국말 읽기가 더딘데다 생소한 교회 용어로 많이 더듬거렸지만 동경교구 한

우그레골스크 바닷가에서, 함께 간 후카미즈 신부

국통인 후카미즈(深水) 신부님이 미사 응답은 한국말로 할 수 있었기 때문에 그런대로 잘 진행되었다. 우리 모두에게 참으로 잊지 못할 밤이었다.

우리를 초대한 신형우 씨 집에 머물기 위해 유진사할린스크를 떠나 우그레골스크로 향했다. 우그레골스크는 유진에서 300킬로미터 정도 거리지만 길이 워낙 험해 족히 6시간 이상 걸린다고 하였다. 운전기사인 신씨의 막냇동생이 휴가를 내 우리를 안내하였다. 바다를 따라 계속 가는 길은 비포장이라 먼지는 심했지만 한국 동해안의 아름다운 풍경이나 일본의 태평양 연안처럼 깨끗하게 펼쳐지는 바다와는 참으로 격조가 다른 시원한 풍경이었다. 야성적 아름다움이랄까 원시적 아름다움이랄까, 자연 그대로의 모습이 시원시원하게 들어왔다.

가는 도중 마을 마을에 일본이 남겨 놓고 떠난 건물, 군사 시설, 형무소, 그리고 철도가 있었다. 더 이상 공사를 하지 않아 허물어진 그대로 있는 건물도 제법 있었다. 흐루시초프 시대, 유리 가가린의 인공위성으로 세계 최강이라 뽐내던 소련이 이젠 러시아란 이름으로 바뀐 이후, 변방의 섬 사할린이긴 하지만 이토록 낙후되고 선진 문화의 흔적이라곤 전혀 찾아볼 수 없음이 안타깝기만 하였다.

투르게네프 소설에나 나올 법한 인적 드문 마을의 외딴집들이며, 끝없는 전원, 산으로 나 있는 작은 길들, 여기저기 샛강과 다리, 낚시하는 노인과, 검은 연기를 뿜으며 달리는 기차, 시골 역, 작은 초등학교, 철로를 따라 끝없이 피어 있는 노란 유채꽃, 딸기 따는 농부, 작은 우체국 등을 구경하며 한참 만에 도착한 우그레골스크는 인구가 몇만밖에 안 되는 작은 도시였다.

낡은 아파트들이 여기저기 많이 보였고, 고물차들이 질주하였다. 하수시설이 잘 안돼 질퍽질퍽한 거리지만 사람들이 참으로 평화롭게 오고 가는 바다에 연한 도시였다. 저 멀리 갈매기가 날고 큰 선박과 고기잡이배들이 한가로워 보이는 이곳에 우리 동포들이 2,000명이나 살고 있다고 하였다. 신형우 씨도 아파트에 살고 있었는데 15평 남짓 크기로 방 1개와 응접실, 부엌과 화장실, 목욕탕이 딸린 비록 작지만 꽤 편리했다. 생활 중심은 거실 겸 응접실로 이곳에서 손님 접대와 식사 등을 하였다. 특이한 것은 어느 집이나 할 것 없이 카펫으로 된 벽화를 몇 개씩 걸고 있는 점과 찬장에 크리스털 잔이 그득하여 제법 우아한 분위기를 자아내는 점이었다.

신형우 씨는 자동차 정비공장에서 일하고 있었는데 정년인 60세가 지났음에도 일하고 싶어 직장을 다닌다고 했다. 정년 퇴직을 하면 누구나 국가로부터 연금을 받는다고 하였다. 손님인 우리 두 사람이 일주일 동안 머물 곳이 바로 이 응접실이었다. 호텔에 비하면 옹색하지만 동포 가족과 한 식구가 되어 살아 볼 수 있는 것이 얼마나 귀중한 체험인가. 바닷가가 바로 길 하나 사이로 있어서 가끔 짬을 내 바닷가를 거닐고 갈매기 소리를 듣고 아름다운 석양을 바라보며 산책하는 것은 영적인 분위기가 서려 기쁘기도 하였다.

신형우 씨는 이곳 우그레골스크 한국인 노인회 회장이었다. 요즈음 9월 말에 영주귀국하는 노인들 문제로 무척 바쁜 것 같았다. 이곳에서도 일곱 노인이 영주귀국을 하는데 가져갈 물건이며 돈 문제, 이곳 재산 처분 문제로 걱정이 상당히 큰 것 같았다.

"고향 사람 좀 보자" 문전 성시

작은 마을에 한국 신부, 일본 신부가 왔다는 소문이 퍼져 저녁만 되면 미역이며 토마토, 나물 등을 선물로 싸 들고 마실 오시는 분들이 끊이지 않았다. 역시 제일 궁금해하는 분들은 1세 노인들이었다. 사할린에는 1세부터 4세까지 네 세대가 함께 살고 있었다. 여기서 1세는 70, 80대 노인들로 한국말을 사용하고 특히 여자인 경우 러시아말이 서툰 게 특징이었다. 2세는 신형우 씨처럼 50, 60대로 어린 시절 이곳에 와 한국말도 일본말도 러시아말도 잘하는 분들이다. 3세는 신형우 씨 아들인 광식이 같은 30대로 서툰 한국말에 유창한 러시아말을 구사하는 완전히 그곳 생활에 동화된 이들이다. 4세는 한국말을 전혀 못하고 한국 사람이란 의식도 전혀 없는 초등학생, 중고생 나이의 어린 친구들이다.

밤에 다섯 분의 할머니들이 찾아오셨다. 한국 소식도 궁금하고 고향 사람이 보고 싶어 온 것이다. 이분들의 꿈은 고향 땅에 묻히는 것이다. 하지만 무연고 노인만 가능한 영주귀국 조건에 해당되지 않아 애만 태우는 분들이다. 어떤 분은 옛날 북한 선전에 넘어가 조카를 평양으로 유학 보낸 관계로 적(籍)이 북조선으로 되어 고향 한 번 가볼 수 없는 신세를 원망하였다.

사할린의 신자들

　어떤 서울 할머니는 어린 시절 거닐던 서울 거리를 말로 묘사하였고 옛날에 다니던 정신여고 교정이 그립고, 숙명여고, 이화여전은 그대로 있느냐고 한숨과 함께 고향에 대한 그리움을 표현하였다.
　참으로 이런 노인 분들의 소원은 어떻게 해서든 풀어 줘야 할 것 같다. 북방 정책도 소중하고, 공산권과의 수교도 중요한 일이지만 이렇게 민족 역사의 희생물인 이분들의 삶을 눈으로 보니 정부 측 배려와 이들의 소원을 풀어주는 정책이 무엇보다 필요하고 절실하다고 느끼게 된다. 동경 우에노(上野) 시장에서 사온 사탕을 만지작거리며 "세상에 이렇게 멋있게 만든 사탕이 다 있네", "이렇게 맛있는 사탕도 다 있네" 하며 기뻐들 하였다. 러시아 며느리가 못내 마음에 안 드는 할머니, 북한에 유학 간 조카가 통 소식이 없다는 할머니, 한국에는 꼭 한 번만이라도 가고 싶다는 할머니들과 '학도가'며 '이 풍진 세상을…' 참으로 감동 깊게 합창하다 보니 밤이 무르익었다. 할머니들 눈에 금방이라도 눈물이 떨어질 듯하였다.

   할머니들이 돌아간 후 신형우 씨가 정장을 하고 나오더니 "신부님, 저녁 기도합시다"하고 재촉하였다. 47년간 혼자 외롭게 그러나 꿋꿋하게 신앙생활을 해온 신형우 씨는 침묵의 교회의 산 증인이었다. 정치나 이데올로기에도 굴하거나 동화됨 없이 하느님을 떠나 살아선 안 되고, 살 수도 없다는 것을 보여준 대단한 분이었다. 특히 놀라운 것은 어린 시절 받은 세례였고 교회생활 경험이 2년밖에 안 된다는 사실이었다. 신앙 연륜과 비감하게 들려준 젊은 시절의 고통스럽고 기구한 생애를 들어보아도 거의 기적 같은 삶이라는 생각이 들었다.

이것은 틀림없는 은총이다

한편 사할린보다 더 짧은 무(無)교회 역사를 가진 북한에도 신형우 씨 같은 분이 얼마나 많이 있을까 하는 것을 긍정케 해주는 것이 바로 그의 신앙적 삶이었다. 이제 수많은 종파들이 이 곳 사할린을 선교 발판으로 삼으려 모여들고 있다. 어느 날 유진에 있는 노인회를 방문한 적이 있는데, 그곳 노인 분이 우리가 선교차 온 줄 알고 "한발 늦었습니다"라고 하였다.

  종교에 생소한 이분들이 갑자기 한국이나 미국에 사는 한국 선교사들이 이 종파, 저 종파 가리지 않고 들어와 선교하니 정신이 없는 모양이었다. 신형우 씨 마을에도 다미 선교회 선교사가 선교를 하고 있었다. 종교라고는 생전처음 접해보는 할머니들이 10월 28일 종말이 온다는 애기를 듣고 어리둥절한 모양이었다.

  천주교에서는 지금 대구대교구 원유술(元裕術) 신부님이 유진사할린스크에서 러시아말 공부를 하고 있다고 한다. 아직 신자가 몇 명 안 될 것 같은 황무지 같은 곳에 와서 어렵고 외로운 가운데 사목을 준비하고 계실 신부님 고충이 가슴에 와닿는 것 같다. 교포사목을 하는 사제로서 깊은 공감과 동료의식을 느끼게 된다. 원 신부님은 지금 방학 중이라 한국에 들어가 있다고 하였다.

사할린에 와 숨진 가족들의 묘지에서

　민족 역사의 한 장 한 장을 깊이 생각하고 싶은 한국인의 한 사람으로서, 특별히 한 사제로서 이번 사할린 여행은 참으로 뜻깊었다. 잠시 와 보고 느낀 여행자로서는 아마도 천분의 일도 공감하기 어려울 수 있는 동포들을 참으로 소중하게 여겨야 할 것이다.

　힘없고 무력한 그분들이 바라보는 것은 조국이 아닐까? 조국의 관심과 정책적 배려, 그것을 그들은 얼마나 기대할 것인가! 다시 일본으로 돌아오는 길에 유진사할린스크에 대(大)집회가 있어 참석하였다. 시의 한 홀을 이용하여 재사할린 한국노인회 주최로 사할린 징용에 대한 일본 정부의 사죄 및 손배상 청구와 영주귀국을 호소하는 정기총회 겸 궐기 대회가 열리고 있었다.

사할린 각지에서 모여든 노인 분들로 장내는 가득하였다. 사할린 부시장, 사할린 재류 한국인을 돕는 일본인 다카기 변호사와 그와 함께 온 일본인 일행이 그동안의 활동에 대해 경과 보고를 하였다. 노인 분들도 꽤 정연한 논리로 사죄 문제, 배상 문제에 대하여 열띤 논쟁을 벌였다. 80이 넘은 힘없는 노인 분들이 한평생을 담아온 슬픈 소망을 힘차고 애절하게 하소연하고 있는 이 광경을 고국에 있는 많은 분이 함께 보고 들을 수 있다면 얼마나 좋을까 하는 생각을 다시 해본다. 상처 입고 망가진 이분들의 일생은 과연 누가 어떻게 보상해 주고 위로해 줄 것인가?

넓은 홀 벽면에는 노인들이 힘주어 쓴 자신들의 절규 같은 현수막이 붙어 있었다. "일본은 정중히 사과하고 보상하라!", "우리는 영주귀국을 희망한다!"

다시는 또 오기 힘든 머나먼 땅 사할린을 떠나며, 다시 또 힘차게 이분들을 대신하여 외쳐본다. "우리는 영주귀국을 희망한다!"

《평화신문》, 1993년 1월 10일, 17일, 24일자 연재)

제 4 장

-

북한

나의 고향, 우리의 반쪽

나의 고향 평양

1998년 처음 했던 북한 방문은 나의 삶을 새롭게 변화시키는 계기가 되었습니다. 내 마음속에 늘 잠재되어 있던 고향, 이북, 북한, 6·25전쟁, 분단, 한반도, 공산당이라는 단어가 한 번의 방문으로 충분히 해결되진 않았지만 조금이나마 그 근원지에 가서 눈으로 보고 생각하게 되었다는 것만으로도 큰 의미가 있었습니다.

처음 방문 때 제대로 된 추억이 없는 고향이었지만 마치 내가 어린 시절을 보낸 기억이라도 찾은 듯 반가웠습니다. 북한 땅은 고향으로 대신할 수 있을 만큼 의미가 있었고 특히 나와 우리 부모님의 고향인 평양 땅을 밟는 것은 고향 집을 찾아간 것이나 다름없을 만큼의 위안이었습니다. 그렇게 가고 싶어 하시다 세상을 떠나신 부모님을 대신하여 고향 땅을 밟아보았고,

비록 정확한 지명과는 차이가 있을지 모르나 그 거리들을 천천히 지나면서나마 음미할 수 있었던 것은 나에게는 큰 위로였습니다.

무엇보다 여행을 통해 내가 학습하며 정리한 것이 몇 가지 있습니다. 첫째 북녘 땅에 대한 두려움이 없어진 것입니다. 북한에 들어갈 수 있는 비자를 받기 위해 심양에 있는 북한 영사관에 들렀을 때 솔직히 무척 긴장되고 얼어 있었습니다. 영사관 사무실에 걸려 있는 김일성 사진과 인공기를 보는 순간 특히 그러했습니다. 이런 우리들의 분위기를 눈치챘는지 비자를 담당하던 참사가 "가족들이 걱정 많이 하시지요. 걱정하지 마세요. 북조선도 사람 사는 곳입니다"라고 하였습니다. 북한 외교관과 가진 첫 만남에서 나는 긴장을 조금이나마 풀게 되었습니다.

평양에서 지내던 첫날 이른 아침 평양에 주둔하는 것으로 보이는 군인들이 윗도리를 벗고 구보하는 모습을 보았습니다. 그동안 우리가 생각했던 험상궂은 인민군 모습이 아니라 앳된 모습의 젊은이들로 다가오는 것을 보며 그동안 우리가 얼마나 철저히 반공 교육을 받아왔는지 생각할 수 있었습니다. 몇 차례 만남이 계속됨에 따라 자연스럽게 긴장감이나 경계심이 사라지는 것을 보며 남북관계에서 제일 중요한 것도 사람들끼리의 만남이 아닐까 생각하였습니다. 하루하루 지낼수록 만나는 북한 주민들에게서 순수한 인간적인 모습을 느낄 수 있었습니다.

둘째는 비록 사람에 대한 경계심은 사라졌지만 거리를 지나면서 눈에 비친 북한 사회의 모습은 당과 지도자가 중심이 되어 인민을 철저히 공산당 이념과 공산 사회 건설을 위해 매진하게 하고 있음을 느끼게 해준 점입니다. 거리 곳곳에서 볼 수 있는 강력한 선동 문구가 그것을 느끼게 했습니다. 강력한 구호들은 인민을 철저히 사상적으로 무장시키기에 충분하다는 생각이 들어 놀라움을 금치 못하였습니다. 예를 들어, '김일성 수령님은 영원히 우리 가슴에 살아계신다'든지 '당이 하면 우리는 한다.' '총폭탄이 되자.' '당중앙 위원회의 구호 아래 모이자' 같은 구호는 오래되어 기억이 정확하진 않지만 지금도 내 가슴에 남아 있습니다. 사람에 대한 두려움은 사라졌어도 이 사회를 움직이는 것이 무엇인지를 조금이나마 알 것 같다는 생각이 들었습니다.

셋째는 북한교회를 새롭게 인식하게 된 점입니다. 그동안 북한 교회는 침묵의 교회라 표현해야 할 만큼 표면으로 나타나지 않았습니다. 사제는 당연히 존재하지 않고 교회 공동체도 없어 간혹 소문만 들려왔습니다. 아직도 혼자서 몰래 신앙생활을 하는 신자가 있다든지, 신자들이 모여 기도하다 들켜 교화소에 갔다든지 하는 이야기는 끊이지 않았습니다. 한국인 사제로 북한을 최초로 방문한 분은 캐나다에서 사목하시던 고 마태오 신부님이었습니다. 신부님 방문은 개인적 고향 방문이었기에 비록 로만 칼라를 하고 거리를 지나다니긴 하였어도 신자들을 만나진 못했습니다.

남북관계가 일시적으로 진전되었을 때 지학순 주교님이 남북한 이산가족 고향방문단 일원으로 평양을 방문하였습니다. 오래 헤어졌던 누이를 만나고 방문단에 포함된 일원들과 고려호텔에서 미사를 드리기도 하였습니다.

한국천주교 200주년을 기념하여 한국을 방문하신 성 요한 바오로 2세 교황님께서 북한교회에 대한 깊은 관심을 드러내셨고, 교황청 차원에서도 북한과 외교적 노력을 시작하였습니다. 그 성과로 1987년 평양에서 개최된 '비동맹 특별 각료회의'에 바티칸 대표단이 참가할 수 있었습니다. 그 대표단 일원으로 당시 서울대교구 장익 신부가 함께하였습니다. 그후로 북한 당국의 태도가 조금씩 변화하기 시작해 1988년 6월 조선천주교인협회가 설립되었고, 9월에 장충 성당도 설립되었습니다.

1988년 장충 성당 설립과 조선가톨릭교협회라는 조직이 생겨남을 계기로 남쪽교회나 미국 한인 성당, 중국 일본교회와는 일회적이거나 드물지만 교류를 하게 되어 존재감을 드러냈습니다. 남쪽교회와는 미국을 비롯하여 북경이나 제3국에서 모임을 갖기 시작하였습니다.

내가 동경에서 교포사목을 할 때도 북한을 방문하였던 나고야교구장 소마 주교의 초대로 일본을 방문한 조선가톨릭교협회 임원들과 한인 성당에서 만나 미사드리고 대화도 나눈 적이 있었습니다. 물론 북한교회는 제대로 된 형식과 내용을 갖춘 교회가 되기엔 부족함이 많았습니다. 장충 성당으로 대표되는 북한교회를 부정적으로만 볼 것이 아니라 남한교회가 가르쳐주고 성장시켜주어야 할 대상으로 보아야 할 것입니다.

그동안 나는 세 차례 북한을 방문하였습니다. 첫 방문인 1998년, 남쪽교회로서는 처음으로 하는 북한 방문에 동행하며 썼던 글과 2015년 주교회의 민족화해특별위원회 일원으로 세 번째 방문하였을 때 쓴 글이 북한을 이해하는 데 조금이나마 도움이 되기를 바라는 마음으로 다시 이곳에 옮겨 봅니다.

처음으로 하는 북한 방문

대련에서 순안까지

평양행 비행기를 타기까지 대련 공항에서 보낸 시간은 참으로 긴장의 연속이었다. 영접하는 사람 없이는 혼자서 어디도 움직일 수 없는 나라가 북한이라 알고 있었기에 비행장으로 향하기 한 시간 전 평양으로 팩스를 보내 북한 천주교 대표들을 공항으로 나오라고 하는 게 여간 불안하지 않았다. 그동안 중국에서 여러 차례 팩스로 협상하다 결국 우리가 받은 통첩이 '불가'여서 귀국한 일이 여러 번 있었기 때문이다. 실제로 나와 오태순 신부님을 제외한 나머지 일행은 모두 귀국하였다. 우리 두 사람만 탈북자에 대한 실정이라도 알아보고 싶어 중국에 남았는데, 중국교회와 북한을 아주 잘 알고 교회 역할을 많이 생각하고 있는 분들의 도움말과 권고가 우리 마음을 움직였다.

그들은 우리에게 "왜 비자를 받고도 안 들어가는가. 북한은 한번 가보지 않으면 절대 이해할 수 없는 나라다. 꼭 이번 기회에 가보는 것이 좋겠다"고 말해주었다. 그런데 과연 장재철 위원장이 우리를 영접하러 공항에 나올 것인가가 걱정되었다.

짐을 부치는 일은 생각보다 쉽게 끝났다. 평양행 빨간 티켓을 들고 대기실로 들어가니 시간이 거의 다 되었는데도 사람이 별로 없었다. '이거 사람 없어 비행기 안 뜨는 거 아닌가?' 하는 생각이 들 정도였다. 젊은 서양(西洋) 부부와 나중에 얘기를 나누어 알게 되었는데 유럽에서 생활하다 귀국하는 북한 외교관 일가족 이외엔 없었다.

오 신부님도 불안한지 묵주를 들고 왔다 갔다 하더니 같이 묵주 기도를 바치자고 하였다. 그래서 우린 정말로 우리의 이번 방문에 주님께서 함께해 주시기를 간절히 청하였다. 기다리며 옆에 앉아 있는 북한 외교관 가족의 이야기를 엿들었다. 중학생 정도 되는 아들이 아버지에게 할머니와 친척들이 공항에 마중 나오느냐 물으니 아버지가 아니라고 답하고 있었다. 아들은 또다시 못 나오게 되었느냐고 재차 물었다. 자유로운 유럽에서 생활하던 저 아이에게는 그런 사실이 납득이 잘 안되었을 것이다. 이제부터 시작될 새로운 북한생활이 그에겐 큰 걱정일 것이다.

드디어 평양행 비행기 탑승을 알리는 안내 방송이 나왔다. 비행기에 오르니 열댓 명 정도의 승객이 전부였다. 작은 중국

북방 민항기였다. 비행기가 잠시 시동을 걸고 하늘로 날아오를 때 성호를 그었다.

1951년 1월, 1·4 후퇴 때 어머니 등에 업혀 고향을 떠난 지 48년 만에 밟아보는 고향 땅이다. 피난 올 때 함께 못 나온 두 누나와 친척들은 아직 살아 있을까, 북한 형제들이 식량 부족으로 어려움을 겪고 있는 모습을 사실 그대로 볼 수 있을까, 과연 북녘 땅의 모습은 어떨까?

대련에서 평양까지 비행기 탑승 시간은 불과 1시간밖에 안 돼 얼마 안 된 것 같은데 벌써 평양에 도착한다는 안내 방송이 들려왔다. 창밖을 내다보니 서서히 북녘 땅이 시야에 들어왔다. 이게 웬일인가! 나무 없는 벌건 땅과 육안으로 보이는 사방에 난 길 위에는 차들이 거의 보이지 않았다. 자동차 몇 대만 드문드문 보일 뿐이었다. 이럴 수가! 탄식이 절로 나왔다.

순안 비행장은 아주 작았다. 멀리 장재철 위원장 일행이 손을 흔들고 있었다. 그가 귀빈실로 안내하고 짐도 다 찾아가지고 온다 하였다. 비행기 탈 때의 불안함이 완전히 사라졌다. 공항 밖으로 나오니 비행기가 도착했는데도 조용하기 짝이 없었다. 세계 어느 곳을 가도 볼 수 없는 공항 풍경이었다. 공항 특유의 법석거리는 사람들의 무리도 없고 택시나 버스도 보이지 않았기 때문이다. 승용차가 몇 대 있을 뿐이었다. 우리는 까만 구형 벤츠에 짐을 싣고 평양 시내로 향했다.

평양 거리를 달리며

공항에서 시내를 향하며 신기하고 낯선, 새로운 풍물을 진한 느낌으로 볼 수 있었다. 분명 우리와 똑같은 말을 하고 같은 음식을 먹고 지내는 사람들인데 어찌 저렇게 낯설기만 한 것일까? 남루한 차림의 사람들이 차도 타지 못하고 어딘가로 끝없이 가고 있었다. 얼굴에 비치는 것은 피로와 삶에 시달려 있는 듯한 모습이었다. 지금 우린 옛날 모습을 보고 있는 것일까? 아니었다. 그 옛날 우리는 가난해도 자유와 여유가 있었다.

무엇이 담겨 있는지 모르지만 국방색 배낭을 메고 있는 사람들이 많이 보였다. 식량이 들어 있을까? 이따금 자전거도 보였지만 대부분 걷고 있는 것은 차량이 없다는 증거임에 틀림없었다.

사실 시내로 향하는 고속도로를 지나면서도 지나가는 차는 셀 수 있을 정도였다. 쭈그리고 앉아 있는 사람들이 이상하리만치 많이 보였다. 삶에 지친 모습들이었다. 총을 메고 둘씩 짝지어 가는 인민군 얼굴이 너무 왜소하고 어려 보였다. 목에 빨간 스카프를 두른 소년대원 아이들도 천진하게 걸어가고, 말을 주고받으며 웃고 떠드는 젊은 여자들도 보였지만 대부분 표정 없이 어디론가 분주하게 향하는 것 같았다.

조금 더 지나다 보니 거리 거리는 온통 구호의 홍수였다. 중국 도문이나 신의주 가까운 단동에서 멀리 볼 수 있는 그런 강렬한 구호가 거리마다 가득한 것이 아닌가! '자력갱생'이며 '당이 결정하면 우리는 한다', '김일성 대원수는 우리 가슴에 영원히 살아 있다', '김일성 원수 만세', '전투 태세', '우리 모두 당 중앙위원회 구호 관철에로', '강행군', '모두가 당의 구호 아래로'와 같은 구호 등이….

큰 거리 광장 같은 곳에는 김일성·김정일의 대형 초상화도 걸려 있었다. 아마도 우리에게 가장 낯설기도 하지만 이 사회의 모습이며 비밀스럽기도 한 실체를 보는 것 같았다. 경직되고 피곤한 것 같으면서도 비장한 얼굴을 가질 수 있게 해주는 이 사회의 원동력이 바로 이것이라는 생각이 들었다. 부모님이나 탈북자들을 통해 많이 들은 지명이며 거리들이 눈앞을 스쳐 지나갔다.

창광 거리, 광복 거리, 천리마 거리를 지나며 문득 탈북자들이 생각났다. 그들이 꿈에도 그리는 거리를 내가 달리고 있는 것이다. 널찍하고 깨끗하지만 달리는 차가 별로 없고 떠들썩한 소리나 흐트러진 듯한 자유로움을 볼 수 없는 거리며 고층 건물로 가득하지만 어둡고 의문투성이의 거리를 지나며 마치 유령의 나라를 보는 듯한 느낌이 들었다.

드디어 우리가 이곳에 있는 동안 머물게 될 서재동 초대소에 닿았다. 건국역에서 가까운 곳에 있는 이곳은 고려 호텔과 달리 외국 귀빈들이 머무는 곳이라 한다. 이 사회에 어울리지 않게 잔디가 잘 가꾸어져 있고 그림과도 같은 별장이었다.

가까이서 만난 사람들

북한을 방문하는 사람은 누구나 마찬가지지만 안내원 안내 없이는 그 어느 곳도, 그 누구도 만날 수 없다. 거리를 지나거나 식당에서 혹은 만수대나 만경대 같은 곳에서 우연히 만나는 사람은 있지만, 그에게 말을 걸면 대개 외면하거나 피해버린다. 철없는 아이들의 경우 대꾸를 하곤 하지만 옆에 있는 어른이 와 데리고 간다.

중국 단동 압록강 좀 더 가까운 곳에서 북한 사람 얼굴을 보고 싶어 유람선을 타고 신의주 가까운 곳에서 "안녕하세요" 합창을 해도 웃으며 손만 흔들어주던 사람들이 생각났다. 말을 걸어와도 외국 사람에게 대꾸해서는 안 되는 것이라 했다.

초대소에서 있을 때 늘 얼굴을 대할 수 있었던 사람도 정해진 두 의례원 동무뿐이었다. 초대소에는 의례원 외에 두 사람의 요리사와 청소하고 빨래하는 여자 둘이 있었는데 간혹 만나면 황급히 피하는 것을 느낄 수 있었다. 접촉이 허락된 사람만 만날 수 있어서였다.

서재동 초대소에서 바친 미사

　우리가 묵고 있는 초대소 의례원은 두 사람이었는데 모두 서른 살 가까웠다. 한 사람은 결혼해 세 살 난 아기가 있고 한 사람은 총각이라는데 요리 전문학교 동창이라 하였다. 이 사람들한테서는 순수한 마음으로 잘해주고 싶어 하는 마음을 읽을 수 있었다. 일행이 눌은밥을 좋아하는 것을 보고 아침이면 눌은밥을 이렇게도 해보고 저렇게도 해서 내놓아 우리가 맛있게 먹으면 기뻐했다. 우리가 외출하고 늦게 돌아오면 반갑게 맞이하곤 하였는데, 진심 어린 친절과 잘해주려 애쓰는 마음이 눈에 보였다. 하루는 휴게실에 있는 체스를 같이 두었는데 그렇게 좋아할 수 없었다. 남북 대결을 지켜보며 옆에 서서 훈수도 두고 탄성도 질렀는데 결국 내가 두 집 차이로 지고 말았다.

운전기사들과도 가까이 지낼 수 있었는데 이 사람들도 북한 사회에서는 특별한 계층에 속하였다. 일행과 안내원이 많아 차가 4대씩이라 기사도 여러 명이었는데 남쪽 손님과 외국 손님을 많이 태운 경험이 있어선지 상당히 여유가 있었다. 대개 40대 초반의 가장들이라 집안 이야기를 많이 하였다. 특히 이들은 외국 손님을 태우고 장거리 출장을 많이 한다고 하는데 내가 탄 차의 기사는 집을 떠난 지 27일이나 되었다고 한다. 역시 아이들 키우는 맛은 딸이 낫다며 오랜만에 집에 들어가도 아들 녀석은 씩 한 번 웃는 것으로 인사가 끝나는데 딸아이는 붙잡고 매달리고 안마도 해주는 싹싹함이 있다고 하였다. 딸 둘 가진 기사가 있었는데 그 사람도 딸 자랑을 한참 하였다. 누굴 닮아선지 딸 둘이 공부도 일등만 하고, 거기다 어려서부터 무용에 특별한 재능을 보여 선생님이 찾아와 무용을 시켰으면 좋겠다고 성화를 하는데 자기는 뒷바라지하기 어려워 공부로 성공하길 바란다고 하였다. 역시 운전이 직업인지라 한국의 자동차 사정과 교통 문제에 관심이 많았다.

남쪽에서는 이렇게 오래 함께 다니면 상대방에게 자신의 모든 것을 노출시키기 마련인데, 이곳에서는 그렇게 여러 날 함께 다녀도 우리 파트너인 천주교협회 사람들은 자신의 사생활에 대해 별 얘기가 없었다. 단지 재일교포 출신 요한만이 딸 이야기를 좀 꺼내고 은근히 피아노를 잘 친다고 자랑을 늘어놓았을 뿐, 다른 사람은 물어보는 말에 겨우 형식적인 답변만 하였다. 이들에게 우리 식으로 부인이나 가족을 소개해준다거나 집으로 초대하는 일은 상상할 수 없는 일이었다.

  북한 사람과 자유로운 만남이 허락되지 않은 우리에게 그래도 비교적 자유롭게 만날 수 있었던 이들은 묘향산과 금강산에서 만난 사람들이나 명소 안내원들이었다. 요즈음 남쪽에서 손님이 오는 경우가 간간이 있고, 그런 몇 차례 경험이 있어서인지 종종 개인적 이야기를 들려주기도 하였다. 묘향산에서는 어느 직장에서 단체로 버스를 타고 왔는데 아주 재미있는 농도 해가며 다른 데서는 볼 수 없었던 자유롭고 풀어진 모습을 볼 수 있었다. 직장 단위로 1년에 한 차례 이렇게 나들이를 한다고 한다. 인상적인 것은 어떤 경우 서울에서 왔다고 얘기하며 악수를 청하면 아주 반가워하는 기색을 하며 "빨리 통일이 되야지요!"라는 말을 건네기도 하였다.

  산 중턱 쉬는 장소에서 한 무리의 군인을 만났는데 남쪽에서 온 우리에게 경계의 기색을 보이지 않고 오히려 반가워하였다. 장교 한 사람이 나에게 자기가 쓰던 지팡이를 주면서 좋은 시간 보내라는 인사를 덧붙였다.

  북한에서 만난 것은 아니지만 두고 두고 잊혀지지 않는 사람이 있다. 북한 비자를 발급받기 위해 심양 주재 북한 영사관에 들렀다 만난 50대 초반의 외교관이다. 우선 그의 친절하고 부드러운 태도와 인상이, 그렇지 않아도 생전처음 들어가 보는 북한 영사관에다 김일성·김정일 사진이 걸려 있는 사무실에서 잔뜩 긴장하고 있는 우리를 편안하게 해주었다. 그분은 아프리카며 동남아를 두루 다닌 탁 트인 사람이었는데, 요즘 남쪽도 IMF로 어려울 텐데 이렇게 식량까지 도와줘 고맙다고 하였다. 또 북한에 들어간다고 가족들이 걱정하지 않느냐며 걱정하지 말라고 하였다. "공화국도 사람 사는 곳입니다."라고 덧붙이면서 말이다. 어느 곳에서든 인간다운 사람은 살기 마련이라는 것을 느낄 수 있는 순간들이 북녘 땅에서도 많이 있었다.

거리의 인상

평양 거리는 길이 널찍널찍하고 깨끗하였다. 길도 똑바르게 쭉쭉 뻗어 있고 가로수도 잘 가꾸어져 있어 처음 도시를 건설할 때 계획적으로 하였음을 알 수 있었다. 고층 건물도 많이 눈에 띄었고 전반적으로 도시 전체의 모습이 균형 잡혀 있다는 인상을 주었다.

널찍널찍한 길인데도 차들이 거의 없는 편이라 아주 한가로운 느낌을 주었다. 거기다 서울처럼 사람 물결이 있는 것도 아니어서 어디를 가든 조용하고 한가하였다. 도시 분위기가 우리와 달랐고 마치 동유럽 느낌을 주었다. 탈북자들이 처음 명동거리를 와 보고 대단히 놀랐다는 이야기가 이해될 만하였다.

  길을 걸어가는 사람들도 우리처럼 서성거리거나 우르르 모여 구경하지 않았다. 흐트러지지 않고 뭔가 스피드가 있는 듯 보였다. 거리에 많이 붙어 있는 '속도전'에 익숙해져서일까? 이상한 것은 우리처럼 거리에 간판이 없고 상점이 거의 없는 점이었다. 광복 거리나 창광 거리 같은 큰 거리나 고려 호텔 근처에 가면 냉면집, 국수집, 남새집(채소 가게), 이발점, 신발 상점, 책점 같은 상점이 조금 눈에 띌 뿐 그 외 거리에서는 상점 구경하기가 힘들고 우리처럼 거리에 홍수를 이루는 다양한 종류의 상점은 상상할 수 없었다.

평양 시가지가 보이는 곳에서

생소했던 것은 큰 건물이나 관공서 같은 곳에도 간판이 붙어 있지 않은 것이었다. 그 대신 구호를 써넣은 커다란 현수막들이 거리를 장식하고 있었다. 넓은 광장이나 큰 거리 한쪽에 김일성이나 김정일이 인민과 함께하고 있는 모습을 총천연색으로 그린 대형 벽화들이 여기저기 붙어 있었다. 어린 시절 받은 교육에서뿐 아니라 매일매일 생활 한가운데서도 늘 잊지 않도록 새겨주고 긴장시키고 있다는 것을 거리에서도 느낄 수 있었다.

서민 생활의 한 단면을 가장 잘 볼 수 있는 것이 퇴근 시간 정경이었다. 많지는 않지만 자전거를 타고 퇴근하는 사람이 있었고 주로 버스나 무궤도 전차와 지하철을 많이 이용하였다.

어느 날 북한이 자랑하는 지하 100미터 이상의 지하철을 한 번 타본 적이 있다. 우리처럼 노선이 많지 않고 종점에서 종점까지 20분 정도밖에 안 걸리는 짧은 거리고 차량도 그리 길지 않을뿐더러 내부 폭도 우리 것보다 훨씬 좁아 보였다. 대낮에도 지하철을 이용하는 사람이 많았는데 퇴근 시간에는 굉장하다고 했다. 대단한 것은 무궤도 전차인데 퇴근 시간이 되면 정거장은 200, 300명은 될 정도로 많은 사람이 차례를 기다렸고, 또 달리는 전차를 보면 그리 튼튼해 보이지 않는데 사람이 어찌나 많이 타는지 금방 부서질 것 같은 느낌도 들었다. 콩나물시루가 되어 숨도 제대로 못 쉬고 낑낑대는 사람들의 모습도 볼 수 있었다.

안내원 이야기를 들으면 차량이 많지 않기 때문에 퇴근 시간대를 조정하고 있다는데도 이 지경이니 북한 차량 사정이 얼마나 심각한지 느낄 수 있을 것 같다. 서울과 같이 퇴근 시간이 되면 자동차가 홍수를 이루는 것은 상상할 수 없고, 추석 때 정도나 되어야 그나마 그런 장관을 볼 수 있다고 하였다. 어떻게 마련하였는지 움직일 수 있는 종류라면 총동원되어 성묘하러 산소로 가는 행렬 때문이라 하였다.

자가용은 그리 많지 않았지만 그래도 종종 눈에 띄었다. 자가용은 빨간색 번호판을 다는데 주로 이곳에서 재포라 부르는 북송 교포들이 타고 다닌다고 했다. 택시는 있기는 하지만 우리처럼 택시라는 표시가 없어 한 번도 구경하지 못하였다. 서민층과 달리 특권층의 모습을 잘 볼 수 있는 곳으로 고려 호텔만큼 좋은 곳은 없을 것 같다.

고려 호텔에는 국제전화와 팩스도 있어서 평양에 머무는 동안 대여섯 차례 들렀는데 이곳에서는 외국 사람도 자주 볼 수 있고 조총련이나 미주에서 온 교포뿐 아니라 중국 사람과 우리처럼 한국에서 온 사람도 볼 수 있었다. 나는 고려 호텔에 가면 부지런히 이곳저곳 돌아다녔다.

1층에는 슈퍼라 할 수 있는 곳이 있었다. 이곳에서는 김일성 배지를 단 북한 사람을 많이 만날 수 있었는데, 이들을 보면 금방 특권층임을 느낄 수 있었다. 세련된 복장에다 얼굴빛도 서민들과 달리 하얗고 귀티가 났기 때문이다. 이곳에서는 물건값을 외화로 통용하기 때문에 웬만한 사람은 들어올 수 없었다. 서울에서처럼 보석을 걸치거나 화장을 진하게 하진 않지만 평양 상류층을 볼 수 있는 장소였다.

한쪽에는 차를 마시는 곳이 있었는데 이곳에서 모처럼 한가하고 여유 있는 시간을 보내는 사람들의 모습을 볼 수 있었다. 가방을 들고 와 업무를 보는 듯한 사람, 수첩을 꺼내 무언가 부지런히 적는 사람, 일본에서 가족을 만나러 온 듯한 조총련 사람도 있었다. 재미있는 것은 우리 앞자리에 앉은 아마도 미주 지역에서 온 목사인 듯싶은데 교회에 대해 설명하고 있었다. 듣고 있는 사람은 할 수 없이 들어주는 듯한 모습이었다.

2층에 올라가면 자그마한 서점이 있어 흥미로웠다. 평양을 알리는 화보를 비롯 금강산과 묘향산 등의 화보가 있었다. 각종 사전류와 김일성·김정일 전기가 있었고 노래책이 있어 한동안 시간 가는 줄 모르고 들여다보았다.

일반 서민이 사는 동네를 한번 구경하고 싶었지만 그런 기회는 좀처럼 나질 않았다. 퇴근 시간에 차를 타느라 전쟁을 치르는 모습은 많이 보았지만 이곳 사람들의 사사로운 모습을 보지 못해 궁금하였다. 간혹 밖에서 저녁 식사를 하고 돌아오는 길에 식사를 한다든지 한가롭게 가족들끼리 오순도순 지내는 모습을 거리에서 볼 수 있을까 기대하였는데 그런 모습은 볼 수 없었다.

저녁 식사 시간을 조금 앞둔 어느 날, 안내를 받아 모란봉에 오른 적이 있었다. 대학생들이 수업이 끝나자 하나둘씩 데이트를 하러 몰려오는 모습을 볼 수 있었다. 이젤을 끼고 그림을 그리며 데이트를 하는가 하면, 공부를 함께하면서 데이트를 하기도 하고, 벤치에 나란히 앉아 속삭이는 젊은이들도 있었으나 우리처럼 껴안거나 보기 민망한 모습은 없었다. 우리 사회처럼 오락이나 스포츠를 즐기는 모습도 보이지 않았는데, 아마 우리가 모르는 모습으로 여가를 즐기고 있을 것이다. 대표적인 것이 북한 사람이면 누구나 즐겨 하는 트럼프 놀이인 주패다. 간단한 놀이라는데 우리 고스톱보다 훨씬 많이 보급되어 있는 전 국민적 놀이라 한다. 언젠가 북한에서 온 대학생들을 데리고 MT를 간 적이 있는데 그들이 밤늦게까지 그렇게 재미있어 하며 주패를 하던 기억이 떠올랐다.

그래도 보기 흐뭇한 서민들의 삶의 모습을 보았다고 한다면 저녁 어둠이 조금씩 밀려올 때 벤치에 앉아 데이트를 하던 모습과 공원에서 깔깔대며 담소를 즐기던 사람들, 보통강에서 낚시하던 부자(父子)의 모습이었다. 남쪽에서라면 여기저기 펼쳐지는 것이 행복과 기쁨의 모습일 텐데 왜 보지 못하는 것일까, 못내 가슴이 아파왔다.

없는 게 너무 많은 나라

북한에 일용품이 부족할 것이라 생각했지만 막상 며칠을 살아보니 없는 게 너무 많아 불편하였다. 초대소에서는 그런대로 냉장고에 생수, 맥주, 단물 같은 것을 한두 병이나마 넣어두어 불편하지 않았는데, 묘향산이나 금강산 같은 호텔 냉장고에는 아무것도 없었다. 물을 많이 마시는 편인 나는 고역스러웠다. 그렇다고 구내매점이 있는 것도 아니었다.

한 가지 재밌는 것은 층마다 일본에서 가져온 자판기가 한 대씩 있었는데 완전 장식용이었던 점이다. 실제로 그 자판기에 들어갈 수 있는 음료수는 캔이나 작은 병들이 음료이고 이를 사용하기 위해서는 일본 동전이 있어야 하는데 그런 게 없었기 때문이다. 호텔 화장실 휴지도 누렇고 뻣뻣하여 종이 사정도 안 좋음을 느낄 수 있었다. 전기 사정이 안 좋으니 뜨거운 물도 쓸 수 없어 밤에 목욕을 하고 자려다 그냥 잘 때가 많았다.

금강산에 도착하자마자 안내원이 호텔 앞에 유명한 온천이 있으니 자주 하면 좋다고 하여 오는 날 바로 온천욕을 한 적이 있었다. 공중탕도 있고 독탕도 있다고 했는데 이왕이면 북한 사람과 만날 수 있는 공중탕을 이용하고 싶어 갔더니 공중탕은 하지 않는다고 하여 독탕으로 갔다. 물이 기가 막히게 좋은 곳이었다. 평양에서 원산을 거쳐 금강산까지 가는 장거리 여행의 피로가 말끔히 가시는 기분 좋은 온천욕이어서 이곳에 머무는 3박 4일 동안 온천 목욕이나 푹 해야겠다고 생각했는데 그 다음 날부터는 전기가 들어오지 않아 내내 못하였다. 다음 날로 미루었던 다른 사람들은 결국 온천욕을 하지 못했다.

　온천이나 목욕은 그래도 괜찮았는데 정전이 자주 되니 엘리베이터를 타지 못해 힘들었고 해프닝도 많았다. 한번은 로비 화장실에서 일을 보고 있는데 정전이 되어 일을 보고 나오다 여기 부딪히고 저기 부딪히다 겨우 빠져나오기도 했다.

　북한 사람들을 생각하며 이 정도의 어려움은 감수해야 한다고 생각하면서도, 이런 곳에서 어떻게 살까 하는 생각이 들어 북한 사람들이 불쌍해졌다. 마침 우리가 머무는 동안 일본 동경에서 조총련 조선대학 학생들이 여행을 왔는데 특히 그날 정전이 심하였다. 조국이라고 찾아왔던 공화국에서 그 젊은이들의 마음이 어떠했을지 측은한 마음이 들었다.

　물자가 부족하고 공급이 잘 안 되는 것을 실감하는 기회는 식사와 관련된 일을 볼 때였다. 물론 우리는 특별 손님이고 또 어떤 면에서는 외화벌이하기 좋은 손님이어서 신경을 많이 쓰지만, 갑자기 찾아가 주문을 한다든지 추가로 몇 사람 분을 더 주문하면 아주 난처해하며 재료가 없어 못한다고 하였다. 한번은 점심 식사를 마치고 났는데 저녁은 무엇으로 하겠냐고 하길래, 식사 조금 전에 알려주면 안 되겠느냐며 준비가 어려워 곤란하다고 하였다. 평양 시내를 지나다 즉흥적으로 저 식당에 가서 냉면이나 먹자고 한다든지 여행하다 적당한 곳에서 사 먹자고 하면 안 되었다. 특히 지방의 경우는 이런 일이 불가능하여 장거리 여행을 할 때는 무슨 핑계를 대서라도 도시락을 준비한다고 하였다.

북한 상품을 제대로 보기 위해서는 백화점이나 상점을 가야 하는데 물건이 변변치 않아서인지 자꾸 미뤘다. 큰 거리를 지나다녀도 우리처럼 상점이 늘어서 있는 것이 아니고 드문드문 이발점, 채소 가게, 고무신 상점들이 가물에 콩 나듯 보일 뿐이었다. 안내원들의 이야기를 듣자니 동네마다 종합 상점이 하나씩 있긴 한데 물건이 제대로 없어 이용하기가 불편하다고 하였다.

북한을 떠나는 날, 공항으로 가기 전 쇼핑을 하라고 안내원이 락원 백화점으로 안내하였다. 1, 2층으로 되어 있는 이 백화점은 평양에서는 외화를 사용하는 제법 큰 백화점인데, 서울 남대문 시장의 작은 코너 정도밖에 안 되었다. 안내하는 사람들의 성의도 있고 하여 열심히 돌아다녔지만 살 만한 물건이 없었고, 많은 물건 역시 일제와 중국제였다. 그래도 명색이 선물인데 북한산을 사야 할 것 같아 연필과 '조선 평양'이라 새겨진 수건을 몇 장 샀다.

지방 길을 달리며

 사실, 처음 우리는 신의주에 접한 중국 단동에서 기차 편으로 북한에 들어갈 예정이었다. 이는 준비모임을 가졌던 중국 북경에서부터 북과 약속한 사항이었다. 우리는 옥수수 3,000톤, 비료 1,000톤을 지원하며 옥수수 배급 현장을 조금이나마 보아야 하였고 북측에서도 이를 보장하기로 약속했던 터였다. 더욱이 신의주에서 기차를 타고 들어가면 북한 실정을 더 잘 볼 수 있을 것이라 생각했기 때문이다.
 기차로 들어갈 준비를 다 하고 출발을 알리는 팩스를 띄웠을 때 결국 북측에서는 기차론 올 수 없고 비행기가 아니면 안 된다고 통보해왔다. 결국 기차로 압록강을 건너는 것은 불가능하였다. 그들 말로는 안전 문제 때문이라 했지만 자신들의 어려운 모습을 우리에게 보여주기 싫었으리라.
 기차로는 안 되었으나 비행기로는 입북(入北)이 가능하였기에 우리 둘은 한국으로 돌아간 일행에게 팩스로 이 사실을 알리고 다시 입국 수속을 하라고 요청하였다. 나머지 일행은 이 팩스를 받고 4일 뒤 항공편으로 평양에 들어왔다. 이때 입북한 일행에는 최창무 주교, 조광 교수, 유덕희 회장, 이윤자 가톨릭신문 편집장 등이 함께하였다.
 사실 평양 시내는 특수한 지역이기 때문에 지방의 모습을 더 보고 싶었다. 묘향산과 금강산으로 가는 일정은 지방 길을 달린다는 점 때문에 그런대로 의미가 있었다. 평양 시내를 벗어나자 눈에 들어온 정경은 모내기하는 모습이었다. "요즘이 한창 모내기 시기이기 때문에 인민의 60퍼센트는 모내기 지원에 투입된다"고 하였다. 북한의 극심한 식량 사정을 생각할 때 생사가 달린 중요한 일임에 틀림없었다. 그들의 구호대로 모내기는 전투이며 점령해야 할 고지였다. 모내기가 끝난 파아란 논은 무언가 결실의 풍요로움을 보여주는 듯 보기가 너무 좋았다. 모내기 판이 크게 벌어지는 곳엔 빨간 깃발이 네다섯 개 꽂혀 있고 '모내기 전투' 같은 구호도 붙어 있었다.

모내기에는 남녀노소가 없는 것 같았다. 평양 시내나 혹은 직장 단위로 지원을 나오기 때문에 모내기 장 앞에는 그들이 타고 온 트럭이나 버스들이 있었는데, 이런 경우는 그날로 돌아가는 것이고, 모내기하는 동네에서 며칠씩 지내다가는 경우도 많다고 하였다. 모내기가 대규모로 이루어지는 곳에는 작업을 격려하는 활동도 벌어지고 있었다. 선전차가 다니며 노래를 불러주거나 아코디언을 타면서 신나는 말로 선동과 격려를 함께 하는 방식이었다. 어디서나 인민군들이 많이 보였다.

지방으로 나오면 형편이 점점 더 어려워짐을 느낄 수 있었는데, 우선 버스나 기차가 다니고 있지 않다는 것을 육안으로 확인할 수 있었다. 몇 시간을 달려도 기차가 서 있거나 버스가 멈춰서 있는 것을 본 적이 없었기 때문이다. 그래서인지 남쪽 시골길에서는 사람들이 걸어가는 것을 잘 볼 수 없는데, 여기서는 어느 곳에서나 차가 없어 사람들이 걸어 다니는 것을 쉽게 볼 수 있었다. 언젠가 수원 근방에 사는 탈북자가 한 시간 정도 거리를 몇 달 동안이나 계속 걸어 다니며 "남쪽 사람들은 차 타는 거 너무 좋아한다"고 했던 말이 이해가 되었다.

지방으로 가는 도로는 한국의 새마을 포장 도로처럼 시멘트로 되어 있었는데, 여기저기 패어 있어 차가 거의 없는 길을 달리는데도 속도를 낼 수 없었고, 얼마나 차가 덜컹거리는지 편안하게 타고 갈 수도 없었다. 여기저기 고장 난 차가 서 있었고 차를 수리하는 모습도 많이 볼 수 있었다. 북한에서 운전기사는 정비도 할 수 있어야 하는데, 그렇지 않으면 면허를 내주지 않는다고 하였다. 그렇게 오래 달려도 식당이나 가게는 물론이려니와 자동차 정비소나 주유소가 없는 것이 이상할 정도였다. 평양에서 금강산으로 출발하기 전 운전사들이 트렁크에 휘발유가 든 5갤런짜리 스페어 캔을 싣는 것을 보았다.

원산으로 들어가기 직전 무지개 터널이 있는데 길이가 4킬로미터 되는 긴 터널이었다. 지금 한창 공사 중이라 하루에 한두 번 작업을 중단시키고 그때를 이용하여 차를 다니게 했다. 워낙 터널이 길기도 했지만 전기도 없이 캄캄한 곳에서 인민군들이 그 험한 작업을 하느라 고생이 많았다. 아주 앳되고 체격이 왜소한 군인들이 환기도 잘 안 되고 앞도 잘 안 보이는 캄캄한 곳에서 작업이 중단된 때를 이용해 땅바닥에 누워 휴식을 취하고 있었다.

가슴이 아파지는데 더 놀란 것은 돌들이 쌓여 아수라장인 캄캄한 터널 여기저기에 '총폭탄'이란 구호가 걸려 있는 것이었다. 섬뜩하지 않을 수 없었다. 이 질곡 같은 어둠 속에서 총폭탄처럼 소리 없이 희생되어도 그 누가 무슨 말 한마디 할 수 있겠는가? 자동차 라이트에 비친 어린 병사의 얼굴이 내내 사라지지 않았다.

후에 금강산을 다녀왔다고 하니 평양이 고향인 어느 탈북자가 무지개 터널을 지났느냐고 물었다. 공사를 하고 있다고 하니까, 벌써 자기가 나온 지 3년이나 되었는데 아직도 완성이 안 되었느냐고 놀라는 기색이었다. 아마도 공사가 더딘 것은 기계 부족도 원인이지만, 우리처럼 전문 건설회사가 맡아 하지 않고 주로 나이 어린 군인이나 지역 인민들이 하기 때문이 아닌가 싶었다. 원산을 지나다 도로 작업 현장도 목격하였다. 도로포장 공사였는데 장비도 없이 여자와 아이들이 함께 작업하고 있었다.

이번 북한 방문 기간 중에 그래도 단편적이지만 꽤 긴 거리를 달리면서 본 것은 불편하기 짝이 없는 환경 속에 사는 모습이었다. 문화, 여가나 개인의 삶을 내세울 수 없는 그런 사회체제라는 것을 확인할 수 있었다. 그러고 보니 도로 공사를 제외하고는 건물을 짓는 모습을 본 일이 없었던 것 같다.

그리운 금강산

"누구의 주제런가 맑고 고운 산/그리운 만 이천 봉 말은 없어도…." 우리 가곡 중에 가장 많이 불리는 노래 중 하나인 〈그리운 금강산〉은 갈 수 없는 북녘 땅에 대한 그리움을 노래한 것이다. 우리 강산의 아름다움을 금강산을 통해 묘사한 서정적이면서도 민족애가 담겨 있다.

금강산은 한국 사람 누구에게나 애틋한 그리움이 담겨 있는 이름이다. 금강산을 보기 위해 평양에서 자동차로 5시간 정도 달려오면서 바라본 자연 산천은 너무나 그리움 가득한 우리 땅이었다. 길을 걸어가고, 모내기를 하고, 힘든 작업을 하던 그 많은 사람이 그리운 우리 동포들이었다.

금강산이 가까이에 있는 원산의 명사십리는 지금도 고운 모래와 해당화가 곱게 피고 수평선 위에 흰 구름이 떠다니는 평화로운 곳이었다. 조금 지나가니 바다 위에 미군의 푸에블로호가 아직도 떠 있고, 이어지는 바닷가는 남쪽 동해안의 작은 포구와 다를 바 없었다.

한가로운 시골 역인 동해역을 지나 조금 가니 정주영 씨 고향인 통천군이 나타났고 조금 더 지나니 한 폭의 그림같이 아름다운 삼일포가 있었다. 금강산의 시작을 알리는 듯 웅장한 스케일의 바위와 조화를 이루는 산세가 벌써부터 금강산의 수려함을 말해주는 듯싶었다.

금강산 호텔에 여장을 풀고 금강산 온천에 몸을 담그니 그동안 쌓였던 여독과 긴장들이 한순간에 사라지는 것 같았다. 호텔 방에 들어서니 그림 같은 금강산이 병풍처럼 펼쳐지고 그 아름다움에 도취되어 금강산 첫날을 꿈처럼 지낼 수 있었다. 세상에, 이게 꿈인가! 사방이 아름다운 금강산이 보이는 곳에서 잠을 자다니…!

다음 날 말로만 듣던 만물상을 올랐다. 갖가지 전설이 담겨 있는 곳곳의 이야기를 아름답고 밝은 미소 가득한 안내원의 설명으로 들어가며 피로한 줄 모르고 계속 계속 산으로 올랐다. 묘향산 안내원이 가는 곳마다 시구절을 읊고 노래를 불러주듯, 이곳 금강산 안내원은 계속하여 시와 전설과 아름다운 노래를 곁들이며 금강산 예찬을 늘어놓았다.

평일이기도 하지만 첫날 만물상을 오를 때까지 불과 대여섯 명의 사람을 만났을 뿐, 그 넓고 대단한 산행길은 한적하기 그지없었다. 삼선대로 시작한 산의 아름다움은 우리의 발걸음을 멈추고 경탄과 감격의 탄성을 계속 자아내었다.

둘째 날 구룡 폭포를 향한 세 시간 산행은 첫째 날과 또 다른 흥분을 자아내는 시간이었다. 입구를 지나자 바로 나타난 청솔 밭이며 비취색처럼 파랗고 맑기 그지없는 련주담 계곡을 지나 옥류동에 다다르니 한 척의 보트가 떠 있는 작은 계곡물은 세속의 모든 근심 걱정을 잠시 떠나게 만들어 주는 풍경이었다.

구룡 폭포로 가기 전에 또다시 안내원은 높이 펼쳐지는 형형색색의 바위들의 모습을 설명하느라 바빴다. 탱크 모양을 한 탱크 바위, 곰과 토끼가 마주 앉아 있는 바위, 병정들이 늘어서 있는 바위, 선비가 책을 읽고 있는 바위 등 끝없이 펼쳐지는 바위들의 행렬은 그야말로 일만 이천 봉의 위용을 드러냈다.

드디어 나타난 구룡연, 금강산을 지키기 위해 아홉 마리 용이 살았다는 이곳은 금강산 오대 명물 중 한 곳인데, 이곳에 지어 놓은 구룡각에서 또 한 번 〈그리운 금강산〉을 부르지 않을 수 없었다. 한참 구룡 폭포에 도취되어 이곳저곳에 시선을 옮기느라 정신없는데, 여기저기 바위 위에 새겨진 글들이 마음을 아프게 했다. 이런 극적인 순간에 '주체사상 만세'며 김일성 수령의 교시가 새겨진 글이 나타나야 하다니…. 또다시 이 사회의 깊은 속을 볼 수 있는 순간이었다.

땀을 닦으며 잠시 쉬는데 처음부터 우리를 계속 따라온 처녀 동무들이 콜라나 생수를 팔고 있었다. 우리 외에는 아무도 없는 여기까지 따라온 정성에 가져온 음료수들을 사지 않을 수 없었다. 한 처녀는 온천 매점에서 그제 안면이 있었는데 그래도 반갑다며 나에게 특별히 아는 척을 하였다. 내려가는 길에도 일부러 함께 가며 그래도 자유롭게 이 이야기 저 이야기를 나누었다.

이 처녀는 이제 스물한 살의 나이로 이곳 금강산 동네에서 태어났다고 하였다. 금강산에 대한 대단한 자부심을 갖고 있는 듯했다. 인민학교 동창들 중 여자들은 대부분 이곳에 살고 삼십여 명의 동창 중 일고여덟 정도가 대학에 진학하고 남자들은 대부분 군대에 간다고 하였다. 내가 한적한 산길을 함께 걸으며 지난번 김일성 수령님 돌아가셨을 때 울었느냐고 물으니 "산천도 울고 초목도 울었는데 어찌 안 울겠습니까?"라고 답하였다. 내려오는 길에 그야말로 자본주의 냄새를 물씬 풍기는 한 무리의 조총련 학생들을 만났다. 그들은 일본 특유의 혀짧은 소리로 인사하며 우릴 아주 반가워하였다.

고단하면서도 잊을 수 없는 감격스런 산행을 마친 이날 저녁, 또다시 우리는 감동스런 밤을 맞이하였다. 아마도 몇 년, 몇십 년은 되었는가 싶을 만큼 참으로 오랜만에 무수한 밤하늘의 별을 보았기 때문이다. 맑고 선명하고 크고 아름다운 별이 무수하게 떠 있는 것이 아닌가! 우리는 오랜만에 동심으로 돌아가 별을 세었다. 별 하나 나 하나 별 둘 나 둘…. 그리고 〈푸른 하늘 은하수〉며, 〈저 별은 나의 별〉을 아이들처럼 불렀다.

맘껏 동심으로 돌아가 웃고 떠들고 수작도 부리면서 말이다. 눈이 동그래진 장충 성당 우리 파트너들도 놀라는 기색이었다. 철딱서니없고 자본주의 냄새 물씬 풍기는 우리 행동을 어떻게 생각했을까?

어쩌면 우리는 그들의 삶에 파문을 던진 것은 아닐까…. 정말로 잊을 수 없는 금강산에서 보낸 나날이었다.

장충 성당에서

이번 북한 방문에서 우리의 제일 큰 관심은 북한 교회 공동체를 만나 함께 미사를 봉헌하고 신앙에 관한 부분을 알아보는 것이었다. 과연 북한 천주교회는 어느 정도까지 교회의 본모습을 갖추고 있고 신앙생활도 어느 정도 제대로 하고 있는지 보고 싶었다.

장충 성당이나 조선 천주교인 협회와는 5, 6년 전 동경에 있을 때부터 한 차례 만나기도 하고 자주 연락을 받곤 했는데 그때마다 아리송한 것이 어느 때는 열심한 공소 회장 같은 내용의 편지를 보내는가 하면 어떤 때는 팀스피리트나 미 제국주의를 비난하는 강한 어조의 편지를 보내 당황하게 만들곤 하였다.

장충 성당에서 드린 미사

이번 방문 동안 장충 성당은 다섯 차례 방문하였다. 두 차례는 그냥 방문이었고 세 번은 미사를 봉헌하였다. 장충 성당은 평양 시내에서 조금 떨어진 선교 구역에 있는데, 이 지역이 내 고향이다. 어린 시절부터 선교리, 선교리… 들어 오던 나의 고향 땅에 성당이 들어선 것도 참으로 감사한 일이다.

그동안 오랜 기간 북녘 땅에는 종교가 완전히 사라졌을 거라는 추측 속에서도 잘 드러나지는 않지만 비밀리에 신앙생활하는 사람들이 있다는 이야기를 간간이 들어왔었다. 하지만 장충 성당이 세워진 1988년을 즈음하여 북한 사회에는 종교활동이

표면화되기 시작하였다. 특히 세계청년축제가 열린 1989년을 대비하여 성당이 마련되었다. 각국의 많은 청년이 주일을 맞아 미사에 참여하고 싶다고 하였을 때 종교의 자유가 없다든지 성당이 없다고 하는 것은 말이 안 되었기 때문이다.

성당은 선교 구역 공원 옆에 위치하고 있는데 대지도 1,300여 평이 넘고 좌석도 250석이나 되었다. 사진이나 팜플렛으로 볼 때보다 작아 보였다. 사제관도 있고 회관도 2층으로 규모가 제법 컸다. 방마다 김일성·김정일 초상화가 걸려 있고 회관 입구에도 인민들과 함께 있는 김일성의 대형 사진이 걸려 있는 것이 낯설었다. 성당 마당에는 추기경님이 보내주셨다는 하얀색 봉고와 군용 지프 같은 차가 세워져 있었다.

성당 내부도 제법 잘 꾸며졌는데 건축하기 전에 동독에도 다녀왔다고 한다. 제단 정면에는 로마에서 보내왔다는 예수님 성화가 걸려 있고 14처와 마리아·요셉 성화, 제단 양편에는 성모상이 각각 놓여 있었다.

5월 17일 주일, 이날은 참으로 잊을 수 없는 날이었다. 남과 북이 함께 미사를 봉헌한 뜻깊은 날이었기 때문이다. 지금까지 여러 차례 미주 지역이나 바티칸을 통해 찾아간 신부들은 여러 명 있지만 남쪽에서 주교님과 사제, 평신도가 여러 명 함께 왔고 더욱이 평양교구장 서리이신 김수환 추기경님의 보좌 주교가 대리로 오셨다는 것은 대단한 의미가 있는 것이었다.

미사는 최 주교님 주례로 오 신부님과 내가 함께 하고 남·북의 평신도 대표인 유덕희 회장과 차성근 회장이 복사를 하였다. 입당이 시작되자 성가대에서는 〈주교 영접가〉를 불렀다. 10여 명으로 구성된 성가대는 제법 성가를 잘 불렀는데, 나중에 들으니 성가대원 중에는 고등중학교 음악 교사가 많다고 하였다.

130여 명의 신자가 참례하였는데 언제 연습하였는지 〈주교 영접가〉도 따라 하고 미사곡과 성가들을 아주 잘 불렀다. 말씀의 전례 때는 참회 예절을 하여 미사를 준비시키고 일괄 사죄도 해주었다.

장충성당 성가대

미사하는 모습을 보니 책을 안 보고 미사 경문과 성가를 따라 하는 사람도 있었고, 뒷좌석에는 그야말로 뻥긋 부대도 있어 보였다. 미사에 모두 열심히 참여하는 듯싶었고, 특히 주교님 강론은 열심히 경청하고 고개를 끄덕이기도 하고 미소를 짓기도 하였다. 영성체는 전원이 하였다. 미사가 끝나자 교우들은 바로 집으로 돌아갔다.

북한에 머무는 동안 계속하여 북한의 교회 실정에 대해 알아보았는데 근본적으로 종교의 자유가 있다고는 하나, 말하자면 교회 꼴을 갖추고 그 기본 활동을 하는 정도지 교회를 늘린다거나 대대적 포교활동을 하는 것은 위험스러운 것이라 생각하고 있음을 느낄 수 있었다. 틀림없이 정해진 종교 정책이 있어 그대로 움직이는 것일 터였다.

신앙에 관련된 부분은 주로 차 회장과 리세복, 고 수산나 등이 하는 것 같았다. 차 회장은 부모 대대로 열심한 집안으로 신앙과 교리 부분에도 어느 정도 밝았다. 신부가 되고 싶은 마음을 가지고 있어서인지 결혼도 안 하고 혼자 지낸다고 하였다. 그는 〈창파에 뜬 일엽주〉며 〈탄툼 에르고〉 같은 라틴어 성가도 제법 잘 불렀다.

요즈음은 그런대로 노인들은 신자라는 것을 드러내고 젊은 사람들도 할아버지나 할머니로부터 교회에 대한 이야기를 들어 가끔 찾아오기도 하고 연락도 오며 지방에 신자 파악이나

단군릉에서 장재철 조선 천주교인 협회 위원장과 함께

교회 일로 출장을 잘 나가는 리세복에게는 부모들이 자녀들에게 신앙 권유를 해 달라는 부탁도 오고, 차 회장 같은 경우는 지방에서 신앙에 관한 질문이나 교훈을 받고 싶어 보내오는 편지도 받는다고 하였다.

어느 정도의 기본 틀을 갖추려 하는 의도는 있지만 교회 재건이나 선교에는 전혀 관심이 없다는 것을 노골적으로 드러낸 것은 떠나기 전날 대담에서였다. 북한에는 지금 진남포와 해주 그리고 원산에 공소 같은 곳이 있는데 따로 건물이 있는 것이 아니라 신자 가정집에 모여 공소 예절을 하는 모양이었다. 많이 모이지는 않지만 많으면 스무 명, 적을 때는 대여섯 명도 모인다고 했다.

　이런 상황을 알았기에 지방에 성당 세우는 문제에 대해 우리가 장 위원장에게 지방에 한두 군데 성당을 더 세우면 우리도 도울 수 있겠다고 하니, 장 위원장은 일언반구에 그런 일 생각해본 적이 없다고 하였고, 옆에 앉은 리세복 같은 사람은 노골적으로 불평을 늘어놓았다. 우리 속셈을 알았다는 것이다.

　나중에 따로 조용히 만나 이 이야기를 나누었는데, 말하자면 여기 와서 보았으면서 우리나라 분위기를 잘 모르겠는가, 그런 일들이 지금 가당하겠는가, 우선 천주교에 대해서 당이나 인민들이 좋은 인상을 갖는 것이 중요하고 그러니까 양식 도와주는 일이나 우선 열심히 해달라는 이야기였다. 마지막 석별의 정을 나누어야 하는 시간에 이런 이야기를 들으며 어쩔 수 없는 벽을 느낄 수밖에 없었다.

　이 사회, 김일성 신앙을 가져야만 하는 이 땅에서 과연 신앙과 종교는 무엇일까, 과연 북한교회 공동체가 성장할 수 있도록 어떻게 도와줄 수 있을 것인가…, 마음이 무거웠다.

다시 또 하고 싶은 이야기

열이틀간 북한에 있으면서 정말 무엇을 보았는가. 아마도 서

올에 돌아가면 이런저런 이야기들을 많이 할 것이다. '정말 북한 사람들이 굶주리고 있던가, 계속 도와주어야 한다고 생각하는가, 무얼 보고 왔는가, 아무것도 보지 못하고 온 것이 아닌가, 관광만 하다 온 것 아닌가…?'

이것은 나 자신이 생각해봐도 중요한 여행 정리라고 생각하였다. 사실 말이지 우리는 북한의 깊숙한 곳을 보지 못했다. 그리고 보통 인민이 사는 집에 가 보질 못했고 밥 먹는 거며 방안이 어떻게 생겼는지 구경도 못하였다. 어떻게 보면 그것을 보려 했던 우리가 정말 순진한 것이 아니었나 생각된다.

처음부터 북한의 참모습을 볼 수 없게 되어 있었다. 아마도 대단히 힘이 있거나 영향력 있는 라인이 연결되어 일이 벌어질 때가 아니면 불가능한 일이었다. 더욱이 남쪽에서 와서 이것을 보여달라 하니 될 법한 일인가. 하지만 나는 더 중요한 것을 보았다. 구석구석은 못 보았어도 전체를 보았기 때문이다.

비행기에서 평양을 처음 내려다보는 순간의 느낌, 그것은 놀라움이라기보다 오싹함이었다. 새빨간 땅과 뻗어 있는 길에 차 하나 없는 조용함, 그것은 굶주림과 헐벗음 그 자체였기 때문이다. 그리고 계속 지방을 달리며 보았던 사람들의 얼굴은 피로와 헐벗음으로 가득했고, 북한 어디서든 자주 볼 수 있는 모습이었던 길가에 쪼그리고 앉아 있는 사람들의 모습은 더 많은 것을 생각하게 했다.

탁아소 어린이들과 함께

　북쪽의 우리 동포들 대부분은 우리와는 너무 달리 왜소하고 얼굴이 시꺼먼 것이 차라리 동남아 사람들 같아 보이는 것이 아닌가! 더욱이 나이 많은 어른보다 젊은 사람, 특히 총을 메고 가거나 논에서 모내기를 하고 험한 공사를 하는 젊은 군인이 모두 왜소하였다.

　이것들은 무엇을 말하는 것일까. 우리가 옥수수 배급받는 모습이나 '김정숙 탁아소' 같은 기름기 흐르는 곳이 아닌 헐벗고 고생하는 모습을 보여 달라 실랑이하였던 것은 나중에 생각해봐도 이건 도저히 될 수 없는 일이었다는 것을 깨달을 수 있었다.

북한의 한 지성인이 울부짖었다. "거리를 지나다니며 못 느꼈는가? 쪼그리고 앉아 있는 모습이며 차 없이 걸어 다니는 사람들과 인민군들을 못 보았는가? 그만큼 보았으면 되었지, 뭘 더 보여 달라는 것인가? 우리는 자존심도 없는가?" 사실 그의 말이 맞았다. 우리는 많은 것을 보았고 느꼈다.

북한 일정의 마지막이었던 '김정숙 탁아소'에서는 굶주림보다 더 대단할 수 있는 인간 세뇌 장면을 볼 수 있었다. 아직 혀도 안 돌아가는 세 살 난 아기들이 김일성의 생년월일이며 만경대와 김정일의 백두산 고향집이나 정일봉을 외우고 있었다. 철도 들기 전부터 김일성은 신이고 인민의 모든 것을 주관하고 베풀어주는 절대자였다.

그뿐인가, 하루하루 살아가는 집안, 동네 길목, 길거리, 차 안, 직장, 앉거나 서거나 보이는 것은 김일성 부자의 초상화와 빨간 구호뿐이었다. 또 들리는 라디오와 텔레비전은 하루 종일 김일성 대원수였고 김정일 동지였다.

평양에서 규모가 제일 크다는 락원 백화점의 초라함도 그렇고, 자주 있었던 정전의 당혹감을 북한 형제들은 매일 겪는 것이 아닌가. 텅 빈 호텔의 냉장고며 누런 종이와 비누, 이런 것들도 우리에게 그들의 현실을 말해주고 있었다.

이런 곳에 우리의 반쪽 형제들이 살고 있었다. 착취와 빈곤 속에서 원망도 비판도 하지 않도록 길들여져 살아가고 있었다.

이런 형제들을 알면서도 많은 사람은 말한다. "도와주면 절대 안 된다. 전쟁 준비하는 데 도움 주고 일부 계층만 배불리게 하는 것이다"라고. 그러나 우리는 어떻게 해야 할 것인가. 우리에게도 그 잊을 수 없는 보릿고개 시절이 있지 않았는가. 그 배고픔과 그 헐벗음을 기억하는가. 그때 우리를 도와주었던 사람들이 있었다는 것을 기억하고 있는가. 옥수수죽을 먹고 구호물자를 받고 고마워했던 일이 생각나는가?

열이틀간 고향 땅이며 우리 조국 반쪽인 북한에서 보낸 시간들, 그것은 나에게 두고두고 꺼내어 생각하고 반성하고 기도할 수 있는 은총의 시간이었다. 그렇게 안 되었고 서러웠던 경자 누나가 죽었다는 사실을 확인하는 괴로움도 우리 모두가 하나 된 조국과 이 세상 수많은 고통받는 사람들을 위해 바쳐야 할 희생 제물이라 생각한다.

우리의 소원은 통일 꿈에도 소원은 통일…

언젠가 올지 모르는 그 날을 기다리면서 성실하게 살아갈 것을 다시 또 다짐해본다.

우리 가족 이야기

나는 1947년 12월에 평양에서 태어났습니다.

1951년 1·4 후퇴 때 만 세 살을 갓 지나면서 이북에서 내려와 고향에 대한 기억은 거의 없습니다. 그런데도 제 머릿속에는 어린 시절부터 평양 시가지가 마치 살다 온 것처럼 생생하게 남아 있습니다. 대동강이며 대동교, 모란봉과 선교리며, 동평양, 평양역 같은 지명은 부모님들로부터 하도 많이 들어서 그림을 그릴 수 있을 것 같습니다.

　내 기억의 첫 시작은 피난을 내려와 자리 잡은 부산 중앙 성당입니다. 우리 보다 몇 달 전 남쪽으로 내려가신 아버님과 저희들이(어머니와 저희 남매) 남쪽에서 만나기로 약속한 곳이 부산 중앙성당이었습니다. 당시 중앙 성당은 내 기억으로 이북에서 내려온 사람들이 성당 마당에 텐트를 치고 가족들을 만나기 위해 지내던 곳 같았습니다. 중앙성당을 위안 삼으며 남쪽 생활이 시작되었지만, 북에 누나 두 명(큰누나와 바로 위의 누나는 친척들과 며칠 뒤 피난 오기로 하였는데 내려오지 못했다)을 남겨두고 피난 온 우리 가족은 늘 걱정이 떠나지 않았습니다. 특히 어머니는 더 하였습니다.

　우리 가족이 조상 대대로 살아온 고향을 버리고 남쪽으로 내려오게 된 까닭은 신앙 때문이었습니다. 고조할아버지(이의송 프란치스코) 일가족 3명(고조할아버지, 고조할머니, 증조할아버지 세 분 모두 복자품을 준비하는 하느님의 종에 오름)이 1850년대 서울에서 베르뇌 주교로부터 부인, 아들과 함께 세례를 받고 시작된 우리 집안의 천주교 신앙은 세 분의 순교로 더 튼튼하게 되었습니다. 이렇게 우리 집안의 족보는 순교자 할아버지로부터 새롭게 시작되었습니다. 우리 집안은 대를 이은 순교자 집안으로 하느님께 의지하며 가족 친척들과 함께 북녘 땅에서 행복하게 살았습니다.

그러나 내가 태어나고 얼마 안 있어 상황이 달라지기 시작하였습니다. 김일성 공산정권이 자리를 잡아가면서 종교에 대한 탄압이 점점 심해졌던 것입니다. 1949년에는 결국 평양교구 사제들이 모두 공산당에 잡혀가 성당이 폐쇄되어 이를 보게 된 신자들의 슬픔과 절망은 이루 말할 수 없었습니다.

당시 평양 기림리 본당신부였던 나의 작은 아버지(이재호 아릭수: 홍용호 주교 외 80위, 하느님의 종에 오름)가 공산당원들에게 끌려갈 때, 신자들과 함께 트럭에 누워 몸싸움을 크게 하였다던 저희 어머니는 당시 신자들의 용감했던 이야기를 자주 들려주셨습니다.

공산정권은 학생들이 종교행사에 참여하지 못하도록 일요일에도 학교에 나오게 하였고, 어른들에게도 무슨 트집을 잡아 미사에 나가지 못하도록 하는 횟수가 늘었다고 합니다. 점점 심해가는 종교탄압에 열심한 신자들은 견디기가 어려웠다고 합니다.

초등학교 4학년밖에 안 된 저희 큰 누나도 "나는 죽어도 주일에는 미사에 가야 한다"고 하였다니, 열심한 신자들이 신앙의 자유를 찾아 남쪽으로 피난길에 오르는 것은 당연한 일이었습니다. 저희 집안도 그중 하나였습니다.

부산에서 조금씩 자리를 잡아가던 우리 부모님들에게 그래도 낙이 있었다면, 이북에서 내려온 교우들의 모임에 가시는 것이었습니다. 부모님 따라 자주 갔던 그 모임에는 늘 나오는 이야기가 고향이야기였고, 신앙생활하던 본당과 신부님들에 관한 이야기였습니다. 이제 그 분들 대부분은 돌아가셨고, 기억이 가물가물하던 나도 이제 일흔다섯이 되었습니다. 저희 부모님들은 살아계실 때 종종 '지금도 북한에서는 신부님들이 계시지 않더라도 신앙생활을 하고 있을까? 용감하던 저희 누나도 혼자서라도 기도하며 살고 있을까?' 하는 말씀을 하셨습니다. 이 질문은 나이가 들어가면서도 내게 관심거리였고, 기도의 지향도 되었습니다.

몇 가지 긍정적인 가능성이 있어 보였습니다. 내가 군종신부할 때만 해도 간혹 군대에서 실시하는 교육에서 들려지는 북한 이야기 가운데 1970년대 말에도 북한에서 종종 신자들이 집단으로 모여 예배를 보다 발각되어 모두 교화소에 보내졌다든지, 예고 없이 목욕 날짜가 변경되어 집단 목욕을 시키니 목욕탕에서 십자가를 목에 건 신자들이 종종 발견되었다는 이야기도 심심치 않게 들었습니다.

최근 들어와서도 북한에서 신앙을 잃지 않고 살아가고 있다는 이야기를 여기저기서 전해 듣습니다. 현재 평양 장충 성당이 있는 지역과 가까운 곳에 있는 지역은 병인순교 때 북한 지역에서 제일 많은 순교자가 나온 곳이라 합니다. 그 순교의 피는 결코 헛되지 않았으리라고 생각합니다.

다른 나라 이야기지만 이런 일이 분명히 북한 지역에도 있을 것 같이 생각되어 말씀드리고 싶습니다. 일본에서 교포사목을 할 때 사뽀로 교구 주교님을 모시고 사할린을 방문한 적이 있습니다.

사할린에 사는 신형우(베드로)라는 우리 동포의 초청으로 가게 되었습니다. 그분은 초등학교 3학년 때 일본인 신부에게 세례를 받았는데, 세례받고 불과 2, 3년후 전쟁이 끝나 일본교회는 철수하고 그 뒤로는 소련 땅이 되어 종교 자유가 없는 세상이 되었습니다.

우리가 찾아갔을 때는 50년이라는 긴 세월 사제도 없고 주변에 신자가 없는 가운데, 이 어린 소년이 혼자 신앙생활을 하였다고 합니다. 우리가 방문한 어느 여름날, 저녁을 먹고 어두워지자 신 베드로 형제는 양복으로 갈아입고 만과를 바치자고 나서는 것이었습니다. 50년 가까이 어린 소년은 홀로 매일 기도하는 일을 잊지 않고, 그렇게 살아온 것입니다. 우리 남북의 역사보다 더 긴 종교 없는 곳에서 어린 소년이 이어간 신앙은 아름답다 못해 거룩해 보였습니다.

몇 해 전 장충 성당을 방문했을 때 미사에 참례한 신자들이 새롭게 보였습니다. 저들 중에는 사할린의 소년처럼 혼자서 기도하며 열심히 살아온 사람도 있을 수 있고, 어린 시절 열심히 기도하시던 부모님 모습을 간직하고 있거나, 그런 부모들의 권유로 세례받거나 대세받은 사람들도 있을 수 있으며, 세상을 떠나시는 부모님들로부터 신앙에 대한 유언을 들은 사람도 있을지 모릅니다. 누구보다 우리 누나들이 성당을 알고 찾아 와 기도를 할 수 있다면 얼마나 좋겠습니까?... 언젠가 다시 만난다는 것은 이루어 질 수 없는 꿈일까요?.

　지난번 로마에서 교황님과 한국 주교들과의 대화 시간에 분단 70주년을 맞는 우리 교회에 한 말씀 해달라는 나의 요청에 교황님께서는 "지난번 시복되신 분들은 남쪽 만을 위하여 순교하신 것이 아니라 북쪽을 위해서도 순교한 것입니다. 한 형제임을 잊지말고 열심히 기도하세요"라고 하신 말씀이 기억에 새롭습니다.

17년 만에 다시 찾은 평양, 세 번째 방문

한국천주교 주교 방북단 일원으로 2015년 12월 1일부터 4일까지 북한을 세 번째로 다녀왔다. 이번 방북은 민족화해 주교특별위원회에서 오래전부터 추진하였던 일이 성사된 것이었다. 민족화해 주교특별위원회에 소속된 주교들이 북한을 방문해 북한을 보다 객관적으로 알고 일을 하자는 취지였다.

민족화해 주교특별위원회는 한국교회의 관구인 서울, 대구, 광주 세 교구장과 북한과 인접한 의정부, 춘천 교구장을 비롯 덕원 자치 수도원구를 맡은 아빠스를 포함 6명의 위원으로 구성되어 있다. 6명의 위원 중 서울대교구장이신 염 추기경님만 부득이한 사정으로 불참하고, 교회 역사상 가장 많은 5명의 주교가 방문길에 올랐다.

나로서는 이번 방문이 17년 만에 하는 기회였기에 북한이 어떻게 변했는지 상당히 궁금하였다. 예전부터 잘 알던 북한교회 대표를 2년 전 북경에서 만났을 때, 아마 다음에 평양을 방문하면 깜짝 놀랄 거라는 말은 들었지만 이렇게 많이 변했으리라고는 상상도 할 수 없었다. 김정일 위원장이 중국의 놀라운 발전을 보고 천지개벽이라는 말을 하였다는 데 나 역시 감탄이 절로 나왔다.

17년 전 평양 상공에서 나무가 없는 빨간 산을 보며 마음이 아팠고, 길에 차가 없어 놀랐는데, 우선 비행장부터 국제공항으로 크게 손색이 없었다. 평양 시가지로 들어가니 차들이 많아진 것이 눈에 띄었다. 예전에 한산했던 길과 달리 이제는 여러 종류의 차들이 달리고 있었다. 차량도 차량이지만 더 놀라운 것은 여기저기서 핸드폰을 사용하는 모습이 많이 보이는 것이었다. 그래도 잘사는 사람이나 사용하겠지 했는데 식당 종업원이나 운전사도, 청소년도 제법 많이 사용하고 있었다. 핸드폰이 보편화된 것 같았다.

평양에 머물며 3박 4일 지낼 양각도 호텔을 가면서 볼 수 있었던 평양 시내 거리는 어두움이 가득한 시간이었는데도 불빛으로 찬란하였고 큰 광장마다 대형 스크린이 설치되어 있었다. 마침 북한 주민에게 인기 있다는 드라마가 방영되는 시간이라 평양역 광장을 비롯하여 여기저기서 주민들이 텔레비전을 보고 있었다. 고층 건물이 가득 들어선 평양 거리는 외형적으로는 큰 발전이 이루어진 것 같아 보였다.

17년 만에 만난 북한 신자 대표들

양각도 호텔에서 저녁 시간이 되자 북한교회 대표자들을 제대로 만날 수 있었다. 북한에서 종교협의회와 조선가톨릭교회협회가 생기고, 장충 성당이 건립된 때부터 시작하여 오랜 기간 동안 북한교회를 대표하였고, 후에는 북한 적십자대표도 역임하였던 장재언 사무엘 위원장은 듣던 대로 뇌졸증으로 쓰러져 함경도에서 요양 중이었다. 나와 장재언 위원장과의 만남은 남북 천주교회가 교류하기 전부터 있었다.

1993년 5월, 동경 한인 성당에서 사목하고 있을 때 당시 나고야 교구장이셨던 소마 주교님께서 조선가톨릭교협회를 초청하여 처음 만났다. 그 후 최창무 대주교님이 서울대교구 보좌주교 시절 북한을 방문하실 때 일행이 되어 열흘 동안 함께 지내 친하게 되었다. 북한을 방문하였을 때, 평양에서 묘향산이며, 금강산을 오가며 함께 지냈고, 미사도 함께하고, 여러 차례 가진 회의를 비롯해 함께한 시간을 통해 꽤 정이 들었다. "오랜 기간 북한교회 대표로 활동해 온 장 위원장의 건강이 걱정됩니다. 20년 이상 한결같이 남북 교회 관계 일을 위해 애쓰신 장 위원장의 쾌유를 빕니다."

장 위원장의 직책을 이어받은 사람은 강지영 바오로였다. 그 역시 장재언 위원장 시절 조선가톨릭교회협회 서기장을 맡아 친분이 두터웠다. 강지영 새 위원장은 임수경, 문규현 신부가 참석하였던 평양 청년축제 때 북한 학생대표를 맡았을 정도로 똑똑한 사람이었다. 그는 이후 조평통 서기국장에 발탁되었다. 2013년 남북 실무자 회담 때는 대표의 급(級) 문제로 무산되었던 회의에 북측 실무자 수석대표로 내정되었을 만큼 실력을 인정받고 있었다.

강지영 위원장이 북한 종교를 대표하는 종교인협의회 위원장으로 임명된 것은 우리 천주교 입장에서는 잘된 일이고 다른 한편 조평통에서 일하던 사람이 종교협의회 일을 맡게 된 것은 종교에 대한 비중을 크게 두고 있음을 보여주는 모습이기도 했다. 오래간만에 만난 우리는 17년 전 이야기를 나누며 회포를 풀었다.

17년 전 7, 8명 정도였던 북한 측 대표단 가운데 강지영 바오로와 리산옥 카타리나 두 분만 예전부터 알던 사이고, 신자 대표들 가운데 차성근 율리오, 한인철 토마스, 고 수산나 그리고 이름이 잘 떠오르지 않는 한 분 포함해 네 분은 이미 세상을 떠났다고 하였다. "고인이 되신 분들의 안식을 빕니다."

시설 방문과 밤 9시 기도

사실 이번 방문 중에 꼭 가고 싶다고 우리가 제안한 곳은 덕원에 있는 분도 수도원 지역이었다. 아마도 북쪽에서 옛 교회 건물의 흔적이라도 남아 있을 가능성이 제일 큰 곳이었기 때문이다. 덕원에 있던 분도 수도원은 후에 농업대학으로 쓰였다. 그래서 수도원 터나 건물 자취라도 조금 남아 있지 않을까 싶은 마음에서였다. 특히 우리 중에 아빠스님이 함께하였으니 더욱 그러고 싶었다. 그러나 덕원 수도원 방문은 어렵게 되었다는 공지가 전해졌다. 원산으로 가는 길에 눈이 1.5미터 정도 쌓여 도저히 갈 수 없다는 것이었다. 그 대신 우리가 간 곳은 평양 시내에 있는 복지시설과 북한이 자랑하는 문수대 물놀이장, 평양 변두리 사동 구역에 있는 장천 남새(채소) 전문 협동농장이었다.

복지시설은 평양 육아원과 영아원 그리고 양로원이었는데 모두 최근에 지어져 짜임새가 있었고, 놀이터며 공부방이며 침실 그리고 부속 건물 모든 것이 제대로 갖추어져 있었다. 다만 예나 지금이나 변하지 않은 것이 있다면 통치자에 대한 감사와 찬양이었다. 이 감사와 찬양은 말을 겨우 하기 시작한 어린아이들에서 시작하여 노인들에게 이르기까지 한결 같았다. 그뿐 아니라 차를 타고 다닐 때 길거리서 볼 수 있는 문구도 그러했고, 상점이나 식당에서 만나는 사람을 비롯한 모든 사람 입에서 자연스럽고 열정적으로 흘러나왔다.

특히 이번 복지시설과 물놀이장을 보여주고 싶었던 배경에 대한 설명이 있었는데 금년도 신년 메시지였다. 김정은 신년사(2015년)에서 제일 많이 사용된 단어는 '통치자의 마음을 읽을 수 있는 지표'인데, 올 신년사에서 제일 많이 나온 단어가 인민이었다고 한다. 인민을 걱정하고 인민의 행복을 위해 노심초사하는 통치자의 마음을 느끼기에 감사와 찬양을 드린다는 말이 만나는 사람들 입에서 자연스럽고도 열정적으로 흘러나왔다.

일정을 마치고 저녁 식사를 하는데 대화가 길어져 9시가 되었다. 일행은 자연스럽게 주모경을 바칠 준비를 하고 있었고, 북쪽 교우들에게 남쪽교회는 밤 9시가 되면 남과 북의 화해와 평화를 위해 매일 기도한다고 설명해주고 북쪽에서도 함께 기도해주면 좋겠다고 하였다.

프란치스코 교황님께서 남과 북이 한마음으로 간절히 기도해야 한다는 말씀이 있으신 후 처음으로 하는 간절한 기도가 아닐까 생각되어 감격스러웠다.

장충 성당에서 드린 미사

이번 방북의 가장 중요한 일정은 장충 성당에서 미사를 드리는 것이었다. 주일이 아니라서 신자들이 많이 나올 수 있을지 북쪽 대표들은 걱정이 많았다. 장충 성당은 평양 중심가에서 조금 벗어난 선교 구역에 있는데, 1989년 제13차 세계청년학생축전을 위해 지었다. 170개국 대표가 참가하는 이 대규모 행사에서 세계 청년들이 찾을 수 있다는 이유에서였다. 봉수 교회도 이때 지어졌다.

 장충 성당이 있는 선교 구역은 내가 태어난 곳이기도 하였다. 어린 시절 학교 신상 조사에 자주 써야 했던 원적은 평양시 '교구리'고 고향은 평양시 '선교리'라 하였던 것이나 세례받은 본당이 '대신리'라 하는데 왜 이리 명칭이 다 다른가 궁금했던 일들이 이번 방문을 통해 확실해졌다. 교구리는 김책공업대학이 있는 교구동이고 교구동은 선교 구역과 바로 이웃해 있고 대신리 본당은 선교 구역에 속해 있었기 때문이다. 우리가 묵은 호텔이 바로 이 지역과 지척에 있었으니 이번 평양 방문은 내겐 너무도 구체적인 고향 방문이 아니었나 생각한다.

 나이가 들어서인지 이 지역들을 오가며 부모님과 조상님들 생각에 눈시울이 뜨거워졌다. 부모님과 조상들이 사셨던 땅이니 말이다. 기해박해 때 순교를 많이 하였다는 논재라는 곳이 대신리 본당 구역 내에 있고, 우리 집안 조상 가운데 하느님의 종으로 시복을 기다리는 고조부와 고조모, 증조부의 형님, 그리고 평양교구 사제로 사시다 순교하신 작은 아버지, 네 분께서 순교하신 땅이라는 생각에 저절로 숙연해졌다.

순교로 하느님을 증거한 우리 조상들이 사셨고 우리 부모님이 열심히 신앙생활을 하시던 곳, 그리고 신앙의 자유를 찾아 남쪽으로 피난 갈 때까지 우리 가족의 삶의 터전이었던 곳, 무엇보다 눈을 감으시기 전까지 꿈에도 그리시던 부모님의 고향 땅에 하느님께서 축복해주시기를 간절히 기도드릴 뿐이었다.

문득 지난 3월 사도좌 방문 때 교황님께서 해주시던 말씀이 떠올랐다. "지난번 시복되신 복자들은 남쪽만을 위하여 순교하신 것이 아니라 남과 북 모두를 위해 순교하셨습니다."

하느님의 축복과 성령께서 함께하셔야 할 북쪽의 유일한 성전인 장충 성당에서 미사를 드렸다. 주교 4명과 한 분의 아빠스, 그리고 10명의 신부와 수녀 그리고 북쪽의 100여 명 가까운 신자들이 거룩한 제사를 봉헌하였다. 이 땅에서 순교하신 많은 순교자와 한국의 모든 순교성인, 복자에게 이 북녘 땅과 북녘 교회와 신자들을 일으켜 세워주시고 성장시켜주시기를 간구해주시기를 간절히 기도드렸다.

'장충 성당으로 대표되는 북녘 교회는 우리가 성장시켜야 하고 하느님의 백성으로 커갈 수 있도록 기도하며 밀어주어야 한다. 북녘의 교회에 대해 부족함을 말하기보다 존재하고 있는 그 상황과 모습을 그 자체로 인정해주고 도와주어야 한다. 이 모든 일을 가능케 해주시는 분이 하느님이시고 성령이시기 때문이다.'

신자들 가운데 아주 거룩한 모습으로 미사를 드리고 입으로 성체를 영하는 신자들이 눈에 띄는 것이 전에는 볼 수 없던 모습이었다. 북쪽에 남아 있을 순교자 집안의 후손인 열심한 두 누나와 친척들 그리고 그렇게 열심했다는 많은 교우들이 이 장충 성당을 찾아오는 날이 찾아오기를 간절히 기도드렸다. 문득 200년이나 사제 한 명 없이 신앙을 지켜오고 전수해온 일본 큐슈 지방의 신자 발견 사건이 떠 올랐다.

결실과 과제

이번 주교단 방북의 큰 결실은 사제단 파견에 대한 가능성이었다. 북한의 체질상 상주 사제를 파견하는 것이 어려운 일이지만, 교회 대축일에 서너 차례 사제가 파견되는 일은 가능하다고 생각한다. 북쪽의 유일한 성당인 장충 성당도 많이 도와주어야 한다. 작게는 성당 비품에서, 30년이 가까워 오는 건물이라 여기저기 새고 무너질 위험이 있으며 지반이 튼튼하지 못해 성당 건축에도 신경을 써주어야겠다. 그리고 5·24 조치가 빨리 풀려 장충 성당을 통해 우리 신자들을 먼저 도와주고 장충 성당 공동체를 통해 인도적 지원을 활발히 한다면 이야말로 효과적인 간접선교가 되지 않을까 생각한다.

  마지막으로 주교님들과 신부님들에게 부탁드리고 싶은 것은 평화통일이 되는 그날까지 기도드리는 일을 계속할 수 있도록 신자들을 독려해달라는 것이다. 지난해 드린 미사 전 기도와 밤 9시 기도가 계속 이어질 수 있도록 말이다.

제 2부

평화 메시지

제 1 장

-

강론

'한국전쟁 정전협정 70년' 한반도 평화 기원 미사

찬미 예수님!

오늘 우리는 '한국전쟁 정전 70주년'을 맞아 이 땅에 평화를 기원하는 미사를 봉헌하기 위해 이 자리에 모였습니다. 우리 한국천주교회는 정전협정 70주년을 맞은 올 6월부터 모든 본당에 "6·25 정전, 70년이면 충분합니다"라는 현수막을 내걸고, 이제는 전쟁이 잠시 멈춘 상태인 정전을 끝내고 한반도에서 항구한 평화가 시작될 수 있기를 바라며 기도해왔습니다.

시편 저자는 "저희의 햇수는 칠십 년, 근력이 좋으면 팔십 년"(시편 90,10)이라 하였습니다. 만일 70~80년이란 세월을 이 땅에서 살아오신 분들에게 '지나온 삶이 어떠하였는가?' 하고 묻는다면 아마도 성 김대건 신부님이 감옥에서 쓰신 편지처럼 "돌이켜보면 가련하고 슬픈 일이 많았다"고 답하실 것 같습니다.

강론 장면(CBCK 제공)

우리 한반도의 역사에는 참으로 '가련하고 슬픈 일'이 많았습니다. 일제 식민지 치하 굴욕의 세월이 그러하였고, 해방의 기쁨이 사라지기도 전 태평양전쟁(일본의 패전으로 종전) 처리 과정에서 일본 대신 덤터기를 써 시작된 분단이 그렇습니다. 분단 직후, 남북 간에 적대적 반목은 물론이고 남한 사회에서 이념 갈등과 투쟁 역시 끊이지 않아 혼란스러운 세월을 보냈으니 가련한 일이 아닐 수 없습니다. 무엇보다 슬프고 애통한 일은 한 형제인 남과 북이 원수가 되어 3년간 참혹한 싸움을 벌인, 그래서 말할 수 없는 희생을 치른 6·25전쟁입니다. 우리 민족은 6·25전쟁의 상처와 트라우마를 안고 70년이라는 긴 세월을 살아왔습니다. 그 전쟁은 아직도 완전히 끝나지 않은 상태입니다.

개인적으로, 저희 집안 역시 6·25전쟁의 직접적인 피해 당사자입니다. 저는 전쟁이 발발하기 전인 1947년 평양에서 태어났습니다. 평양에 살던 우리 가족은 북한 공산정권의 교묘한 종교 말살 정책으로 고통을 겪었습니다. 그러다 평양교구 성직자들이 잡혀가고 신앙생활을 할 수 없는 상황이 되자 신앙의 자유를 찾아 남쪽으로 피난 오게 되었습니다. 피난 오는 과정에서 두 누나는 함께 내려오지 못해 우리 집도 이산가족이 되고 말았습니다. 이러한 집안 배경을 가지고 있어 신학교에 들어갈 때 평양교구를 택한 일과 사제가 되어 민족화해위원회 활동을 하게 된 일은 저에게 소명이었습니다.

신학교에 들어갈 때만 해도 제가 신부가 될 때쯤이면 통일이 되어 평양교구에서 사제로 일할 수 있으리라고 생각했습니다. 그런데 신부가 되어 50년이 다 되어가고 있고, 이제는 곧 현직을 떠나게 되는데도 통일은커녕 그 희망마저 점점 더 옅어지고 있습니다.

1953년 7월 27일 맺은 정전협정문에는 정전의 목적이 이렇게 나옵니다. "최후적인 평화적 해결이 달성될 때까지 한국에서의 적대 행위와, 일체 무장 행동의 완전한 정지를 보장하는 정전을 확립할 목적(…)." 이 협정문은 전쟁에 참여한 UN군과 중국군이 합의해 작성한 것인데 이 안에는 "최후적인 평화적 해결이 달성될 때까지"라는 표현도 있지만, 정전이 길어질 여지도 많이 남아 있었습니다. 여기서 정전이 길어질 수 있는 여지를 좁히고, 이 굴레를 해결할 수 있는 당사자는 누구보다 '남과 북'입니다. 그래서 남과 북이 힘을 모아 방법을 모색해야 합니다. 이러한 모색의 결실은 평화협정을 맺고 평화로운 체제를 형성하는 것으로 드러나야 합니다.

2018년 평창 동계올림픽을 시작으로 한반도에 불었던 따뜻한 평화의 바람을 기억합니다. 당시 한반도에는 금방 평화가 올 것 같았습니다. 남북 정상이 손을 잡고, 평화를 이야기하며, 희망적인 담화문도 발표하였습니다. 이 때문에 조심스럽게 남·북·미 간 긍정적인 협상 결과를 기대하기도 하였습니다. 그러나 '하노이 노딜'은 모든 것을 물거품으로 만들었습니다. 이때 전 평화의 여정이 참으로 힘들다는 것을 느꼈습니다.

한반도 평화를 가로막는 건 남북 간 이해충돌이나 대화 부족만이 아니라, 한반도 문제를 자국의 이익을 위해 이용하려는 주변 강대국들이 존재하기 때문이라는 사실을 우리는 그동안 한반도에서 전개된 역사를 통해 경험하였습니다.

한반도 평화를 위해 애써야 하는 장본인은 사실 미국도 중국도 아닌 우리 민족입니다. 그래서 남과 북은 힘을 모아야 합니다. 그런데 지난해 정권이 바뀌면서 대북정책 기조가 바뀌었습니다. 남북 간 '대화와 교류'에 중점을 두었던 대북정책이 북한을 강하게 몰아붙이는 방향으로 변해, 한반도에는 지금 차갑고 매서운 바람이 불고 있습니다. 북한 또한 정신없이 미사일 발사를 계속하고 있습니다. 이처럼 남북의 지도자들이 서로에 대해 강경하면 강경할수록, 우리 민족에게 남는 것은 대결뿐이고 국민은 전쟁의 그림자로 불안감에 떨게 될 것입니다.

오늘 우리는 남북의 통치자들이 모두, 국민의 불안한 마음을 달래주고, 백성의 소리를 들으며, 그들의 눈물을 닦아주는 지도자들이 될 수 있기를 간절한 마음으로 기도하고 있습니다. '평화'가 위협받는 이 시기에 '평화'를 간절히 소망하면서 신앙의 눈으로 '평화'를 생각해봅니다.

구세주이신 아기 예수님의 탄생을 알렸던 베들레헴 하늘 천사들의 메시지는 "땅에서는 그분 마음에 드는 사람들에게 평화!"(루카 2,14)였습니다. 평화는 마음이 착한 이들이 누리게 되는 선물이라는 것입니다. 부활하신 예수님께서 제자들에게 하신 첫 번째 인사 역시 평화의 선물이었습니다. "평화가 너희와 함께!"(요한 20,19.21) 그러나 평화를 전하는 예수님의 손에는 십자가에 못 박히신 상처가 있었습니다. 이처럼 평화는 저절로 주어지는 것이 아니라, 정의와 선을 실천하는 희생을 요구합니다. 사도 바오로도 에페소서에서 이렇게 말하였습니다. "그리스도는 우리의 평화이십니다. 그분께서는 당신의 몸으로 유다인과 이민족을 하나로 만드시고, 이 둘을 가르는 장벽인 적개심을 허무셨습니다"(에페 2,14).

우리는 평화를 가로막는 장벽이 적개심임을 깨달아야 합니다. 정전 70주년을 맞이하며 한반도 평화를 위해 남과 북이 해야 할 가장 중요한 일도 지난 긴 세월 우리 민족이 안고 있는, 가장 무거운 걸림돌이자 족쇄인 '적대감'을 없애는 것입니다. 이 적대감에서 생긴 갈등과 분열은 오랫동안 국민의 삶과 민주주의 심지어 국민의 사고까지 제약해왔습니다. 경제적으로는 선진국 대열에 들었지만, 정치와 문화 그리고 국민 삶의 질은 뒤처지게 하였던 것입니다.

제가 오래전 북한을 처음 방문할 때 있었던 일입니다. 비자를 받으러 중국에 있는 북한 영사관에 갔는데, 그곳엔 북한 인공기와 김일성 초상화가 걸려 있었습니다. 그것을 보며 잔뜩 긴장하게 된 우리에게 비자를 발급하던 외교관이 말했습니다. "많이 걱정되시지요. 걱정하지 마세요. 북한도 사람들이 사는 곳입니다." 그의 말을 들으며 우리가 어린 시절부터 교육을 통해 얼마나 큰 적대감을 가슴에 품고 살았는지 깨닫게 되었습니다. 그때의 그 외교관의 말이 아직도 기억에 남습니다.

프란치스코 교황님께서는 2014년 한국을 방문하셨을 때, 이곳 명동대성당에서 한반도 평화를 위한 미사를 봉헌하셨습니다. 그날 교황님께서는 강론에서 '회심과 용서'에 대해 말씀하셨습니다. 특히 우리 민족이 체험한 역사적 맥락인 "지난 60년 이상"… 이제는 70년이 되겠지요. 그 긴 시간 동안 지속되어 온 '분열과 갈등의 체험 안에서의 회심'에 대해 말씀하셨습니다. 정의롭고 인간다운 사회를 만드는 데 그리스도인이 얼마나 질적으로 기여했는가를 점검해보라는 회심으로 초대하는 말씀이었습니다. 또한 용서에 대해서도 언급하셨습니다. 남과 북은 같은 언어로 말하는 형제자매인데, 하나의 민족이라는 사실을 깊이 인식하지 못한 채 지내왔던 점에 대해 용서를 구하라는 말씀이었습니다. 그리고 그동안의 잘못을 뉘우치고 형제애가 널리 퍼질 수 있도록 함께 기도하라고 하셨습니다.

오늘 정전 70주년을 맞은 우리는 한반도에 깃든 강한 대결의 먹구름이 하루빨리 걷히고, 평화의 바람이 다시 불게 해주시도록 하느님께 기도합시다. 또한 그 중요한 역할을 하게 될 남북의 지도자들을 위해 간절한 마음으로 기도합시다.

지난 3월, 교황 즉위 10주년을 맞으신 프란치스코 교황님은 바티칸 미디어를 통해 여러 소회를 밝히셨습니다. 그리고 교회와 세상, 세상을 다스리는 이들과 인류를 위한 '교황님의 꿈'으로 "형제애, 눈물, 미소"를 말씀하셨습니다.

세계를 많이 다닌, 여행 전문가인 어느 외국인은, 가장 경직되고 미소가 없는 나라 중 하나가 한국이고, 한국보다 더한 나라가 북한이라 하였습니다. 그의 말대로라면, 한반도에 사는 우리 민족이 미소가 없고 경직이 된 것은 오랜 기간 평화롭고 행복하게 살지 못했기 때문이 아닐까 생각해봅니다.

정전 70주년을 맞이하여 이 땅에 평화가 새로이 정착되기를 기도하며 그 첫 발걸음으로 우리 교회부터 먼저 '형제애'를 살아가며 전파하고, 이웃의 아픔에 함께 '눈물' 흘리며, 서로에게 온화한 '미소'를 짓는 그리스도인이 되도록 노력해야겠습니다.

끝으로 평화의 모후님께 우리 민족을 위해 전구해주시도록 함께 기도합시다.

"평화의 모후, 복되신 동정 마리아님, 간절히 청하오니 한반도의 평화를 위하여 빌어주소서." "아멘."

2023년 7월 27일
서울대교구 주교좌 명동대성당

'주교 영성 모임' 미사

오늘은 6·25전쟁을 비롯하여 여러 전쟁에서 목숨을 잃은 수많은 호국 영령을 기억하는 현충일입니다. 우리 민족은 동족상잔의 비참한 전쟁을 치른 지 70년을 넘겼지만 아직도 서로 화해의 손을 내밀지 못하고 미움과 적대감만 쌓으며 살고 있습니다.

이번 주교 영성 모임을 한주 앞당겨 진행하는 점, 이 참회와 속죄의 성당에서 하게 된 점도 매우 큰 의미가 있다고 생각합니다. 마침 오늘이 현충일이고 금 년이 정전협정 70주년을 맞는 해라는 점도 뜻이 깊습니다.

주교 영성 모임을 준비하는 문 주교님이 다음 모임은 참회와 속죄의 성당이 있는 의정부교구에서 하면 어떻겠는지 의견을 주셨고 민족화해위원회 위원장이신 김주영 주교님도 이를 뒷받침해주셔서 이곳에서 영성 모임을 하게 되었습니다. 김 주교님은 주교 현장 방문을 겸해 이 성당 가까운 곳에 있는 적군 묘지를 방문하면 어떻겠는가도 제안해주셨습니다. 저도 그렇게 생각하고 있었습니다. 그런데 며칠 지나 생각해보니 현충일에 적군 묘지를 가는 것이 다소 어울리지 않는다고 느껴져 부득이 코스를 바꾸었습니다.

분단, 6·25전쟁 그리고 정전 상태에서 보낸 70년의 세월은 우리에게 무엇을 남겨놓았을까요? 적대감과 갈등이라는 감정을 남과 북뿐 아니라 우리 민족 심층에 깊이 새겨놓은 것은 아닐까요? 북한 이야기, 평화 주제를 거론하면 괜히 부자연스러워지거나 긴장되는 우리 사회 분위기가 이런 현실을 잘 말해주는 것이 아닐까 싶습니다.

몇 해 전 윤공희 대주교님께서 저에게 전화를 주신 적이 있습니다. "이 주교! 나 파주에 있는 참회와 속죄의 성당에서 며칠 지내다 오고 싶은데 괜찮겠지?" 저는 "대주교님 준비해놓고 기다릴 테니 어서 오세요. 냉면도 맛있게 해드릴게요"라고 답을 드렸습니다. 그런데 안타깝게도 오시기로 한 날 이틀 전 낙상을 당하셨습니다. 이 때문에 병원진료를 받으셔야 했고 결국 못 오셨습니다. 저는 윤 대주교님 마음을 알 것 같습니다. 북한이 가까운 이곳에서 며칠 지내고 싶어 하셨던 그 마음을 말입니다. 저는 윤 대주교님이 오시면 같이 지내며 북한 교회 이야기를 듣고 싶었습니다.

분단과 6·25전쟁으로 많은 이산가족이 생겼습니다. 편지를 주고받고 고향을 오가는 일은 꿈도 꾸지 못할 만큼 오늘날 남북관계는 경직되어 있고 서로에게 쌓인 적대감도 큰 상태입니다. "그리스도는 우리의 평화이십니다. 그분께서는 당신의 몸으로 유다인과 이민족을 하나로 만드시고 이 둘을 가르는 장벽인 적개심을 허무셨습니다." 에페소서 2장 14절 말씀입니다. 이 말씀에서 사도 바오로는 예수님의 십자가상 제헌이 민족들 사이에 그리고 사람들이 저지르는 모든 죄악의 시작이라 할 수 있는 적대감을 허무시기 위한 것이었다고 설파합니다. 이렇게 세상의 모든 평화는 장벽을 허무는 일에서 시작됩니다. 그리고 이 장벽을 허무는 일은 화해의 손을 내미는 데서부터 시작됩니다.

북한을 방문했을 때 저는 북한 사람이 다 호전적일 것이라 생각했습니다. 그러나 정작 만나보니 그곳에 사는 사람들도 평화를 갈망하고 있었습니다. 제가 잘 알고 지내는 탈북자 가운데 김평화라는 이름을 가진 분이 있습니다. 6·25전쟁에 참전했던 아버지가 전쟁이 끝나고 돌아와 태어난 아들에게 '전쟁

없는 세상에서 살라'고 지어준 이름이랍니다.

  이곳 참회와 속죄의 성당 아주 가까운 곳에 북한군 묘지가 있습니다. 제가 의정부에 온 지 3년이 되어서야 이런 묘지가 우리 교구 관내에 있다는 것을 알았습니다. 처음에는 신부들도 머뭇거렸지만 이제는 해마다 위령 성월에 그곳에서 위령 미사를 드리고 있습니다. 처음 묘지를 방문했을 때 무관심 속에 잊히고 버려진 북한군 묘지라는 이름 자체가 머뭇거리게 만든 것이 아니었을까 생각했습니다. 그러나 묘지의 존재 자체가 우리 같은 교회 사람에게는 용서와 평화를 생각할 수 있는 시간으로 초대하는 것이 아닐까 생각합니다.

  이곳에 북한군 709명의 유골이 묻혀 있습니다. 모두 무명인으로 적혀 있는 묘비에는 이름만 들어도 치열했던 전쟁의 참상이 떠오르는 낙동강, 단양 등과 같이 유명한 전투에서 전사한 분들임을 알 수 있는 격전지 이름이 나옵니다.

  정부가 이 묘지를 조성한 것은 전사한 적이라도 정중히 매장해 분묘를 조성해주어야 한다는 제네바 협정에 따른 것이었다고 합니다. 제네바 협정의 참다운 정신은 아무리 적이라도 하느님으로부터 태어난 존엄한 인간이기에 그들의 존엄성을 존중하고 과거의 잘못을 용서하며 형제애를 회복하는 데 있습니다. 특히나 그리스도인은 하느님의 자비를 비는 사람들입니다. 그래서 그리스도인은 아무도 찾아오는 이 없고, 외롭게 버림받은 이들을 위해 기도드릴 수 있어야 합니다.

하느님의 본성은 연민과 자비에 있습니다. 예수님께서는 이 지상에서 당신의 삶을 통해 이것을 보여주셨습니다. 프란치스코 교황님께서는 우리나라를 방문하셨을 때 우리 민족의 화해와 평화를 위한 미사에서 남과 북이 한 형제임을 강조하셨고 형제들을 용서하라고 간곡히 부탁하셨습니다.

정전 70주년을 맞는 우리 교회는 평화를 위해 기도하고 평화의 도구로 살아가려 노력해야 할 것입니다. 그리고 주님께서 우리와 한반도에 평화를 내려주시기를 간구할 수 있어야 하겠습니다.

2023년 6월 6일
참회와 속죄의 성당에서

'한일 여자 수도자 장상 총회' 미사

먼저 오늘 한국과 일본의 여자 수도회 장상 수녀님들의 총회에 참석하시기 위해 저희 교구 참회와 속죄의 성당에 찾아와 주신 수녀님들을 환영합니다.

이 성당은 한반도 평화를 위해 기도하고 남북이 하나 되어 지내지 못하는 잘못을 참회하고 속죄하자는 의도로 지어진 성당입니다. 그동안 이 성당에서는 한반도 평화와 민족의 화해를 위한 기도모임 뿐 아니라 매년 1월 1일, 평화의 날 미사와 6·25를 기억하는 미사를 봉헌하고, 설날과 추석에는 고향에 갈 수 없는 이산가족을 위해 미사를 드리고 있습니다. 그뿐만 아니라 이곳에 있는 가톨릭동북아평화연구소에서는 해마다 동북아 평화 관련 주제로 국제학술대회를 하고 있고, 특히 작년에는 미국 워싱턴에서 한국 주교들과 미국 주교들이 함께 한반도 평화를 위한 교회 역할에 대해 국제 포럼을 하는 데 중심 역할을 하였습니다.

우크라이나 전쟁은 수많은 사상자와 피해를 내고 있음에도 그칠 줄 모르고 있고, 미국과 중국의 패권 다툼으로 동북아를 비롯한 아시아 지역의 안보 위험은 고조되고 있습니다. 그뿐 아니라 세계는 지나친 개발과 자연 파괴로 기후 위기가 심각해지고 있습니다. 전쟁, 자연재해, 그리고 빈곤 탓에 난민 숫자도 늘고 있습니다. 이러한 때 한국과 일본의 장상 수녀님들이 만나 교회와 수도자의 역할을 고민하고 함께 나누는 일은 대단히 의미 있다고 생각합니다. 특히 우리 한국 수도자들이 기후 위기, 환경 문제와 핵발전 문제에 누구보다 앞장서 행동으로 모범을 보여주고 있어 감사드리고 싶습니다.

자세히 듣지는 못했지만 이번 총회에서는 '시노드 여정 안에서 취약함을 교회와 수도자들이 감싸는 일'과 관련해 이야기를 많이 나누셨다고 알고 있습니다. '취약함을 끌어안기.' 이 단어에는 사람들뿐 아니라 피조물인 자연도 포함되어 있다고 생각합니다. 취약하고 변두리에서 소외돼 살아가는 사람들에게 애정을 쏟고 계신 수녀님들이 계셔서 참으로 다행스럽고 고맙게 생각합니다.

저는 두 주 전 일본을 다녀왔습니다. 이 참회와 속죄의 성당에서 평화교육을 받은 신자들과 본당사목회에서 민족화해분과위원으로 일하는 신자들 35명으로 구성된 평화순례단의 일원으로 시모노세키와 히로시마를 다녀 왔습니다.

　시모노세키에는 조선인 마을과 조선인 학교가 있고, 시모노세키에 가까운 우베라는 곳에는 예전 일본 식민지 시절 탄광 광부로 끌려가 해저 탄광에서 일하다 바닷물이 들어와 몰살된 136명의 조선인과 일본인 47명을 기리는 위령비가 있습니다.

　저희 팀은 먼저 조선인 마을과 조선인 학교를 들렀습니다. 1945년 해방되었을 때, 귀국하지 못하고 남아 있던 사람들이 살던 마을입니다. 오물처리장과 형무소가 있던 자리라 사람들이 가기를 꺼리는 지역에 조선인은 마을을 이루고 지금까지 살고 있는데 그 동네 입구에 조선인 학교가 있습니다.

　수녀님들도 아시다시피 일본에 있는 조선인 학교는 부모들이 북한에 적을 둔 교포의 자녀들로 일본 정부로부터 재정지원을 받지 못할 뿐 아니라 학력도 인정받지 못해 어려움을 겪고 있습니다. 예전에는 북한에서 지원을 받아 조금 나았는데, 이제는 북한의 경제 사정이 안 좋아 그나마도 받지 못해 큰 어려움을 겪고 있습니다.

　이 조선인 동네에 작은 자매회 수녀님들이 살고 계십니다. 조선인 학교로 들어가는 입구 골목에 살고 계시는데, 우리 일행을 반가이 맞아주셨습니다. 그분들이 우리를 모두 들어오라 하셔서 우리 일행은 좁은 수녀원에 비집고 들어갔습니다. 일본인 수녀님 두 분과 한국 수녀님 한 분이 살고 계셨는데 한국 수녀님은 전부터 잘 알던 분이라 무척 반가워하셨습니다.

저는 그날 그 수녀님들을 보며 너무나 감사하고 감동하여 눈물이 날 정도였습니다. 그 작은 자매회 수녀님들이야말로 한일 장상 수녀님들 총회의 결과물인 "취약함을 감싸안기"를 실천하는 살아 있는 모습이 아닌가 생각합니다. 특히 한국과 일본의 역사에서 취약한 분들인 재일 조선인 중에서도 가장 취약한 분들이라 할 수 있는 가난하고 차별 받고, 남북 사이에서 잊혀진 사람들이 사는 조선인 마을에 자리한 수녀원은 조선인 마을에 존재하는 그 자체만으로도 큰 위로와 격려가 될 것이라 생각합니다.

예수님께서는 아주 탁월하게 취약한 사람들을 사랑하고 감싸 안아 주는 분이셨습니다. 취약함을 감싸안으려 노력하는 수도자들이야말로 예수님이 살아가셨던 그 길을 따라가는 사람이라 하겠습니다. 부디 이러한 모습으로 수녀님들이 계속 살아가시길 소망하고 주교로서 응원합니다. 나머지 일정에도 하느님의 은총이 함께하시길 빌어드리겠습니다. 감사합니다.

2023년 5월 13일
참회와 속죄의 성당에서

2023년 세계평화의 날 미사

새해가 밝았습니다. 새해 복 많이 받으시기 바랍니다. 교우 여러분 건강하시고 여러분 가정에 하느님께서 축복을 많이 내려주시기 바라며, 신부님과 수녀님은 하느님 안에서 행복한 한 해 되시기 바랍니다.

여러분도 뉴스를 통해 아시리라 생각됩니다만 어제 베네딕토 16세 교황님께서 선종하셨습니다. 교황님으로 계시는 동안 전 세계 교회와 세계평화를 위해 애쓰신 노고에 다시 한번 감사드리며 교황님께서 하느님 나라에서 영원한 안식을 누리시도록 오늘 미사 중에 기도드립시다.

오늘 우리는 '천주의 성모 마리아 대축일' 미사를 봉헌하고 있습니다. 새해의 첫날이자 교회의 가장 성대한 축일 가운데 하나인 이날은 또한 인류의 평화를 위하여 기도하는 '세계평화의 날'이기도 합니다. 지난해 초 러시아가 일으킨 우크라이나에서의 전쟁이 전 세계 모든 사람을 가슴 아프게 하였습니다. 하루빨리 전쟁이 끝나기를 간절히 바랐지만 참혹한 전쟁은 끝나지 않은 채 해를 넘겼습니다. 그뿐 아니라 우리가 사는 한반도의 평화도 위협을 받고 있어 오늘 우리는 평화의 날을 맞이하여 평화의 주인이신 하느님과 성모님께 참으로 간절한 마음으로 기도드리려 이 미사에 참여하고 있습니다.

1968년, 새해 첫날인 1월 1일을 '세계평화의 날'로 제정하신 성 바오로 6세 교황님께서는 '세계평화의 날'이 평화를 보존하고 증진하려는 사람들, 평화를 이상으로 삼고 평화적 발전을 염원하는 사람들, 그리고 평화가 얼마나 필요하고 얼마나 위협받는지를 아는 사람들의 열망을 대변할 것이라 말씀하셨습니다.

'세계평화의 날'이 제정된 배경에는 성 바오로 6세 교황님 전임이신 성 요한 23세 교황님의 유산도 큰 영향을 주었다고 평가됩니다. 1962년 '쿠바 미사일 위기'를 중재하신 성 요한 23세는 이듬해인 1963년 교회의 '평화 대헌장'으로 일컬어지는 회칙「지상의 평화」를 반포하신 분이기도 합니다.

두 분의 교황님은 미국과 소련이라는 강대국의 대립, 끝을 모르는 군비 증강을 목격하면서 평화를 위한 교회의 사명을 더 절실히 깨달으셨습니다. 동서로 갈라진 세계가 서로를 적대하며, 인류를 멸망으로 몰아넣을 수 있는 핵무기까지도 경쟁적으로 생산하는 현실에서 가톨릭교회가 평화를 위해 간절히 호소한 것입니다.

60여 년의 세월이 흐른 지금도 여전히 평화가 위협받고 있습니다. 부조리하게 시작된 우크라이나 전쟁도 끝날 기미를 보이지 않고 있습니다. 사실 전쟁은 그 자체로 부조리합니다. 어떤 명분도 전쟁의 추악함을 씻어낼 수 없습니다. 발전한 나라들에서 첨단 기술로 만든 무기들이 이 순간에도 소중한 젊은 이들의 목숨을 앗아가고 있습니다. 많은 사람이 삶의 터전을 잃어버렸고, 추위와 굶주림 속에서 가난하고 약한 사람들, 어린이들이 받는 고통이 가중되고 있습니다.

우크라이나 전쟁을, 그리고 모든 전쟁을 조금만 자세히 들여다보면 전쟁을 '재앙'으로 규정하는 가톨릭교회의 가르침을 쉽게 이해할 수 있습니다. 사회교리는 전쟁이 "결코 국가 간에 발생하는 문제를 해결할 수 있는 적절한 길이 아니며, 지금껏 한 번도 그러지 못했으며, 앞으로도 결코 그러지 못할 것이다. 전쟁은 새롭고 더욱 복잡한 분쟁을 불러일으키기 때문이다."(『간추린 사회교리』 497항)라고 단언합니다.

우크라이나 전쟁 종식을 위해 기도하는 우리는 또한 한반도에도 군사적 긴장이 고조되는 상황을 지켜보고 있습니다. 평화운동가들은 한반도에서 무력 충돌 가능성까지 우려하면서 '예방'의 필요성을 강조하고 있습니다.

프란치스코 교황님은 지난 7월 예수회 언론인들과의 만남에서 러시아의 우크라이나 침공이 "예방하지 못한 것"이라 말씀하시면서 분쟁이 벌어질 징후가 있었는데, 이것을 막아내지 못한 책임을 지적하셨습니다. 우크라이나 전쟁 발발 직전까지도 많은 전문가가 서방과 러시아 모두 무력 충돌을 원하지 않을 것이라 예상했습니다. 징후가 있었지만 설마 전쟁까지 일어나겠느냐고 생각했던 것입니다.

그러나 상대를 자극했던 권력자들의 발언이 결국 참혹한 비극으로 이어졌습니다. 국민의 안전에 책임이 있는 정치인은 반드시 평화를 위해 진정한 용기와 지혜를 발휘해야 합니다. 한반도 문제의 평화적 해결이 너무 어려워 보이고, 인간적 시각에서는 불가능해 보일 때도 많지만 결코 포기할 수 없는 이유입니다. 전쟁이 일어나는 것을 막으려는 노력, 평화적 방식으로 갈등을 해결하기 위해 노력하는 것이 얼마나 소중한지 깨달아야 합니다.

쉰여섯 번째를 맞이하는 이번 세계평화의 날 담화에서 프란치스코 교황님은 "아무도 혼자 힘으로 구원받을 수 없다"고 가르치시면서 평화를 이루고 정의를 보장하기 위한 형제애와 연대의 중요성을 다시 강조하셨습니다. 저는 지난 가을 민족화해주교특별위원회 소속 주교님들과 미국 워싱턴을 방문하고, 한국과 미국의 주교회의가 함께 개최한 국제대회를 치르면서 평화를 위한 형제애와 연대의 의미를 더 깊이 성찰할 수 있었습니다.

한반도 평화를 위한 가톨릭교회 역할을 논의하는 자리에서 미국 주교님들 역시 형제애를 강조하셨습니다. 미국 주교회의에서 한반도 평화를 위해 함께 미사를 봉헌하고, 전문가들과 토론하면서, 또 미국무부와 의회를 함께 방문하면서 한국과 미국 주교들이 한반도 평화를 위한 연대를 실천할 수 있었던 소중한 시간이었습니다.

평화적으로 해결될 기미가 보이지 않는 한반도 문제일 수 있지만, 미국 주교님들은 이 땅의 아픔에 공감하셨고, 한국과 미국의 교회가 긴밀히 연결되어 있다는 사실과 평화를 위한 연대의 의미를 몸소 보여주셨습니다.

새해가 밝았지만 이 땅에는 아직 적대와 두려움의 그림자가 짙게 남아 있습니다. 한반도의 위기를 마주하고 있는 한국천주교회는 분열된 세상에서 평화를 호소하시고, 평화의 날을 제정하신 교황님들의 마음을 기억해야 합니다.

이번 세계평화의 날 담화에서 프란치스코 교황님은 전쟁을 규탄하시면서 "전쟁 바이러스는 우리 몸을 해치는 바이러스보다 극복하기 어려운 것이 분명합니다. 이 바이러스는 우리 밖에서 들어온 것이 아니라, 죄로 타락한 사람의 마음속에서 나오는 것이기 때문입니다"라고 하셨습니다. 더 비싸고 더 발달한 무기로, 더 많은 살상력을 가진 무기로 평화를 지키겠다는 세상에서, 평화의 길을 찾기 위해서는 우리들의 진정한 회심이 필요합니다.

사랑하는 교우 여러분, 평화의 왕으로 이 땅에 오신 주님께 먼저 우리가 회심할 수 있는 은총을 청합시다. 불의와 폭력이 만연한 세상이지만, 임마누엘 하느님께서 우리와 함께 계신다는 믿음을 고백합시다. '지상의 평화'가 인간의 힘으로는 불가능해 보일지라도 자비로우신 하느님은 평화를 주시는 분이시기에 우리는 계속하여 하느님께 간청해야겠습니다.

'자비로우신 하느님 이 시상의 평화와 한반도 평화를 위하여 기도드리오니 저희 기도를 들어주소서!'

2023년 1월 1일

민족의 화해와 일치를 위한 미사

우리 구원을 위하여 십자가 죽음을 마다하지 않으신 예수 그리스도의 뜨거운 사랑을 묵상하는 예수 성심 성월입니다.

오늘은 우리 민족이 한 형제이면서도 남북이 총부리를 겨누어 예수 성심을 아프게 해드린 6·25전쟁이 일어난 지 71주년이 되는 날입니다. 시편에서 '인생은 기껏해야 70년 근력이 좋아서야 80년'이라 했던 그 70년이라는 세월은 한 사람의 인생이 정리되는 긴 세월을 가리킵니다.

우리 민족에게 너무 긴 세월이었던, 6·25전쟁 발발 70년이 지난 71년이라는 세월 속에서 전쟁은 한국 사회를 짓누르며 편을 가르는 장벽이 되었고, 폭넓게 사고하지 못하도록 옥죄었습니다. 이제 우리는 이 민족적 족쇄를 끊고 일어나 새롭게 출발하고, 변화의 새 바람을 맞을 수 있도록 간절히 기도해야겠습니다. 이제 그 출발은 남과 북의 관계를 말하기에 앞서, 우리 남쪽 사회에 쌓인 적개심과 용서하지 못함과 서로를 받아들이지 못하는 장벽을 허무는 일을 나부터 나서서 하는 일이어야 할 것입니다.

최근 우리 사회에 변화의 바람이 세차게 불고 있습니다. 이 변화의 바람은 그동안 우리 사회를 꼼짝 못하게 묶어버렸던 많은 잘못된 전통과 관습을 비롯하여 세대와 지역과 이념을 뛰어넘는 바람이어야 합니다. 변화를 간절히 바라는 소망을 담은 이 정치적 사건은 우리 국민의 마음 안에서부터 변화의 계기가 되어야 하겠습니다. 최근 우리가 목격했던 한미 정상회담이나 영국에서 있었던 G-7 정상회담은 한반도를 둘러싼 어두운 그림자들 때문에 그 손아귀에서 벗어나기 힘들었던 어둠이 걷힐 것 같은 희망과 자신감을 우리 민족에게 주었습니다.

한미 정상회담은 바른 마음을 가지고 공동선을 위해 애쓰는 두 가톨릭 지도자의 만남이라는 사실을 뒤로하고도 그동안 우리나라가 차곡차곡 쌓아두었던 국력이 인정되고 보여진 사건이라 너무 기쁘고 자랑스러웠습니다. G-7도 마찬가지였습니다. 세계에서 인정받는 K방역을 비롯 경제력과 첨단 산업이 세계에서 주목받고 있음을 확인한 역사적 사건이었습니다.

이런 한국의 모습을 보아서인지 그동안 적대감과 차가운 반응만 보여주었던 북한이 긍정적인 시선을 보내는 것이 얼어붙었던 남북관계에 희망적인 징조이기를 기대해야겠습니다.

오늘 전국 교구가 민족의 화해를 위해 바치는 이 미사는 우리 모든 신자에게 더 절실하게 한반도 평화를 위해 기도드리고 평화를 위해 작은 도구라도 되어야겠다는 결심을 하는 계기여야 하겠습니다. 오늘 미사 때 봉독된 말씀은 우리 민족이 하나되기 위해 어떻게 해야 할지 잘 묵상하게 해주는 것 같습니다.

오늘 제1독서는 하느님께서 당신 백성을 모아들이실 것이라는 말씀으로 우리 민족을 위로하시고 마음을 바로잡도록 훈계하시는 것 같습니다. "너희가 마음속으로 뉘우치고, 주 너희 하느님께 돌아와서, 내가 오늘 명령하는 대로 너희와 너희 아들들이 마음을 다하고 정신을 다하여 그분의 말씀을 들으면 주 너희 하느님께서 너희의 운명을 되돌려 주실 것이다. 주 너희 하느님께서는 또 너희를 가엾이 여기시어, 주 너희 하느님께서 너희를 흩어버리신 모든 민족들에게서 너희를 다시 모아들이실 것이다."(신명 30,1-3)

한반도에 평화가 오고, 우리 민족이 하나 되는 것은 우리가 그토록 간절히 바라온 바이고, 흩어진 민족을 하나로 모으시는 분은 하느님이십니다. 우리 운명은 하느님 손에 달렸고, 그 행복한 운명을 위해 우리는 마음과 정신을 다해 하느님을 사랑하고 하느님의 가르침인 이웃과 고통받고 가난한 사람을 사랑하여야 합니다. 오늘 제1독서에서는 그래야만 너희를 모아주시고, 그 땅을 차지하여 조상들보다 더 잘 되고 번성하게 해줄 것이라 하십니다.

제2독서에서는 우리의 매일 매일의 구체적 삶에서 평화를 실현하라는 뜻에서 행동 지침을 주십니다. "여러분의 입에서는 어떠한 나쁜 말도 나와서는 안 됩니다. … 모든 격분과 분노와 중상을 온갖 악의와 함께 내버리십시오. 하느님께서 용서하신 것처럼 여러분도 서로 용서하십시오."(에페 4,29.31-32) 이렇게 사랑은 구체적이어야 하고 평화는 그런 사람들에게 주어지는 선물이어야 합니다.

오늘 복음은 더 확실하게 우리가 하느님께 청하는 평화와 화해를 위해 무엇을 해야 하는지를 보여줍니다. 그것은 기도와 용서입니다. "너희 가운데 두 사람이 이 땅에서 마음을 모아 무엇이든지 청하면, 하늘에 계신 내 아버지께서 이루어 주실 것이다."(마태 18,19) 우리가 매일 밤 바치는 기도는 시간과 공간을 넘어 더욱더 열심히 바쳐야 하고 더욱 마음을 모아야 합니다. 그리고 우리는 한반도 평화를 위해 매우 큰 힘이 되고 역할을 해주신 교황님 방북이 이루어질 수 있도록 기도하는 것도 잊지 말아야 합니다.

마지막 결론은 용서입니다. 예수님께서 대답하셨습니다. "내가 너희에게 말한다. 일곱 번이 아니라 일흔일곱 번까지라도 용서해야 한다."(마태 18,22) 우리가 매일 생활에서 용서하지 않는다면 우리가 바치는 기도는 힘이 없을 것입니다. 형제자매 여러분! 오늘 민족의 화해와 일치를 위해 기도드리는 모든 형제가 더욱 열심히 마음을 모아 기도하고 용서함을 체험함으로 더 큰 마음을 가질 수 있도록 미사 중에 기억합시다.

2021년 6월 25일

JSA 성당 봉헌식 축사

오늘 우리는 전 세계에서 유례없는 분단 현실을 어느 곳에서 보다 피부로 강하게 느낄 수 있는 지역에 세워진 JSA 성당 봉헌식에 참여하고 있습니다.

이 성당은 군사분계선 앞 4킬로미터에 위치한 곳에 지어졌기에 남쪽에서 볼 때는 가장 북한과 가까운 성당이고, 북쪽에서 볼 때도 남한과 가장 가까운 성당입니다. 무엇보다 먼저 성당 봉헌을 축하드립니다. 이 의미있는 지역에 성당을 짓기로 결정하신 유 주교님(군종교구)과 성당을 짓기 위해 기도하고 정성을 모았을 군종교구 모든 신부님과 신자들을 비롯 군종후원회 여러분에게 축하와 감사를 드립니다.

전 세계 모든 성당은 마음만 먹으면 언제나 성당 문을 열고 들어가 기도드릴 수 있지만, 이 성당만큼은 찾아와 기도드리고 싶어도 마음대로 찾아올 수 없는 세계에서 유일한 성당일 것입니다. 분단 역사 70년, 1953년 휴전협정으로 형성된 판문점과 공동경비구역은 한국 역사에서 슬프고도 기구한 사건이 많이 일어난 역사의 현장입니다. 따라서 오늘 이 JSA 성당이 이 지역에서 있었던 슬프고 아팠던 역사의 사실들을 간직하고 보전하는 성당이 되어, 훗날 한반도 평화가 실현되는 날이면 분단의 아픔을 기억하고 세계평화를 위해 기도하는 사람들이 찾아오는 성전이 되기를 희망합니다.

역사를 돌이켜볼 때, 판문점은 일찍이 포로 교환이 이루어져 수만 명의 북한군과 중공군이 북쪽으로 송환된 곳이기도 하고, 또 수 많은 미군 포로가 이곳을 거쳐 고향으로 돌아간 역사의 현장이기도 합니다. 그뿐 아니라 1985년에는 서울과 평양에서 이루어진 이산가족 방문단과 예술 공연단의 교환 공연 왕래가 이루어진 곳이기도 합니다. 가장 최근에는 우리 민족에게 한반도 평화에 대한 희망을 부풀게 하였던 남북 두 정상의 3차, 4차 정상회담을 가졌던 지역이기도 합니다.

순풍이 불듯 잘 나갈 것 같던, 한반도 평화 여정이 실현되기에는 하느님 보시기에 아직 부족함이 있는 듯 그 희망에 부풀었던 여정이 앞으로 더 나아가지 못하고 제 자리 걸음을 하고 있습니다. 아마도 우리에게는 더 많은 기도가 필요한 것 같습니다. 남과 북의 문제를 탓하기에 앞서, 우리 남쪽에서 형제들이 하나 되지 못하고 서로 헐뜯고 싸우며 극단적인 이기주의에 사로잡힌 모습이 하느님 보시기에 기쁘지 않으신 것 같습니다.

평화는 하느님의 선물입니다. 평화는 이 세상의 정의와 사랑의 실현을 위해서 연대하는 사람들이 많아질 때 하느님이 주시는 선물입니다. 아기 예수님 탄생을 알리는 베들레헴 밤하늘의 천사가 노래한 것은 평화였고, 그 평화는 마음 착한 사람에게 주어진다고 하였습니다.

군종교구는 평화의 사도로서 사명을 다하는 사람들이 모인 곳입니다. 이 땅에 평화를 심기 위해 희생과 수고를 아끼지 않는 군종교구 모든 관계자에게 이 자리를 빌어 감사와 격려를 보내드립니다.

다시 한번 성전 봉헌을 축하드리고 이 성전을 찾아오는 병사들의 마음에도 평화를 사랑하고 정의와 사랑을 실현하는 데 한몫을 다하는 의지와 열정을 주시길 바랍니다. 주님께서 이 성당을 축복해주시고 함께해주시기를 기도드리며 다시 한번 축하드립니다.

2019년 8월 21일

남북 정상회담 성공 기원 미사

오늘 우리는 이틀 후 판문점에서 열리는 남북 정상회담을 앞두고 정상회담 성공과 한반도 평화를 위해 기도하고 미사 드리기 위해 이곳에 모였습니다. 그동안 우리는 이곳 참회와 속죄의 성당에 모여 한반도의 평화를 위해 기도드리고 미사도 종종 드려왔습니다.

작년 9월 파티마 성모님 발현 100주년을 지내며 성모님을 모시고 이곳에서 한반도 평화를 위한 미사를 드렸습니다. 그때만 해도 북한은 6차 핵실험으로 세계를 불안하게 만들었고 한반도에 어떤 일이 일어날지 알 수 없는 상황이었습니다. 북한의 핵실험은 예상대로 국제적인 비난을 받았고, 특히 북한과 미국의 거친 말싸움이 극에 달해 한반도 전쟁 위기가 고조되었습니다. 한 치 앞을 내다보기 힘들었던 지난 겨울은 다른 해 겨울보다 무척이나 매서웠습니다. 꽁꽁 얼어붙은 한반도, 도대체 풀릴 것 같지 않던 남북관계가 평창 올림픽을 계기로 예사롭지 않은 훈풍을 맞기 시작하였습니다.

평창 동계올림픽 유치 이야기가 나왔을 때 많은 국민이 그리 달가워하지 않았습니다. 장소도 그렇고, 북한과 관계도 최악인 시기에 동계올림픽을 잘 치를 수 있을까 걱정하였습니다. 낮은 적설량, 국가들의 참가 저조, 동계 스포츠 강국인 러시아 참가 문제 등 올림픽 성공에 부정적 영향을 미칠 변수가 적지 않았습니다. 그러나 북한이 놀라운 변수를 만들었습니다.

김정은 위원장은 신년사를 통해 남쪽에서 올림픽이 열리게 된 것을 같은 민족으로 축하하였고, 올림픽에도 참가하겠다는 뜻을 전해왔습니다. 북한의 이러한 메시지는 동계올림픽에 참가하는 나라를 안심시켜 참가국 수를 늘게 하여 역대 최대 규모가 될 수 있었고, 올림픽이 평화 제전이 되도록 동기를 부여하였습니다.

올림픽을 계기로 남북관계자들의 만남이 활발히 이루어졌고, 북한에서는 대규모 선수단과 응원단 그리고 예술단을 파견하기로 결정하였습니다. 그뿐 아니라 남북 고위직으로 이루어진 특사들이 남북을 오가며 중요한 회담을 하였습니다. 이 모든 일이 지난 겨울과 이 봄이라는 짧은 기간에 이루어졌고 그 결과 놀라운 일이 한반도를 둘러싸고 일어났습니다. 이제 그 가장 놀라운 결실인 남북 정상회담이 내일 모레 판문점에서 열립니다. 그뿐 아니라 북한과 미국의 정상회담도 곧 열릴 것입니다. 남과 북 고위급 특사들에 이어, 북한과 미국 특사들도 미국과 북한을 오가며 회담이 좋은 결실을 맺게 되리라는 희망을 안겨주었습니다.

참으로 믿기 어려운 일이 일어났습니다. 종종 교우들을 만나면 '주교님 우리가 열심히 기도드려서 하느님께서 선물을 주신 것 같아요'라는 말을 듣습니다. 틀림없이 전 세계 많은 사람이 한반도 평화를 위해 기도로 연대했던 덕이라 생각합니다. 특히 그 기도 대열에 앞장서신 분이 프란치스코 교황님이십니다. 지난 성탄에도 또 이번 신년에도 프란치스코 교황님께서는 전 세계를 향해 한반도 평화를 위해 기도하자고 호소하셨습니다.

지도자들의 힘이 얼마나 크고 중요한지 느끼게 해준 이런 일련의 일들을 보며, 오늘 우리는 남북, 북미 정상회담을 앞두고, 한국, 북한과 미국 국가 최고지도자들에게 하느님께서 그분들의 마음을 움직이시어 지혜와 용기를 내려주시기를 기도드려야겠습니다.

일관성 있는 한반도 정책을 펼치고, 평창 올림픽에 관한 전망이 극히 어둡던 시기에도 올림픽을 잘 치러 한반도 평화의 계기로 삼겠다고 끊임없이 밝히고 실천한 문재인 대통령의 지혜와 인내에 감사드립니다. 이제 시작인 한반도 비핵화와 전쟁 종언과 평화체제를 이끌 역할을 할 수 있게 해주시길 간절히 바랍니다.

김정은 위원장을 위해서도 기도드립니다. 그가 최근 스스로 공언했던 대로 핵과 경제 병진이 아닌, 인민들의 나은 삶과 행복을 위해 매진하는 보통의 사회주의 국가를 만드는 지도자가 될 수 있도록 격려를 보내며 기도해야겠습니다.

제일 중요한 키를 쥐고 있는 트럼프 대통령을 위해서도 기도드려야겠습니다. 트럼프 대통령도 자신이 말한 대로 '한반도 전체가 안전과 번영, 평화 속에 함께 살 수 있는 날이 오기를 희망하며 이번 회담이 세계적 성공이 될 수 있도록 가능한 모든 일을 다하겠다. 축복을 보내겠다'는 말이 실현되는데 기여하여 미국뿐 아니라 전 세계에서 존경받고 세계평화를 위해 수고한 위대한 지도자가 될 수 있도록 기도해야겠습니다.

그럼 이제 우리가 해야 할 일은 무엇이겠습니까, 오늘의 이 놀라운 일들은 기도로 연대한 한국 교우를 비롯 전 세계 교우들의 기도에 하느님께서 응답하신 것입니다. 그러나 아직 한반도 평화의 매듭이 다 풀어진 것은 아니니 더욱 절실하게 기도를 바쳐야 하겠습니다.

얼마 전 주교회의 민족화해위원회 전국모임이 있었습니다. 누구보다 남북관계를 위해 기도하며 애써온 사람들이기에 최근의 일들을 기뻐하며, 어려운 상황이 풀리고 이제 훈풍이 불어오는데. 우리 교회가 해야 할 중요한 일은 무엇인지를 논의하는 시간을 가졌습니다. 각 교구 대표들은 하나같이 교회가 할 일은 무엇보다 기도하는 일이라 하였습니다. 그동안 한국교회가 기도를 열심히 해왔지만, 이제 더 기도에 더 매진하자는 이야기들을 하였습니다. 이제 평화의 길, 고도로 조심스런 여정이 시작되었습니다. 하느님께서 도와주시지 않으면 우리는 아무것도 할 수 없음을 이미 지난 세월 너무도 뼈저리게 체험하였습니다.

오늘 미사를 드리는 참회와 속죄의 성당은 남북의 화해와 평화를 위해 참회하고 기도하기 위하여 지어진 집입니다. 그동안 매주 토요일 한반도 평화를 위한 기도를 쉬지 않고 바쳐왔으니 감사드리지 않을 수 없습니다.

이곳 신부님들이 기도할 수 있는 분위기를 만들기 위하여 애를 쓰고 있습니다. 앞으로 토요 기도 모임과 미사에 많이 참여해 주시기 바랍니다.

2018년 4월 25일

6월에 북녘의 교회를 생각하며

6월은 6·25전쟁의 아픔이 떠오르는 달입니다. 전쟁을 경험하지 못한 젊은이에게는 그 아픔이 덜하겠지만 전쟁의 참담함을 겪어본 이에게 6월은 잔인한 달로 여겨질 것입니다.

지난 3월 18일 평양교구 설정 90주년 미사가 명동대성당에서 있었습니다. 평양교구장 서리 염 추기경님께서 주례하신 이 미사에는 많은 주교님이 참석하였습니다. 저는 그날 미사를 드리는 동안 앞줄에 앉아 미사에 참석하신 스무 분 남짓한 어르신들에게 눈길이 갔고 그분들을 보면서 마음이 아팠습니다. 그분들의 교구가 바로 평양교구였기 때문입니다. 보기에도 90이 되셨을 법한 그 어르신들에게 이 미사는 옛날 고향의 교회와 사제들을 생각할 수 있는 시간이자 통일을 위해 간절히 기도하는 시간이었을 것입니다.

평양교구는 1927년 3월 17일 서울교구에서 분리되어 감목대리구가 되었습니다. 1923년부터 한국에 진출하여 평안도 지방을 중심으로 사목하며 교구설정 준비를 해온 미국 메리놀 외방선교회가 교구설정 준비를 갖추자 포교성성에서는 평양교구를 서울교구에서 분리하여 감목대리구인 평양교구를 설정하고 초대 교구장에 방(Patrick Byrne) 신부를 임명하였습니다. 교구설정 때부터 평안도 지역 교세는 급격한 증가세를 보였습니다. 1927년 교구설정 당시 5,933명이었던 신자 수가 10년 후인 1937년에 세 배가 늘어 18,806명이 되었습니다.(『천주교 평양교구사』 참조) 특히 1937년에는 전국 영세 실적에서 진남포 본당이 512명으로 전국 1위를 하였고, 1938년과 1939년에는 세례자 숫자와 예비신자 총수에서 전국 최고를 기록했다고 합니다. 교구설정부터 시작된 놀라운 교구 성장과 함께 전국 최고 교세 성장을 달성한 것에 대해 1981년 출간된 『평양교구사』에서는 몇 가지 이유를 들었습니다.

첫째, 평안도인 특유의 기질에서 나오는 열성으로 너도나도 전교에 열심하였던 점. 둘째, 성직자와 신자가 혼연일체되어 교회활동뿐 아니라 자선사업을 적극적으로 전개하였고, 대부분의 본당뿐 아니라 일부 공소에서도 가난한 아동을 위해 학교를 운영하고 교육활동을 하였으며, 인재 양성과 문맹 퇴치 운동에 이바지하였던 점. 셋째, 전교 방침의 일환으로 본당과 공소에 다수의 유급 전교 회장을 두었는데 이들의 헌신적인 전교 활동. 넷째, 출판물 보급과 순회강연을 어느 교구보다 열성적으로 하였고 모든 방인 사제가 총동원되어 본당을 순회하며 가진 신앙강좌 등이었습니다.

그러나 교구 성장과 교세 확장이 활발하게 이루어지던 평양교구는 해방과 함께 시련을 겪게 됩니다. 해방의 기쁨은 잠시였고, 미소 양국은 전후 세계문제 처리 일환이라는 명목으로 38선을 두고 둘로 나뉘어 남쪽은 미군이, 북쪽은 소련이 차지하여 군정이 시작되었습니다. 북한 땅에 진주한 소련은 공산주의를 주입하기 위해 광분하였고, 그 결과 북한 땅은 수난의 길을 걷게 되었습니다.

소련 군정 시기가 얼마 지나지 않아 집권한 김일성의 공산당은 평양교구에게 수난을 넘어 순교의 길을 걷게 하였습니다. 노골적인 종교박해를 시작했기 때문입니다. 공산당이 주일미사나 종교활동을 은근히 금지하는 일이 비일비재 하였고, 성당 건물을 당에서 몰수하거나 전 교구민이 힘을 모아 건축 중이었던 관후리 주교좌 성당도 공산당이 압수하려 하였습니다. 신자들은 이에 맞서 거세게 투쟁하였습니다. 성직자들에 대한 종교 탄압도 거세져 대부분의 성직자가 체포되었습니다. 공산당은 종교를 탄압한다는 인상을 주지 않으려 교묘한 술책을 썼는데 이런 술책을 눈치챈 청년들이 밤을 새워 사제관을 지켰습니다. 시간이 갈수록 노골적으로 성직자들의 강제 체포에 나서는 공산당에 맞서 남녀 교우들이 몸으로 항거하였습니다.

1949년 다수의 신부가 체포되어 어딘가로 끌려갔고, 급기야 교구장 홍용호 주교님마저 행방불명이 되었습니다. 그때부터 북녘 땅은 사제 없는 교회가 되어 신자들은 어둠 속에서 기도하며 하느님 자비를 청하였습니다. 그나마 다행스러웠던 일은 당시 부제였던 윤공희 대주교님을 비롯한 신학생들이 홍 주교님 지시로 남쪽으로 내려올 수 있었던 일입니다. 북한 지역에서 생긴 평양교구나 함흥교구처럼 교구가 생겼으나 제대로 생존해 보지 못하고 다른 지역에 살며 망명 교구처럼 지낸 교구는 세계 그 어느 곳에서도 찾아보기 힘들 것입니다.

이제 우리는 평양교구를 비롯한 북녘의 교회를 기억하고 북녘 신자들이 그 예전 활발했던 평양교구 시절을 다시 한번 경험할 수 있게 되기를 예수 성심께 기도드려야 하겠습니다.

2017년 6월 24일

설맞이 이산가족 위령미사

오늘 우리는 꼭 한 주일 후에 있을 설을 맞이하여 해마다 해온 대로 이산가족을 위해 위령미사를 봉헌하고 있습니다. 오늘 우리가 봉헌하는 미사 명칭은 설맞이 이산가족 위령미사입니다. 설이라는 명칭과 이산가족, 그리고 위령미사라는 단어 안에 얼마나 애틋한 뜻이 담겨 있는지 여러분은 느끼실 수 있을 것입니다.

설은 명절의 대명사입니다. 고향에서 부모님 밑에서 어린 시절을 보내던 자녀들이 성장하여 고향을 떠나 가정을 이루고 객지 생활하다 1년에 한두 차례 고향에 계신 부모님과 이제는 세상을 떠나신 조부모님과 조상 묘를 찾아 성묘하고 세배를 드리는 날입니다. 고향을 찾고 부모님을 만나 형제를 만나는 것은 말할 수 없는 큰 기쁨이고 삶의 활력을 얻는 일입니다.

그런데 오늘 우리가 기억하는 이산가족은 이 세상에 우리 민족에게만 있는, 전쟁으로 분단되고 그 분단이 지속되어 고향에 찾아갈 수 없는 사람들입니다. 오늘 이 미사에도 최근 북한을 탈출하여 남한으로 온 북한 이탈 주민이 계시고, 부모님 따라 아주 어린 시절 북한을 떠나 한국에 온 아이들도 있습니다. 해마다 이산가족 위령미사에 빠짐없이 오시는 북에 고향을 둔 어르신들도 계시는데, 최근까지 잘 나오시던 분들 가운데 이제는 고령으로 거동이 힘들어져서 못 오시는 분들이 계셔서 마음이 아픕니다.

이산가족이란 단어는 참으로 슬프고 불행한 단어입니다. 예수님 가족도 길지는 않았지만 이집트로 피난 가 객지생활을 하였고, 구약의 이스라엘 백성도 전쟁에 패배하여 수많은 사람이 바빌론으로 끌려가 귀양살이를 했습니다. 이런 역사적 환경에 사셨던 예수님이시고 이스라엘 백성이기에 고향을 떠나 타향에서 사는 사람들에게 잘해주라는 말씀을 어린 시절부터 들으며 자랐습니다.

저는 지난 1월 초 로마를 다녀왔습니다. 로마에서 공부하는 우리 의정부 신부님들과 피정하며 며칠을 보내기 위해서였습니다. 로마에 있는 동안 교황청이 있는 베드로 대성전에도 갔습니다. 성당은 여러 차례 가봤으니 이번에는 베드로 광장에 있는 성탄 구유를 보고 싶었습니다. 이번 성탄 구유는 이탈리아북쪽에서 가져온 나무로 만들었고 구유 안에 있는 인물들도 실물 크기라 하였습니다. 이번 성탄 구유의 포인트는 구유 옆에 꾸민 제법 큰 배였습니다. 이 배는 살길을 찾아 목숨을 걸고 험한 바다를 건너온 아프리카와 중동 난민을 표현한 것이라 하였습니다. 최근 아프리카나 중동에서 전쟁, 테러, 가난과 자연재해로 더 이상 살 수 없어 고향을 버리고 이탈리아를 비롯 유럽에 난민으로 들어오는 문제가 유럽 전체의 큰 문제라는 것을 잘 알고 계시리라 생각합니다.

프란치스코 교황께서는 교황좌에 즉위하신 후 첫 공식 방문지로 람페두사라는 이탈리아최남단에 있는 섬을 택하셨습니다. 이곳에는 아프리카에서 이탈리아로 들어오는 난민들이 배를 타고 와 조사를 받는 수용소가 있습니다. 교황좌 즉위 첫 공식 방문지가 난민 수용소라는 것은 교황님의 난민에 대한 관심이 얼마나 큰 지를 상징적으로 보여주었습니다. 그 후 교황님께서는 난민을 받아들여 달라고 전 세계에 호소하셨습니다. 바티칸의 구유는 우리 신자들이 생존을 위해 고향을 떠나 타국, 타향에 사는 사람들에게 보여주어야 할 환대와 사랑의 의무를 이야기하고 있습니다.

새터민도 우리 곁에 있는 난민입니다. 6·25전쟁 때 북에서 피난 온 사람은 전쟁과 억압을 피해 내려온 난민이기에 어린 시절부터 '피난민, 난민'은 우리가 이미 많이 들어왔던 우리 사회에 매우 익숙한 단어였습니다. 오늘 이 미사는 우리 곁에 있는 이런 난민, 이산가족을 위해 하느님 자비와 축복을 비는 기회가 되어야 하겠습니다.

하느님께서는 고향을 떠나 가족과 생이별을 한 사람들에게 특별한 사랑을 보여주십니다. 고향을 떠나온 사람, 또 고향에 갈 수 없는 노년의 신자들에게 예수님께서 말씀하신 하늘 나라는 여러분이 희망을 갖고 그리워해야 할 고향입니다. 예수님께서는 우리에게 하늘나라에 대한 희망을 주셨습니다. 친애하는 형제자매 여러분, 이산가족의 외로움과 고통은 우리들이 함께 나누어 할 몫입니다.

2017년 1월 21일

'적군 묘지' 미사

우리는 그동안 적군 묘지가 우리 의정부교구 지역에 있었는지조차 모른 채 지내왔습니다. 이처럼 잊히고 무관심 속에 버려져, 비록 묘지일지라도 조금은 혐오스러웠을지 모를 이 묘지의 존재 자체가 특히 우리 같은 교회 사람들에게는 용서와 평화를 생각할 수 있는 시간으로 초대하는 것 같습니다.

특히 올해 분단 70년을 지내며 그동안 우리가 제대로 실천하지 못했던 형제애 회복을 다짐하며, 작년에 이어 올해 두 번째 위령미사를 이곳에서 지냅니다. 60년이 훌쩍 넘은 세월 동안 아무도 찾아와주지 않은 외로운 영들을 위로해주고 싶다는 아픈 마음을 안고, 그리고 이곳에 잠든 넋들이 하느님의 자비로 영원한 안식을 얻기를 빌며 미사를 봉헌하도록 합시다.

이곳에 잠든 분들은 우리에게는 묘지 이름처럼 지난날 전쟁

때 우리와는 적으로 싸웠던 북한군과 중공군이었음이 확실하지만 이제 그 전쟁이 끝난 지도 60년이 훨씬 넘었습니다. 이제는 그들의 넋을 달래주고 기도드려야 할 사람이 우리 믿는 이들입니다.

북한군 709명, 중공군 255명, 그리고 후에 새로 발굴한 유해가 추가되어 현재 1,140여 명의 유골이 이곳에 묻혀 있습니다. 이 많은 이들의 신상에 대해서는 전혀 아는 바 없고, 거의 모두 무명인이라 적힌 비목 뒷면에는 이름만 들어도 치열했던 전쟁의 참상이 떠오르는 낙동강 전투며 단양 전투에서 전사한 분들임을 알 수 있습니다.

정부가 이 묘지를 조성한 것은 전쟁에서 전사하여 사망한 적이라 할지라도 정중히 매장해 분묘로 조성해야 한다는 제네바 협정을 지키기 위해서였습니다. 제네바 협정의 참다운 정신은 "아무리 적일지라도 하느님으로부터 태어난 존엄한 인간이기에 상호 간에 지켜야 할 인간의 존엄성이 있고, 지나간 과거를 용서하고 형제애를 회복하자는 데" 있습니다.

우리 교회는 위령의 달을 지내고 있습니다. 하느님 앞에는 그 사람이 생전에 어떠한 사람이었던 간에 하느님의 자비가 필요한 미소한 존재에 지나지 않습니다. 하느님의 자비를 빌어

주어야 할 그리스도인은 아무도 찾아오는 사람이 없고 외롭게 버림받은 이들을 위해 기도드려 주는 사람들입니다. 더욱이 우리 보편교회는 자비로운 하느님의 자비로운 얼굴을 닮으려 노력하는 '자비의 특별 희년'을 준비하고 있습니다.

하느님의 본성은 연민과 자비에 있습니다. 예수님께서는 연민과 자비를 이 지상에서 당신의 삶을 통해 보여주셨습니다. 지난해 우리나라를 방문하신 프란치스코 교황님께서는 우리 민족의 화해와 평화를 위한 미사에서 남과 북이 한 형제임을 강조하셨고 형제들을 위한 용서를 말씀하셨습니다. 도대체 몇 번이나 용서해야 되느냐는 베드로에게 예수님께서는 "일곱 번이 아니라 일흔일곱 번까지라도 용서해야 한다"(마태 18,22)고 말씀하셨습니다. 이 말씀은 우리에게 분명한 가르침을 주고 있습니다. 예수님께서는 자비는 하느님 아버지께서 베푸시는 것일 뿐 아니라, 참된 하느님 자녀의 식별 기준이 되는 것이라고 단언하십니다. 한마디로 우리가 먼저 하느님께 자비를 입었으므로 우리도 이웃에게 자비를 베풀어야 한다는 것입니다.(마태 18,21-35 참조)

잘못을 용서하는 것은 자비로운 사람임을 드러내주는 명확한 표현이고, 그리스도인인 우리가 결코 소홀히 할 수 없는 계명입니다. 용서는 우리의 나약한 손에 쥐어진 도구이며 이를 통해 마음의 평화를 얻을 수 있습니다. 용서와 평화를 위해 기도를 드리는 오늘 다시 한번 우리 모두 평화의 도구가 됩시다.

타계하신 가톨릭 작가 구상 선생님의 시를 한 부분 들으며 잠시 용서와 평화를 위해 기도해봅시다. 구상 선생님은 고향이 함경도이셨고 종군작가로 활동하신 신심 깊은 분이셨습니다. 구상 선생님은 「적군 묘지 앞에서」라는 시를 다음과 같이 쓰셨습니다.

시가 길어 부분 부분만 읽어드리겠습니다.

오호, 여기 줄지어 누워 있는 넋들은
눈도 감지 못하였겠구나.

어제까지 너희의 모습을 겨눠
방아쇠를 당기던 우리의 그 손으로
(…)
고이 파묻어 떼마저 입혔거니,
죽음은 이렇듯 미움보다도, 사랑보다도
더 니그러운 것이로다.
(…)

이 곳에서 나와 너희의 넋들이
돌아가야 할 고향 땅은 30리면
가로 막히고,
(…)
나는 그만 이 은원(恩怨)의 무덤 앞에
목놓아 버린다.

주님 이곳에 잠든 외로운 영혼들에게 영원한 안식을 주소서.
             아멘

          2015년 11월 23일

민족화해센터 봉헌 미사

형제자매 여러분, 우리는 작년 6월 25일 참회와 속죄의 성당이라 명명된 이 성전의 봉헌식을 가진 바 있습니다. 오늘은 성전 부속 건물이라 할 수 있는 민족화해센터 봉헌식을 갖습니다.

오늘 미사를 드리는 이 성전은 우리가 평화와 통일을 위해 미사를 드리고 기도하는 장소로 의미가 있는데 작년에 봉헌하였습니다. 오늘 봉헌하는 민족화해센터는 모든 신자를 위한 평화, 통일 교육과 연수, 피정 장소로 사용될 곳입니다.

이 참회와 속죄의 성전과 민족화해센터는 선종하신 김수환 추기경님께서 서울대교구장으로 계실 때 민족화해와 통일을 간절히 염원하시던 마음과 이북 황해도 출신 열심한 교우들의 정성과 기도가 모아져 지어졌습니다. 그동안 여러 사정으로 완공을 못 보다 오늘에서야 봉헌식을 갖게 되었습니다.

우리 민족은 같은 민족끼리 전쟁을 치르고 64년이나 지났음에도 아직 화해를 못하는 지구상 유일한 분단국가 국민입니다. 우리 민족의 아픔이 더해가고 절망이 깊어가는 이때 그동안 따스한 미소와 행동으로 온 세계에 기쁨과 위로를 주신 프란치스코 교황님께서 우리나라를 찾아오십니다. 대전에서 열리는 아시아 청년대회. 서울 광화문에서 있을 시복식을 주례하러 오십니다. 특히 방한하는 교황님께서는 분단의 아픔을 안고 사는 한반도에 따뜻한 위로와 축복을 주시고자 하는 마음을 평소 여러 차례 표현하셨고 직접 마음도 써주셨다는 것을 알기에 기쁨이 더 큽니다. 저희 마음으로는 교황님께서 이곳 참회와 속죄의 성당을 방문하시어 북녘 땅을 바라다보며 기도해주시길 바랐습니다. 이 공사도 혹시나 하고 서둘렀는데 뜻대로 되지 않았습니다. 한편으론 섭섭하지만 교황님께선 분명히 한반도의 평화와 통일을 위해 많은 기도를 해주시고 축복을 내려주실 것이라 생각합니다.

한반도 평화뿐 아니라 지상의 평화를 위해 메신저 역할을 하시는 교황님께서는 그동안 평화에 대해 많은 언급을 하셨습니다. 특히 다음 말씀이 마음에 다가옵니다. 요즘 교황님 방한을 앞두고 필독서처럼 읽고 있는 「복음의 기쁨」에서 하신 말씀입니다. "평화는 단순히 힘의 불안한 균형으로 전쟁을 피하는 것이 아니라, 하느님께서 원하시는 질서, 더욱 완전한 정의를 인간 사이에 꽃피게 하는 질서를 따라 하루하루 노력함으로써만 얻어지는 것입니다." 한반도 입장에서 보면 우리가 분단 상황에서 전쟁에 대한 불안을 느끼기보다 지금 여기서 얼마나 평화를 위해 힘쓰고 있는지 성찰해야 한다는 말씀입니다.

그동안 한반도의 평화와 일치의 큰 장애가 되었던 남북 갈등은 물론 남남 갈등, 하느님 뜻인 생명과 정의, 올바른 마음과 공동선을 위해 마음을 모으고 희생하지 못했던 일들이 떠오릅니다.

지난 세월호 참사가 바로 그것을 말해주고 있습니다. 세월호 참사는 우리 민족이 하느님께서 원하시는 질서, 그리고 인간 사이에 꽃피워야 할 질서와는 너무나도 거리가 멀게 살고 있다는 것을 보여주었습니다.

평화는 다른 사람을 존중하고 자신의 삶의 현장에서 생명과 하느님 사랑의 윤리 질서를 실천하며, 함께 살아가는 삶의 소중함이 몸에 배어 있는 사람들에게 주어지는 하느님의 선물입니다. 평화와 통일도 거저 주어지는 것이 아니라 우리가 끊임없이 평화의 하느님께 기도드리고 그분께서 사신 것처럼 우리도 사랑을 실천하고 정의를 실천할 때 얻게 됩니다. 그런 의미에서 무엇보다 먼저 이곳이 민족의 화해를 바라고 평화를 구하는 분들이 많이 찾아와 기도하는 성전이 되길 바랍니다.

저는 오늘 여러분에게 독일 통일에 큰 역할을 했던 라이프치히에 있는 니콜라이 교회를 떠올리며 이 성당도 그런 성당이 되기를 희망합니다. 독일 통일을 언급할 때 빠짐없이 등장하는 "평화 기도회"는 독일 통일의 불씨였습니다. 최근 선종하셨다는 퓨러 목사님이 중심이 되어 매주 월요일 오후 5시에 빠짐없이 '평화 기도회'를 가졌습니다. 서구의 군비 증강에 항의하거나, 파괴되는 환경, 핵무기로부터 인류를 구원하기 위한 바치는 기도는 지금도 계속되고 있다고 합니다.

사실 우리 한국교회의 민족화해 활동도 시작은 비슷했습니다. 주교회의 민족화해위원회의 밑거름이 되었던 것이 북한선교위원회였습니다. 북한선교위원회는 기도로 시작하였습니다. 추운 겨울에도 임진각 벌판에 모여 미사를 드리고 묵주 기도를 바쳤습니다. 지금도 제 기억에 생생한데 매달 그곳을 찾아왔던 분들의 가슴에는 "기도로 통일을"이라는 리본이 달려 있었습니다. 이처럼 우리 민족의 화해와 일치 그리고 통일을 위한 활동 한가운데도 기도가 자리해야 하겠습니다.

또 한 가지 오늘 이 행사를 맞으며 떠오른 일은 교황님 방한 행사의 중심인 청년대회와 시복식이었습니다. 청년, 순교 성인과 시복되는 순교자들이었습니다. 청년들은 우리가 신앙의 유산을 물려줄 다음 세대인데 이 참회와 속죄의 성당도 그들과 함께하는 곳이어야 하겠습니다. 시복식이 떠오른 것은, 지금 우리 시대, 우리 교회에 가장 필요한 것이 그분들의 삶을 본받는 순교 영성이라 생각하기 때문입니다. 작년 8월 민족화해위원회에서는 청소년. 청년을 중심으로 'DMZ 평화의 길 순례'행사를 가진 적이 있습니다. 참가한 청소년과 청년 대부분은 통일에 대해 생각해본 적이 없고, 기도해본 적도 없었습니다. 그런 그들이 행사가 끝난 뒤 생각이 많이 바뀌었다고 하였습니다.

오늘 봉헌하는 센터가 우리 교회 청소년뿐 아니라 모든 청소년이 함께하는 공간이 되어, 이곳을 찾아오는 청소년이 평화와 화해, 통일을 꿈꾸는 사람으로 변하는 체험을 하기 바랍니다. 이제는 제발, 우리 자녀인 청소년, 청년이 통일된 대한민국 국민으로 살아가면 좋겠습니다.

오늘은 여러분들도 아시다시피 우리 한국교회 최초의 사제인 김대건 신부님의 축일입니다. 오로지 한생을 하느님을 찾고 하느님 나라를 우리 민족에게 선포하기 위해 무수한 고초를 겪고 희생하신 신부님을 본받아 우리도 그런 순교정신으로 이 세상을 살아갑시다.

이 시대에 필요한 순교정신은 무엇이겠습니까? 오늘을 사는 우리에게 필요한 순교정신은 우리를 유혹하는 물질과 돈, 이기주의와 소비주의의 유혹에서부터 벗어나 하느님 안에서 인생의 가치를 다시 확고히 찾아 이 세상의 빛과 소금이 되는 것입니다. 우리가 사는 순간순간을 화해의 제물로 봉헌하는 순교 영성의 길, 그 길을 따라 걷는 것이 바로 민족화해의 길입니다. 모든 순교성인과 복자품에 오르실 분들에게 우리 민족을 맡기며 우리 모두 평화의 사도로 살아가자고 다짐합시다.

2014년 7월 5일

통일 전망대 성모의 밤

친애하는 형제자매 여러분, 오늘 우리는 북녘 땅이 바라다보이는 이곳 통일 전망대에 우리 민족의 화해와 통일을 기원하는 미사를 올리고 또 이러한 소망을 평화의 어머니이신 성모님께 기도드리는 시간을 갖기 위해 모였습니다.

오늘 우리가 미사를 올리는 이 자리는 우리 조국의 분단 현실을 실감할 수 있는 자리입니다. 육안으로 보이는 멀지 않은 곳에 우리 형제가 살고 있는데 우리는 가볼 수 없고 만날 수도 없습니다. 그뿐 아니라 서로를 불신하여 혹시나 하며 경계를 늦추지 않고 살아가는 이 세상에 둘도 없는 불쌍한 민족입니다. 이러한 현실을 생각하며 북녘 땅을 바라보는 우리 마음은 서글프기 짝이 없습니다.

며칠 전에도 이곳에서 자동차로 달리면 금방이면 갈 수 있는 금강산에서 남북으로 갈라져 수십 년을 만나지 못했던 이산가족 상봉이 있었습니다. 그중에는 이곳에도 오셨고 현재 많은 분이 살고 있는 속초 앞바다에서 고기잡이하다 20대 초반에 북쪽으로 끌려가 60 초로의 나이가 되어 80살 할머니가 된 어머니를 40년 만에 끌어안고 슬픔과 감격이 섞인 눈물을 흘리는 모습도 있었습니다. 40여 년의 세월이 그렇게 많은 변화를 모자에게 가져왔듯이, 갈라진 지 60여 년이 되어오는 남북도 큰 변화를 경험하였습니다.

남쪽은 그동안 세계가 주목할 만큼 경제발전을 이루었지만 그 급속한 발전을 뒷받침해줄 만큼 정치 도덕 윤리 교육 문화가 어우러진 참된 가치관을 형성하지 못했습니다. 그리하여 인간미가 넘쳐흐르는 사회도, 서로 존중하는 사회도, 생명이 존중되는 사회도 이루지 못한 채 인간성이 상실되고 생명을 존중하지 못하는 죽음의 문화가 판을 치는 어두운 세상이 되었습니다.

그 결과 세상에 부끄러운 모습을 많이 보여주게 되었습니다. 낙태, 이혼, 자살률이 세계 최고를 기록하고 있고, 노인학대, 청소년 범죄, 외국인 근로자 차별도 심각한 수준입니다. 북쪽은 계속되는 식량 부족으로 백성이 굶주림에 허덕이고 있고, 세계에서 심각한 인권유린 국가로 주목받고 있는데도 아랑곳하지 않고 핵을 무기로 삼아 세계를 위협하고 있습니다.

오늘 평화의 어머니이시며 죄인들을 돌보시는 어머님께 우리 자신을 부끄럽게 생각하며 고개를 숙입니다.

"어머니 저희 민족이 진실되고 정의롭지 못하고, 생명을 소중하게 생각하지 못하며 다른 사람이나 다른 민족을 존중하는 민족이 되지 못했음에 용서를 청합니다. 특별히 남북의 위정자들이 백성들을 생각하지 못하고 권력 유지에만 급급하여 잘못을 범하고 있음에 그들을 대신하여 용서를 청합니다. 위정자들이 회개하여 그들이, 자신들의 이익만을 생각하지 않고 약하고 힘없는 백성들을 돌보는 사람들이 되게 하여 주시고, 저희들도 당신이 원하시는 대로 당신 아들의 뜻을 실천하며 사는 사람들이 되게 하여 주십시오. 예수님의 어머니시며 이 세상을 굽어살피시는 어머니, 오늘 어머니의 발아래 모여 있는 저희가 모두 어머니의 덕을 본받게 하여 주십시오. 무엇보다 당신의 믿음을 본받게 하여 주십시오. 믿음이 부족한 저희는 때로 당신 아드님을 잊어버리고 지낼 때가 많습니다. 때로 시련이 오고 이 세상 풍파에 시달리면 교회를 떠나 아드님을 원망하며 믿음을 잃어버린 때도 있었습니다. 평화의 원천은 믿음에 있음을 알게 해주시고 당신 아드님 안에서 사는 삶의 기쁨을 체험하게 해주십시오."

어머니께 본받고 싶은 두 번째 덕은 겸손입니다. 당신이 보여주신 겸손은 참으로 위대했습니다. 당신을 주님의 종이라 표현하시고 종이 주인께 당신을 그대로 맡기고 드릴 수밖에 없는 처지를 보여주신 덕은 겸손이었습니다. 얼마나 겸손이 필요한 세상이며 우리인지 모릅니다. 우리에게 겸손이 있다면 우리가 그렇게 자만심이나 상처로 괴로워하지 아니하고 우리 사회의 범죄와 상처도 줄어들 것입니다.

"겸손하신 어머니 저희에게 겸손의 덕을 주시옵소서."

마지막으로 저희가 다른 사람을 살피는 사람이 되게 하여 주십시오. 가나의 혼인 잔치에서 당신께서는 가난한 혼인 잔칫집의 곤경을 헤아리는 마음을 보여주셨습니다. 자칫 가난으로 손님에게 비웃음을 사거나 조롱거리가 될 수 있었던 이웃의 아픔과 괴로움을 아시고 도와주셨듯이 우리도 그러한 사람이 되게 하여 주십시오. 그렇게 살 때만 이 어두운 세상이 따뜻해지고 사랑의 불씨가 타오를 수 있기 때문입니다.

"어머니 오늘 이 시간 당신 발 앞에 모여 저희 부족함을 뉘우치고 당신의 아름다우심과 뛰어나심을 생각하는 시간을 갖게 되어 감사드리며 당신을 찬미하오니 기뻐해주시고 저희들을 굽어 살펴주십시오. 저희는 부족하오나 당신의 사랑받는 자녀 되고자 노력하겠사오니 저희의 힘이 되어주시고 인도해 주소서. 천주의 성모 마리아여 저희 죄인을 위하여 빌어주소서. 아멘

2007년 5월 12일

제 2 장

-

강연

한반도 평화를 위한 한미 주교회의 간 협력

시작하며

먼저 오늘 한반도 평화와 관련하여 한국과 미국의 교회가 한 자리에 모여 이야기를 나누는 시간을 갖게 되어 기쁘게 생각합니다. 우리가 살고 있는 이 세계는 곳곳에서 전쟁으로 위협을 받고 있습니다. 핵무기를 비롯한 첨단 무기 개발이 끊이지 않고 있고, 그로 인한 위험이 가중되고 있어 평화에 대한 목소리를 다양하게 낼 필요도 더 커지고 있습니다.

러시아-우크라이나 전쟁 같은 일이 언제 또 어느 곳에서 일어날지 모르는 상황 속에서 평화가 위협받고 있습니다. 대표적인 곳이 한반도입니다. 북한이 체제 보존이라는 명분으로 핵 개발을 멈추지 않고, 핵실험을 통해 한국뿐 아니라 동북아와 미국마저 위협하는 현실입니다. 한반도 평화 더 나아가 동북아시아를 비롯한 세상의 평화를 위해 교회가 어떤 역할을 할 수 있겠는가 함께 나누는 기회는 소중합니다.

저는 오늘 2017년 12월 저희 연구소에서 있었던 '한반도와 동북아 평화를 위한 가톨릭교회의 역할'을 주제로 한 심포지움에서 로버트 맥 엘로이 주교님(얼마 전 추기경 서임)의 말씀이 떠오릅니다.

"한국의 평화 문제에 미국인의 시각으로 접근하려는 강한 유혹을 물리치고, 그 대신 교회가 전쟁과 평화에 관련되어 선포한 평화의 윤리와 국제적인 공동선의 시각으로 바라보는 일이 중요할 것입니다."

기조 강연 모습

이 말씀은 오늘 우리의 모임을 위해서도 도움이 될 것이라 생각합니다.

한반도 현실

제2차 세계대전이 연합군 승리로 끝나, 한국은 독립되었으나 전후 처리 명목으로 강대국이 개입하면서 한반도는 70년이라는 긴 세월 동안 분단의 길을 걷고 있습니다. 분단된 남북은 이념 대립이 끊이지 않았고, 결국은 동족끼리 전쟁을 치렀습니다. 그러나 전쟁은 평화협정이 체결되지 못한 채 휴전상태로 남아 있어 여전히 불안합니다. 종전을 선언하고 평화협정을 체결하는 것이 한반도 평화 여정의 첫 단계입니다.

평화협정이 체결되지 않은 상태의 한반도는 지속적 대립이 이어져 한반도는 크고 작은 분쟁이 끊이질 않았습니다. 북한은 1970년 이후 체제 유지와 안보 명목으로 핵 개발을 계속해 왔습니다. 이를 위해 핵실험과 미사일 발사를 계속해 한반도는 전쟁의 두려움이 사라지지 않고 있습니다. 남북은 같은 민족이면서도 적대감과 증오라는 불행을 안고 살아가고 있습니다. 남한은 경제적으로는 놀라운 발전을 이루었지만 심성적으로는 분단으로 인해 피폐해 있고 이 상처는 사회 안에 늘 분열과 갈등을 조장하는 원인이 되고 있습니다.

　오랜 기간 갈등과 대립이 계속되는 가운데 남북은 몇 차례 화해와 평화를 위한 시도를 하며 남북 정상회담과 여러 가지 남북 공동선언을 하였습니다. 그러나 지속적으로 이어지거나 결실을 맺지는 못하였습니다.

　2018년 평창 동계올림픽을 시작으로 한반도 평화 여정이 시작되는 듯하였습니다. 북한이 올림픽에 참가하고, 이어 2018년 1월에는 남북 정상회담과 북미 정상회담이 이어졌습니다. 그러나 성공하지 못했습니다. 특히 하노이에서 있었던 2차 북미 정상회담 결렬 이후 북한은 한국이나 미국과의 대화는 물론 그동안 맺고 있던 남쪽과의 모든 관계를 단절하였습니다. 성탄이나 부활 때 주고 받던 간단한 축하 인사에도 전혀 답하지 않는 실정입니다. 최근 남쪽도 북한에 비우호적 정권으로 바뀌었습니다. 정권이 바뀐 후로는 북한이 남쪽에 대해 더 위협적인 발언을 서슴지 않을 뿐 아니라 '핵 사용에 대한 교리'도 변경하는 지경에 이르렀습니다.

북한 교회와의 교류

한국전쟁 이전 북한 지역에는 2개의 교구와 1개의 수도원 자

친구가 있었습니다. 그러나 공산정권이 들어서자 교회는 탄압받기 시작하였습니다. 한국전쟁 이전인 1949년에는 거의 모든 사목자가 체포되어 순교하였습니다. 사실상 북한교회는 성직자 없는 교회가 되어 미사나 성사 집행이 사라졌습니다. 그러나 그런 상황 속에서도 열심한 신자들은 비밀리에 기도를 드리며 신앙을 이어 왔습니다.

성직자가 사라진 북한은 오랜 기간 침묵의 교회로 머물다 1988년이 되어 평양에 장충 성당을 세웠습니다. 이는 서울 올림픽이 있었던 때를 같이하여 평양에서 있었던 세계 청년 축제 때 지어진 것입니다. 또한 성당 건립 시기를 즈음하여 북한은 조선가톨릭교협회라는 조직을 만들어 대외적으로 가톨릭을 대표하고 있습니다. 한국교회나 미국 교포교회를 비롯하여 일본과의 만남에 파트너가 되기도 하고 세계 종교모임에 참석하기도 합니다.

남북이 경직되어 대결하는 상황에서도 한국 종교들은 북한과의 교류를 이어 나갔고 가톨릭교회도 적극적으로 함께해 왔습니다. 특히 북한이 경제적으로 극심한 어려움을 겪었던 1990년대에는 물적 지원을 아끼지 않았습니다. 그뿐 아니라 한국가톨릭교회 내 여러 단체와 수도 단체들이 북한과 교류를 이어갔습니다. 이미 말씀드린 대로 하노이 회담 결렬 이후로는 어떤 교류도 이뤄지지 않고 있습니다.

남쪽교회가 북한교회를 공식적으로 처음 방문한 것은 1998년도 서울대교구 민족화해위원회의 방문이었습니다.(본인도 함께) 그 이후로 여러 차례 방문이 이어졌지만 가장 대표적인 것은 2015년 한국 주교단의 방문입니다. 이번 미국을 방문한 주교들이 속한 민족화해 주교특별위원회 주교들의 방문이었습니다. 주교들은 방문을 통하여 북쪽 신자와 미사를 드리고, 신자들과 환담을 나누기도 했는데, 이때 북한 신자들은 성당이 노후하여 재건축이 필요하다는 제안을 하기도 하였습니다. 정권 고위층과 대담도 하였습니다. 북한 장충 성당에 대해서는 교회와 신자의 진실성 문제를 놓고 논란이 있긴 하지만 이 장충 성당을 통하여 교회가 성장할 수 있도록 남쪽교회가 도움을 줄 수 있어야 할 것입니다.

남북 화해와 평화를 위해 한국교회가 해온 역할

기도 운동

한국전쟁 이후 한국 사회는 전쟁이라는 강한 체험으로 온 국가와 국민이 오랜 기간 반공을 최우선시하고 살았습니다. 교회 분위기도 별반 다르지 않았습니다. 한국교회가 남북의 화해와 평화를 위해 적극적으로 나선 것은 1984년에 있었던 성 요한 바오로 2세의 한국천주교 설정 200주년을 맞은 방한이 계기가 되었습니다. 1985년 주교회의에서는 산하에 북한선교위원회를 두고 북한 복음화와 통일사목 활동을 시작하였으며 그 후는 민족화해위원회로 명칭을 바꾸었습니다. 무엇보다 한국 교회는 기도의 필요성을 다시 한번 강조하여 최근에는 밤 9시면 전국 신자들이 민족의 화해와 한반도 평화를 위해 주모경을 바쳐 그 시간이면 여기저기 핸드폰 알람이 울리는 모습을 볼 수 있습니다.

평화와 화해를 위한 교육

기도 운동과 더불어 중요한 것으로 교회가 강조한 것은 평화교육이었습니다. 이를 위하여 각 교구에서는 민족화해위원회를 설치하여 평화교육을 위한 평화학교를 운영하기도 합니다. 또한 본당 사목조직에도 민족화해분과를 설치하여 한반도 평화를 위한 미사와 기도를 하고 지역에 사는 탈북자들을 돕기도 합니다. 주교회의 차원에서는 전 신자를 위한 '평화교재'를 만들고 또 몇몇 교구에 설립된 연구소에서는 평화와 남북 화해를 위한 심포지엄을 열어 신자들의 평화와 화해 의식 제고에 도움을 주고 있습니다

평화를 위한 연대와 교회 입장 표현

한국교회의 평화를 위한 역할 중에 중요한 것이 타 종교나 다른 나라와 연대하는 일입니다. 서울대교구에서는 종종 여러 나라를 초대하여 한반도 평화에 대한 행사를 하고 있으며 저희 교구를 비롯 다른 교구에서도 학술대회를 통해 다른 나라와 연대하고 있습니다. 그뿐 아니라 한국의 대표적인 7개 종단과도 한반도 평화를 위하여 연대하고 있습니다. 종전선언과 평화협정 체결을 위한 서명운동이 대표적인 예입니다. 주교회의 민족화해위원회는 때로 북한 핵무기 개발을 반대하거나 군비경쟁을 반대하는 입장을 담화문을 통해 확실히 밝히기도 합니다.

맺음말

미국교회와 연대하여 평화를 위한 만남을 가지게 되어 기쁘게 생각합니다. 평화를 위해 연대하는 것은 중요한 일입니다. 부디 미국교회와 신자들이 연대를 통해 한국민이 겪는 아픔을 공감해주는 기회가 되면 좋겠습니다.

저는 1947년 북한 평양에서 태어났습니다. 종교 자유를 찾아 내려온 저희 가족을 비롯해 수많은 이산가족, 나이 드신 분들은 70년이라는 세월이 흘렀지만 여전히 고향에 가지 못하고 부모 형제를 만나지도 못한 채 대부분 세상을 떠나고 있습니다. 이처럼 분단은 우리 민족에게 너무나 큰 아픔입니다. 한국 사회의 갈등과 분열의 문제도 분단과 무관하지 않습니다.

북한의 핵 위협으로 한반도가 불안했던 시기에 저희 교구가 설립한 동북아평화연구소에서는 2017년부터 해마다 국제학술대회를 열어 왔습니다. 그동안 여러 차례 미국교회 주교님들과 평신도들이 함께 참여하고 연대해주셔서 큰 용기를 얻게 되었고 이번 모임도 그 결실 가운데 하나라 생각합니다. 앞으로 희망하기는 한국 미국과 일본이 군사적으로 동맹을 맺고 연대하듯이 한반도 평화를 위해서도 한국, 미국, 일본 주교들이 함께 연대할 수 있기를 바라마지 않습니다.

그동안 한반도 평화와 세계평화를 위해 큰 빛이 되셨던 교황님께서 한반도 평화를 위해 늘 격려해주시고 기도해주고 계심에 감사드립니다. 한국교회로서는 염려스러운 문제가 있기는 하지만, 교황님께서 한반도 평화를 위해 평화의 사도로서 큰 발 걸음을 해주시기를 간절히 바랍니다.

2022년 10월 5일
워싱턴 학술대회 기조 강연

끝나지 않은 전쟁

제가 사목하는 의정부교구는 북한과 인접해 있습니다. 또한 제가 한국천주교 주교회의에서 민족화해위원회를 맡고 있기 때문에 늘 한반도 평화문제를 고민하다 지난 2016년 가톨릭동북아평화연구소를 설립했습니다. 이렇게 시작된 연구소의 대표적 사업으로, 한반도와 동북아의 평화를 위해 우리 교회의 역할을 모색하려는 국제학술대회가 올해로 네 번째를 맞이하였습니다. 그 동안 이 학술대회를 통해 평화를 위한 우리 교회의 사명을 치열하게 성찰했고, 더 나아가 국제 연대로 이어졌다고 생각합니다. 학술대회 기간의 논의에만 그치지 않고 이 대회에 참가했던 국내외 종교계와 학계 평화 전문가, 평화의 일꾼들이 각자의 자리에서 한반도 평화를 위해 함께 노력해준 것입니다. 이 자리를 빌어 다시 한번 깊은 감사의 뜻을 전합니다.

전쟁에 대한 성찰

오늘 주제는 '끝나지 않은 전쟁'입니다. 우리 한국교회가 한국전쟁 발발 70주년을 맞아 이 전쟁의 의미를 더 깊이 성찰하려는 것입니다. 민족화해가 어려운 이유가 전쟁의 상처 때문이라고 이야기를 많이 했지만, 저는 그 아픈 상처를 정확히 들여다보려는 노력은 충분하지 않았다고 생각합니다. 이 끝나지 않은 전쟁을 종식하려면 마치 병을 치료하기 위해 정확한 진단이 필요하듯이, 우리가 겪은 과거의 고통, 우리가 현재 겪고 있는 이 아픔의 현실을 직시해야 합니다. 70년 전 발발했지만 아직 우리를 괴롭히는 악의 실재인 이 전쟁의 본질을 알아야 합니다.

역사적으로 교회 교도권은 전쟁의 야만성에 대해 끊임없이 지적해왔습니다. 19세기 말 교황 레오 13세는 전쟁을 재앙이라고 단언하셨고, 요한 23세께서도 회칙 「지상의 평화」를 통해 전쟁이 정의의 도구가 될 수 없다는 사실을 분명히 하셨습니다. 가톨릭교회의 사회교리는 전쟁이 결코 "국가 간에 발생하는 문제를 해결할 수 있는 적절한 길이 아니며, 지금껏 한 번도 그러지 못했으며, 앞으로도 결코 그러지 못할 것이다. 전쟁은 새롭고 더욱 복잡한 분쟁을 불러일으키기 때문"(『간추린 사회교리』 497항)이라고 천명했습니다.

이 땅에서 전쟁이 끝나지 않았으니 우리가 평화롭게 살지 못하는 것은 당연한 일입니다. 남과 북 모두에 정의로운 평화가 발전하기 어려운 측면이 있다면 우리가 아직 전쟁 중이기 때문입니다. 전쟁은 자유, 민주, 인권, 연대 같은 선한 가치들을 좌절시키는 절대 악입니다. 따라서 우리 사회의 모순과 부조리는 많은 경우 이 전쟁과 연결되었다고 볼 수 있습니다. 오늘 우리는 그 악을 극복하기 위해, 하느님께서 원하시는 선, 평화를 위해 이 자리에 모였습니다.

전쟁이 가져온 고통과 악

분단은 세계적 갈등인 냉전의 결과였습니다. 한국전쟁은 분단으로 야기된 남북의 군사적 대립에서 북의 도발로 발생한 사건이지만, 결코 남북만의 전쟁이 아니었습니다. 오히려 한국전쟁은 동서의 냉전적 대립, 특히 미국과 중국의 직접 대립이 지속된 갈등이었다고 할 수 있습니다. 전쟁 통계를 보면, 남한군 13만 7천 명, 북한군 51만 명, 유엔군 3만 8천 명, 중국군 14만 8천 명이 사망했는데, 미군과 중국군의 참전 연인원이 수백만에 달합니다.(국가기록원,「6·25전쟁 피해 현황 통계」) '신냉전'이라 불리는 현재의 미중 갈등을 지켜보면, 아직 끝나지 않은 한국전쟁의 성격이 더 분명히 드러납니다. 그만큼 한국전쟁을 종식하는 일은 동북아시아뿐 아니라 세계평화 문제와도 긴밀하게 연결되어 있습니다.

우리 민족의 내부적 차원에서 볼 때도, 남북 상호 간 불신과 대립이 가져온 손실은 이루 말로 다 할 수 없습니다. 군사적 대치로 인한 경제적 피해뿐 아니라, 분단은 정치, 사회, 문화 모든 측면에서 발전을 저해하는 가장 큰 걸림돌로 작용했습니다. 적대적 분단은 지난 세월 남한 민주화를 방해하고 부당한 독재를 용인했으며, 북한을 세계에서 가장 고립된 국가 가운데 하나로 만들었습니다.

저는 전쟁이 가져온 가장 큰 피해로 현재도 우리를 괴롭히는 악이 바로 서로를 적대하는 마음이라고 생각합니다. 우리 민족은 서로를 죽여야 했던 동족상잔의 전쟁을 치르면서 상대에 대한 증오의 감정을 강화했습니다. 전쟁 중에 일어난 가족의 억울한 죽음, 재산의 약탈 등과 같은 개인적이고 집단적인 상처의 체험은 전쟁을 직접 경험하지 못한 후손들에게까지 트라우마로 남아 전달·재생산되었습니다.

이렇듯 전쟁 경험과 학교, 군대 등을 통해 지속된 반공 교육으로 남한에서는 공산주의를 반대하고 미워하는 것을 애국으로 여기는 반공주의 사회가 형성되었습니다. 이 때문에 다양성 존중을 강조하는 21세기에도 한국 사회는 여전히 반공주의에서 자유롭지 못합니다. '빨갱이'라는 용어로 표현되는 북한에 대한 적대감은 약화되지 않았고, 남북 대화와 협력을 주장하는 이들에게 '친북'을 넘어 '종북'이라는 말이 종종 사용되는 현상도 여전히 계속되고 있습니다.

한 언어를 쓰는 같은 민족이지만 오랜 세월 자유롭게 만나지 못한 남과 북은 서로를 잘 알지 못하고 두려워합니다. 이제 남한의 많은 젊은이가 북한에 무관심하거나 혐오의 감정을 직접 표현합니다. 특별히 이 갈라진 나라에 살면서 고향에 가지 못하고 사랑하는 가족과 연락조차 못하고 지내는 이산가족 체험은 이 시대의 가장 안타까운 비극 중 하나입니다.

교회의 피해와 북한 천주교회

우리 교회 역시 이 전쟁으로 극심한 박해를 경험했고, 그 상처로 인한 적대 의식에서 자유롭지 못한 모습을 보였습니다. 이러한 적대 의식의 내면화야말로 화해와 평화의 사명을 가진 교회가 입은 가장 큰 피해라 할 수 있습니다. 이 상처가 교회를 교회답지 못하게 만든 것입니다. 일례로 전쟁 이후 북한 지역에 한 명의 성직자가 남아 있지 못한 상황을 보면, 우리 교회와 북한 정권의 대립이 매우 적대적이었다는 사실을 잘 알 수 있습니다. 이는 개신교나 불교와 비교해도 예외적 상황입니다. 강력한 반공주의를 표방하고 이를 실행에 옮긴 천주교회는 북한 정권에 대해 강경한 입장을 공개적으로 표명했고, 동족을 살해해야 하는 전쟁에 대한 성찰도 부족한 면모를 드러냈습니다.

사실 20세기 들어 북한 지역 천주교회는 매우 급속한 발전을 이루었습니다. 해방 당시 평양, 함흥, 수도원 면속구, 연길 등 4개 교구가 존재했는데, 연길교구는 훗날 봉천관구로 편입됩니다. 1945년 당시 교세를 보면, 방인 주교 1명, 외국 주교 2명, 방인 사제 26명, 외국인 사제 54명, 신학생 56명, 수사 56명, 수녀 123명, 신자 52,008명이 있었다고 합니다. 이를 각 교구 별로 나누어 보면, 덕원수도원구 5,370명, 함흥교구 5,474명, 평양교구 28,400명, 연길교구 17,746명, 서울교구 황해도 지역 12,853명이었습니다.

북한 지역에 교구가 설립된 역사를 보면, 평양교구가 1927년에 설립되었고, 현재는 서울대교구장이 평양교구장 서리를 겸하고 있습니다. 함흥교구는 1930년에 설립되었는데, 춘천교구장이 함흥교구장 서리를 겸하고 있습니다. 덕원자치 수도원구는 1940년에 설립되었는데 베네딕토수도회의 아빠스가 자치구장 서리를 겸하고 있습니다.

해방 이후 38도선 이북에 김일성 정권이 들어서면서 북한 지역에서 종교에 대한 탄압이 심해지기 시작했는데, 천주교회는 다른 종교에 비해서도 북한 공산정권과 더 격렬한 대립을 벌여왔다고 알려졌습니다. 저희 어머니 말씀에 따르면, 저의 삼촌 신부님의 경우, 북한 당국의 감시가 강화되자 이모할머니 수녀님께서 사제관에서 식복사를 해주시면서 삼촌 신부님을 보호하셨다고 합니다. 다른 가족들의 증언을 들어보더라도, 1949년을 정점으로 성직자들이 체포되고, 수녀원들이 해산되는 상황을 맞았던 것 같습니다.

1950년 한국전쟁이 시작되면서 마지막 평양교구 사제들이 피랍되고 순교합니다. 이제 북한교회는 사제가 없는, 그래서 미사 전례 등 모든 성사 활동이 중단된 '침묵의 교회'로만 존재하게 된 것입니다. 또한 성당 등 교회 건물도 대부분 전쟁과 공산정권에 의해 파괴된 것으로 보입니다. 이처럼 북한교회에 성직자가 존재하지 않게 되었지만, 남아 있던 신자들이 모두 한꺼번에 신앙생활을 접었다고 보기는 어려울 것 같습니다.

현재 한국천주교회는 1988년에 세워진 북한에 있는 유일한 성당인 평양의 장충 성당, 그리고 조선카톨릭교협회 인사들과 만남을 이어오고 있습니다. 물론 장충 성당에 대해서는 남한 천주교회 안에서도 다양한 시각이 존재합니다. 조선카톨릭교협회 같은 북한의 '공식 신자'들의 진정성에 대해 의구심을 갖는 이들이 있어서입니다. 하지만 세계에서 가장 고립된 국가인 북한 땅에서, 북한 신자들과 함께 미사를 봉헌하고 이 공동체의 성장을 위해 기도하는 것은 분명 의미 있는 일입니다. 그들 가운데는 분명 당국에 의해 동원된 신자도 있을 것입니다. 공동체도 아직 미숙한 부분이 많을 것입니다. 그러나 장충 성당은 현재 남과 북의 신앙이 만나는 구체적 통로입니다. 따라서 이 교회를 통해 사목적 노력, 경제적 지원 등을 시행해 성장시키는 것은 우리 남한교회의 사명이라 할 수 있습니다.

회심과 용서를 위한 노력

한국전쟁을 거치고 분단이 고착화된 이 땅에서 우리 민족은 지난 70년 이상의 세월 동안 적대적 분열과 갈등을 겪으며 살았습니다. 예수님 시대의 이스라엘 백성이 서로 반목하며 흩어져 있던 것처럼 우리 민족도 갈등으로 분열되어 있습니다. 상대의 존재를 인정할 수 없는 한반도 분단은 그리스도의 평화와는 너무 거리가 먼 상황입니다. 이처럼 갈라진 채 적대와 증오가 만연한 사회, 폭력과 차별이 구조화된 우리 사회에 화해와 일치를 위한 진심 어린 회개가 필요합니다.

지난 2014년 방한하신 프란치스코 교황님께서는 일정 마지막날 명동대성당에서 '평화와 화해를 위한 미사'를 봉헌하셨습니다. 교황님께서는 그날 미사가 "한 가정을 이루는 이 한 민족의 화해를 위하여 드리는 기도"라는 사실과 화해를 위한 회심의 중요성을 강조하셨습니다. 또한 "온 민족이 함께 마음 깊은 곳에서 우러나오는 간청을 하늘로 올려드릴 때" 그 기도의 힘이 크게 나타날 것이라 말씀하셨습니다. 2015년 사도좌 정기 방문(Ad Limina) 때도 분단 70주년을 맞는 우리 민족에게 주시는 특별한 말씀을 청했는데, 기도와 용서를 강조하시면서 "복자들이 순교한 것은 남쪽만이 아니라 북쪽을 위해서도 순교하셨다는 사실"을 상기시켜주셨습니다. '평화와 화해를 위한 미사'에서 교황님께서는 용서야말로 화해로 이르게 하는 문임을 믿으라는 예수님의 요청도 언급하셨습니다.

한국전쟁을 체험한 사람들 중에는 끔찍한 기억을 가진 분들이 많습니다. 참상을 직접 겪으신 분들 입장에서는 너무 어려운 일이지만, 이제는 용서해야 한다는 점에 공감할 수 있도록 화해의 사명을 가진 우리 교회가 적극적인 노력을 펼쳐야 할 것입니다. 그래서 '용서할 수 있을 때라야 평화라는 선물을 얻을 수 있다'는 사실을 함께 받아들일 수 있어야 합니다.

북한 주민 입장을 역지사지(易地思之)할 수 있을 때, 용서의 사명이 한결 수월해질 수 있습니다. 100%라 할 만큼 철저하게 파괴된 평양시의 모습 등 북한 지역에서 주민들이 입었던 피해와 고통을 생각할 때, 또 그들이 느끼는 미군들에 대한 적대감을 짐작해보면, 북한 주민 역시 전쟁 피해자이고 그 상처를 안고 있다는 점을 이해할 수 있습니다. 제가 오래전 만났던 어떤 탈북자는 한국전쟁에 참전했던 분이었습니다. 자신의 젊은 시절을 보냈던 참혹한 전쟁이 끝나고 돌아가 아들을 낳았는데, 이름을 '평화'라 지었습니다.

진정한 평화의 길

교회는 진정한 평화는 오로지 용서와 화해를 통해서만 가능하다고 가르칩니다. 전쟁의 참혹함 앞에서 용서가 결코 쉽지 않다는 사실을 잘 알지만, 이러한 고통은 갈등 당사자 모두의 진실하고 용기 있는 참회를 통해서만 없어질 수 있습니다.(『간추린 사회교리』 517항 참조) 이어 정의와 진실이 화해에 필요한 실질적인 조건입니다.(518항 참조)

저는 그런 화해와 평화를 위한 노력이 이뤄질 수 있다고 확신합니다. 끝나지 않은 전쟁의 진실에 접근하는 것은 화해를 위한 용기있는 출발이 될 것입니다. 특별히 지나온 역사 안에서 평화의 소명에 충실하지 못했던 교회 모습에 대한 성찰도 필요합니다. 미사 때마다 고백의 기도를 바치는 신앙인은 남을 단죄하기 전에 먼저 내 탓을 인정하는 용기가 있기 때문입니다.

남북뿐 아니라, 한국전쟁 당사국들의 입장을 살펴보는 것도 전쟁 종식을 위해 필수적인 작업입니다. 물론 한반도 주변국들의 이해관계를 생각하면, 정전협정이 평화협정으로 마무리되고 현재의 분단체제가 평화체제로 전환되는 것은 결코 쉬운 일이 아닙니다. 갈등적인 국제관계와 신뢰가 부족한 남북관계, 그리고 갈수록 심각해지는 남남 갈등 현실을 보면 한반도 평화의 길은 너무 험난해 보입니다. 하지만 세상의 평화가 아닌 그리스도의 평화를 믿는 교회는 하느님의 정의가 이루어지는 참된 평화를 포기할 수 없습니다.

분열된 상황에서도 일치된 하느님 백성으로서 희망을 간직해야 하는 교회라는 면에서 보면, 독일 통일에서 독일교회의 역할을 살펴볼 필요가 있습니다. 실제로 통일 문제에서 일치되어 하나의 목소리를 낼 수 있었던 독일교회는 독일 통일 과정에서 매우 중요한 내적 동력이 돼주었습니다. 하나의 사례로 1954년 동독 지역 라이프치히에 60만 명의 동서독 신도들이 함께 모인 대회가 있었는데, 이 행사의 폐막식 때 다음의 선언문이 낭독되었습니다.

"동서독이 통일될지 안 될지는 아무도 모른다. 길고 험한 여정이 될 수도 있다. 어느 한쪽이 지쳐 무너지고 다른 한쪽이 자신만 살려고 할 위험성도 있다. 우리는 그것을 용납해서도 안 되고, 또 그것을 원하지도 않는다. 우리는 서로 힘을 모아 단결해나갈 것이다. 주님의 평화가 우리를 지켜주실 것이기 때문이다.”

진정한 의미의 평화통일은 아니더라도 적대적 분단을 끝내고 통일을 이룬 독일 국민의 열망과 정치인들의 노력을 간과해선 안 될 것입니다. 그리고 평화통일이라는 하느님의 뜻을 믿고 하나가 됐던 독일교회의 모습은 우리에게도 시사하는 바 큽니다.

마지막으로 지금 전 세계를 위협하는 코로나19 사태도 평화의 관점에서 바라보면 좋겠습니다. 바이러스가 인류를 위협한 코로나19 팬데믹 상황은 첨단 무기와 군사력이 국가들과 민족들의 안전을 보장할 수 없다는 진리를 다시금 일깨워주었습니다. 현재 우리는 교회의 가르침이 강조해온 것처럼 국제 연대가 더 절실한 시대를 살고 있습니다. 따라서 제재와 압박을 넘어 평화를 위해 용기 있는 노력을 시작해야 합니다. ‘아버지의 뜻이 하늘에서와 같이 땅에서도 이루어지기’를 기도하면서, 남과 북이 그리고 온 인류가 상대에게 적이 아니라 서로 연대해야 하는 벗이라는 사실을 깨달을 수 있는 은총을 청합시다.

2020년 11월 12일
가동평연 제4회 국제심포지엄 기조강연

그리스도인들의 평화와 화해의 임무

저는 주교회의에서 민족화해위원회를 맡고 있는데 최근에 들어와서 남북관계 못지않게 시급해진 한국과 일본의 화해 문제를 민족화해위원회의 새로운 과제로 삼아야 하지 않을까 생각합니다. 오늘 최근 한국과 일본이 최악의 관계로 치닫고 있는 때에 관계 악화의 원인이 되어온 역사문제를 생각해보며 그리스도인들에 부여된 화해와 평화의 임무를 다하기 위하여 교회의 역할이 무엇인가를 함께 이야기하는 시간을 갖게 되어 뜻깊게 생각합니다. 사도 바오로는 에페소인들에게 보낸 편지에서 평화와 화해에 대해 다음과 같이 전해주고 있습니다.

"그리스도는 우리의 평화이십니다. 그분께서는 당신의 몸으로 유다인과 이민족을 하나로 만드시고 이 둘을 가르는 장벽인 적개심을 허무셨습니다. 당신 안에서 두 인간을 하나의 새 인간으로 창조하시어 평화를 이룩하시고, 양쪽을 하느님과 화해시키시어, 그 적개심을 당신 안에서 없애셨습니다. 이렇게 그리스도께서는 세상에 오시어, 멀리 있던 여러분에게도 평화를 선포하셨습니다."(에페 2,14-17)

오늘 이 말씀을 들으며 제겐 '둘을 가르는 적개심을 허무셨다'는 단어와 '양쪽을 화해시키셨다'는 말이 마음에 와닿았습니다. 둘은 한국과 일본, 적개심은 두 나라 국민이 최근에 갖게 된 적대적 감정들이 아닌가 묵상하게 되었습니다. 그리고 이 서간의 말씀대로 우리의 노력과 하느님의 은총으로 화해가 이루어지고 가까운 이웃 나라, 이웃 형제로 살아가는 평화가 실현되기를 희망해봅니다.

코린토 2서에서는 우리는 화해의 직분을 받은 사람들이고 화해와 평화의 사절임을 자각하게 합니다. "이 모든 것은 그리스도를 통하여 우리를 당신과 화해하게 하시고 또 우리에게 화해의 직분을 맡기신 하느님에게서 옵니다. 우리는 그리스도의 사절입니다."(2코린 5,18)

우리가 받은 평화와 화해의 직분은 함께 힘을 모으는 연대가 이루어질 때 가능하고 이 연대를 통해 평화와 화해의 목소리가 더욱 널리 퍼져갑니다. 오늘 이 세미나도 한국과 일본의 형제자매가 모여 화해와 평화를 위해 연대하는 시간입니다.

그동안 교회의 가르침 안에서도 선의를 위해 연대가 필요함을 강조하였습니다. 연대는 그리스도교적 의미를 함축하는 용어이며, 예수님은 지상 생애를 통해 인간과 연대하셨습니다. 제2차 바티칸 공의회 문헌 사목헌장에서도 연대가 교회를 구성하는 본질이라 하였고, 성 요한 바오로 2세 교황 회칙인 「사회적 관심」에서도 연대성은 의심없이 그리스도교 덕목이며 그리스도의 제자임을 식별하는 표지라고 하였습니다. 그동안 일본 역대 총리들의 몇 차례 사죄에 대한 발언이 있었지만, 최근 들어 아베 정권은 과거 역사를 수정하고 정권의 기반을 든든히 하기 위해 혐한을 조장하고 있습니다.

연대를 하기 위해 먼저 전제되어야 할 것이 있습니다. 그것은 화해로 들어가기 위해서는 사죄가 먼저 있어야 한다는 것입니다. 우리가 이야기하는 화해는 나라와 나라 사이의 화해입니다. 한국과 일본 두 나라의 화해입니다. 사소한 친구 사이의 다툼에서도 사과하지 않으면 '너와 절교'라는 말을 하는데, 36년이라는 긴 기간, 더욱이 식민지 시작이 강제적이었고, 36년 긴 세월 수많은 사람이 전쟁터에 끌려가 죽고, 강제 징용을 당하고, 옥에 갇히는 고통과 모욕을 당한 그 증거가 종군 위안부며 강제 징용이 없는데 이런 기막힌 역사적 사실을 부정하고 왜곡하고 있기에 겸손된 사과를 요구하는 것은 당연한 일이 아닐 수 없습니다.

나라 사이에도 적대감으로 가득 차 원수처럼 지내는 나라들이 있습니다. 폴란드와 독일이 그런 나라였습니다. 그런데 독일 수상과 대통령이 겸손하고 진실된 사과를 거듭하는 모습이 세계인에게 감동을 주었습니다. 그 시작은 서독의 빌리 브란트 수상이었습니다. 1970년 12월 7일 폴란드 수도 바르샤바는 꽤 쌀쌀한 초겨울이었습니다. 이날 브란트 수상은 폴란드인의 반대에도 불구하고 폴란드를 방문했는데, 폴란드를 방문한 독일의 첫 현직 수상이었습니다.

1940년 당시 폴란드의 유대인은 대략 300만 명이었는데, 나치는 이들을 몇 군데 게토로 나누어 집단 수용했습니다. 그 가운데 가장 규모가 큰 것이 바르샤바 중심부에 위치한 바르샤바 게토였다고 합니다. 1942년으로 접어들자 나치는 이곳에 사는 유대인을 '죽음의 수용소로' 불린 테블린카로 이동시켰는데, 여기서 바르샤바 출신 유대인 30만 명이 죽었습니다. 이를 견디다 못한 유대인들이 1943년 맨손으로 반란을 일으켰습니다. 이에 나치는 게토의 모든 건물을 파괴했고, 게토에 남아있던 유대인들도 전부 학살하였습니다. 당시 참상을 《뉴욕타임스》가 사진과 함께 1면 기사로 보도한 바 있습니다.

브란트 수상이 게토 기념비 앞에 섰을 때 독일과 폴란드 사람들과 기자들은 브란트 수상이 사죄 연설이나 뒤늦은 추도사를 할 것으로 예상했지만 브란트 수상은 무릎을 꿇은 채 눈을 감고 두 손을 모았습니다. 사람들은 그가 독일 국민을 대표하여 희생된 영령들에게 참회하고 있음을 알았습니다. 브란트 수상이 무릎을 꿇은 소식은 독일과 폴란드에 전해졌고 폴란드 국민은 이제 독일과 친구가 될 수 있을 것이라고들 하였습니다.

　브란트 수상은 후에 무릎 꿇은 일에 대해 "독일의 숨길 수 없는 악행의 역사를 증언하는 장소에서 나치에 목숨을 잃은 수많은 영령들을 대하는 순간 할 말을 잃어버렸습니다. 그래서 저는 사람이 말로서는 표현할 수 없는 행동을 했을 뿐입니다"라고 말하였습니다. 브란트 수상이 무릎을 꿇는 그 행동을 하게 된 마음 한구석에는 말할 수 없는 죄스러움이 깔려 있었을 것입니다. 진정성과 겸손함을 표현한 그의 사죄는 세계 많은 이에게 감동을 주었고 이로써 독일은 침략국이라는 원죄에서 벗어날 수 있었습니다. 브란트 수상의 이날 사건을 두고 한 언론에서는 "무릎을 꿇은 것은 한 사람이었지만 일어선 것은 독일 전체였다"고 표현한 바 있습니다.

　우리는 독일의 수상을 보며, 진정한 사죄는커녕 한국을 얕보고, 한국을 무시하면 무시할수록 입지를 튼튼하게 해주고 힘을 받게 되는 아베 수상과 그 주변의 우익단체나 매스컴이 한국을 무시하고 혐오하는 도가 지나쳐감을 보며 슬픔을 느낍니다. 더욱 슬프고 문제가 되는 것은 많은 수의 일본 국민과 특히 젊은이들이 한일 역사, 특히 식민지 침략의 역사를 모르고 그 침략이라는 사실을 정당화해 대수롭지 않게 여기게끔 만드는 일본 정부와 사회의 분위기입니다. 그래서 우리는 일본교회와 한국교회의 연대를 비롯하여 선량한 시민들의 연대에 희망을 가져봅니다.

정부가 진실되고 일관되게 하지 못하는 사과를, 정부를 대신하여 사과하는 선량한 시민들이 더 많아지고 그 수가 일부 시민이 아닌 대다수 시민이 될 때 이미 화해는 이루어지고 한일 간의 우정은 시작될 수 있을 것입니다.

일본 사회뿐 아니라 우리 한국 사람도 일본에 대한 지나친 본능적 미움과 반일은 이제 지양해야 합니다. 그동안 우리는 일본을 지나치게 미워했습니다. 최근 일본 사람이 말하는 한국 사람은 한이 많은 사람이라 한 것도 상당 부분 역사 안에서 일본에게 당한 수모와 고통과 자존심에서 나왔을지 모릅니다.

최근 들어 우리 사회도 성숙한 모습을 보여주고 있습니다. 서울의 중심인 중구청에서 반일을 조장하는 문구가 가득한 현수막을 대규모로 설치하려 할 때 시민들이 들고 일어났습니다. 우리가 반대해야 할 대상은 아베 정책이지 반일 더욱이 일본 사람은 아니라고 하며 목소리를 높여 결국 중구청 계획을 저지시켰습니다. Z세대라 하는 10대와 20대 젊은이들의 아베 정책에 대한 반감은 어른만큼 높았지만 일본인한테 호감을 갖느냐는 질문에는 '호감을 갖고 있다'가 '그렇지 않다'보다 훨씬 높게 나타난 것은 희망적입니다.

한일관계 안에서 화해와 평화에 대한 소리를 높이며 교회가 연대를 시작한 것은 일본주교단이었고, 그 시작은 일본의 전쟁과 식민지 지배 역사에 대한 사죄 발언과 함께였습니다. 1986년 도쿄에서 FABC 총회가 있었는데, 일본주교회의 의장이신 시라야나기 세이치 대주교는 전쟁의 책임에 대해 고백했습니다. "일본인이자 교회의 성원인 우리 주교들은 2차 세계대전 시 일본에 의해 비극을 경험했던 아시아 태평양 지역의 형제들에게 용서를 청합니다."(주교협의회 '평화의 결의')

이러한 시라야나기 대주교님의 마음은 그동안 장소가 일정치 못해 어려움을 겪었던 한인 공동체를 주교좌 성당에 자리 잡게 해주었습니다. 저는 당시 주교좌 성당으로 자리를 옮긴 후로 한인 성당 첫 본당신부를 하였는데, 당시 교우들에게 우리 한인 성당이 한일 간 우애와 화해의 다리를 놓는 데 작은 역할이라도 하자고 말한 적이 있습니다.

그후 몇 년이 지난 1995년 2월 일본주교단은 「전후 50년을 바라보며」라는 제목으로 작성한 평화의 결의라는 교서를 발표했습니다. 이 교서 안에서 일본교회는 2차 세계대전의 역사적 비극을 바라보며 교회도 일본제국의 일원으로서 아시아 태평양 지역 사람들에게 씻을 수 없는 상처를 입힌 일에 대해 반성하며 평화를 위해 노력하겠다는 결의를 표명했습니다. 이러한 반성은 가까운 지역에 대한 이해와 교류의 필요성을 낳게 하였고, 특히 식민지였던 한국과의 화해를 위한 만남으로 이어졌습니다. 이러한 배경하에 당시 교착상태에 빠진 한일관계, 더 심해지는 역사 갈등, 지역 평화를 위협하는 상황을 타개하고자 한일 양국 주교들이 지역 평화와 한일관계 개선에 작은 역할이라도 하자는 결의를 하게 되었습니다.

1996년 2월 이문희 대주교를 포함한 3명의 한국 주교들은 일본을 방문하여 한일 문제 특히 역사 갈등에 대해 일본의 두 주교와 간담회를 하게 되었는데 이 모임이 한일 주교교류의 첫 모임이 되었습니다. 해마다 한국과 일본을 오가며 새로운 교구를 방문하며 갖게 되는 한일주교모임은, 만남이 거듭될수록 서로를 알고 이해하는 폭이 커지고 우정이 깊어지는 가운데 계속 이어지고 있습니다. 한일 교회 간 화해와 연대를 위해 애쓰는 교회 공동체들이 늘어나고 행사나 모임이 계속되는 것은 한일 간 화해와 평화를 위해 시작된 한일주교교류모임이 중심에 있었기에 가능했다고 생각합니다.

지난해 24차 한일주교모임은 저희 의정부교구에서 있었는데, 마침 모임의 시기가 강제 징용 배상문제와 일본군 위안부 문제로 한일관계가 매우 나쁜 시기였습니다. 그때 저는 미사를 주례하면서 강론 때 '한국과 일본의 주교들의 우정은 점점 깊어져 가는데 한국과 일본의 관계는 점점 나빠져 간다'고 했던 기억이 납니다. 그 후로 정말 한일관계는 최악으로 치달았습니다. 아베 정권의 경제 제재가 시작되었고, 한국에서는 아베 정권의 정책에 반대하는 시위가 계속 이어졌으며, 일본 물건 불매운동과 일본 여행 자제 운동이 불이 붙었습니다. 일본은 아베 정권과 우익 그리고 매스컴의 일방적인 반한 분위기 조성으로 일본인의 감정도 나빠져 혐한 운동과 한국을 무시하는 분위기 또한 식을 줄 몰랐습니다. 아마도 성모승천 시기가 절정에 달했을 때가 아니었나 생각합니다.

그 절정의 시기에 일본 정의평화위원장인 가쓰야 주교의 담화문이 발표되어 한국 신자들에게 많은 위로를 주었습니다. 담화문에서 가쓰야 주교는 징용공 배상 문제에 대해 한국대법원이 일본기업에 위자료를 지불하라고 내린 판결은 1965년 한

일기본조약과 함께 체결된 한일 청구권 협정으로 끝난 사항이라는 일본 정부의 대응이 적절치 않음을 밝힌 것이라 하였습니다. 이는 민주주의에는 삼권 분립 원칙이 있고, 국가 간 청구권은 소멸되었어도 전쟁 피해 배상에 관련된 개인 청구는 소멸되지 않는다는 판결에 대해 일본 변호사와 학자들도 옳다고 주장하고 있다고 덧붙였습니다.

이 모든 한일관계 문제의 핵심은 식민지 지배 역사에 대한 가해 책임을 인정하지 않는 일본 정부와 이에 분노하는 피해국, 한국인들 마음과의 사이에 벌어진 틈에 있음을 담화문에서 밝혔습니다. 이번 일본교회 담화문에서 밝힌 대로 모든 것의 시작은 역사문제인 식민지 가해에 대한 사과와 책임인정에 있습니다.

오늘 시작 때 인용한 에페소서에서는 유대인과 이민족, 둘을 가르는 적개심을 허물어 주시고 평화를 주시는 분은 그리스도이시고, 우리는 그분의 평화와 화해를 위해 일하는 사명을 받은 그리스도의 사절임을 다짐하도록 합시다. 또한 한국과 일본이라는 두 나라가 가깝고도 가까운 이웃이 될 수 있도록 평화의 주님께 기도드리는 것도 잊지 맙시다.

2019년 9월 26일
동아시아 화해 평화 네트워크 세미나 기조강연

2019년 한반도 평화를 위한 호소문

2017년의 한반도는 전쟁 일보 직전의 위기에 처해 있었습니다. 그러나 2018년 평창 동계올림픽을 시작으로 남북·북미 사이의 다양한 만남과 대화 노력을 통해 한반도에 평화의 길이 열렸고, 오래지 않아 결실을 맺을 것이라 기대를 모았습니다. 그러나 최근 북미 대화가 교착되면서 한반도에 긴장이 고조되어 다시금 전쟁 위기로 이어질지 모른다는 불안감이 커지고 있습니다. 이에 어렵게 찾아온 한반도의 평화와 남북 화해 움직임이 여기서 멈추지 않고, 오히려 더 진전되고 정착되기를 기원하면서 남북 정부 관계자, 국제사회, 그리고 우리 국민과 신자들에게 다음과 같이 호소합니다.

먼저, 남과 북의 정부 관계자들에게 간절한 마음으로 호소합니다. 우리는 지난 해 남북 정상이 판문점 도보다리에 마주 앉아 민족의 앞날을 진지하게 논의하는 모습을 보면서, 우리 문제를 우리 민족끼리 풀어나가는 것이 평화의 지름길이라는 사실을 새삼 확인하였습니다. 국제사회도 두 정상의 만남과 대화 노력에 적극적인 지지를 표명하였습니다. 그러나 이후 북미 대화가 교착상태에 빠지자, 서로 상대방을 탓하며 만남과 대화를 기피하고 있습니다. '정기적인 회담과 직통 전화를 통해 민족의 중대사를 수시로 진지하게 논의하기로 한' 4·27 판문점 선언의 성과가 무색하지 않을 수 없습니다.

당사자들이 나서지 않는데 국제사회가 먼저 나서줄 리 없습니다. 우리 문제는 우리가 먼저 나서서 풀어야 합니다. 부디 남북 정상을 비롯해 정부 관계자들이 조속한 시일 내에 무조건 대화를 재개하길 바랍니다.

대규모 인적 교류와 경제협력도 처음에는 작은 대화와 교류의 기회에서 시작됩니다. 제재 국면에서도 인적 교류와 인도적 지원은 가능합니다. 따라서 우리 정부는 제재 하에서도 실현 가능한 만남과 지원의 기회들을 허용해야 합니다. 특히 민간 교류를 권장하고 지원하길 바랍니다. 북한 당국도 인도적 지원을 허용하고, 제재를 받지 않는 영역의 교류와 지원을 허용해야 할 것입니다. 모처럼 찾아온 평화의 기회를 놓쳐선 안 됩니다. 부디 각자의 이익이 아니라 우리 민족의 장래를 위해 스스로 한 약속들을 지켜나갈 수 있기를 바랍니다.

둘째, 한반도 주변 국가를 비롯한 국제사회에 호소합니다. 우리는 자국의 이익을 우선적으로 추구하는 국제관계의 냉엄한 현실을 잘 알고 있습니다. 그러나 한반도에서 평화를 실현하는 일은 우선적으로 남북이 스스로 해결해야 할 과제입니다. 또한 한반도의 긴장과 전쟁 위기는 남북만이 아니라 동북아 더 나아가 세계평화에도 큰 영향을 줄 문제입니다. 따라서 국제사회가 이제까지와 같이 자국만의 이익을 위해 한반도를 세력 균형의 완충지대로 생각하고 분단구조를 온존시키려 한다면, 남북은 물론 평화를 사랑하는 모든 이에게 큰 실망과 좌절을 안겨 줄 것입니다. 남북은 강대국의 이러한 논리로 분단, 전쟁, 전후 70여 년간 증오와 적대로 고통당해왔습니다. 그런데도 아직 이 고통이 언제까지 계속될지 모르는 안타까운 처지에 놓여 있습니다.

이에 호소합니다. 한반도에 살아가는 우리는 한반도가 세계평화의 진원지가 되도록 노력해야 할 것입니다. 주변국들과 평화롭게 공존하며 한반도는 물론 동북아의 평화 실현에 모범이 되도록 노력해야 할 것입니다. 이러한 우리의 여정에 지지와 격려를 보내주시기 바랍니다. 또한 북미가 북한의 비핵화와 한반도 평화체제 구축을 둘러싸고 보이는 견해 차이를 극복하고 조속히 협상타결에 이를 수 있도록 적극적인 협조도 부탁드립니다.

셋째, 우리 국민에게 호소합니다. 한반도 평화를 염원하는 국제사회의 기대와 달리 요즘 남북 간에는 물론이고 우리 사회 안에서도 편을 갈라 증오와 저주의 말을 쏟아내고 있습니다. 심지어 전쟁을 선동하고, 핵은 핵으로 막아야 한다며 핵무장을 주장하는 이들도 있습니다. 무력으로는 평화를 실현할 수 없다는 사실을 경험했음에도 이러한 주장을 하는 이들이 목소리를 높여가고 있습니다. 그러나 무력은 폭력의 악순환을 초래할 뿐 평화를 실현하는 수단이 될 수 없습니다. "폭력에 의지하는 것은 파괴와 죽음을 포함하여, 대단히 큰 물질적 정신적 위험을 몰고 옵니다."(사목헌장 78항)

평화는 '단순히 전쟁이 없는 것만도, 적대 세력들 사이의 균형을 보장하는 데 그치는 것도 아닙니다. 사람들의 선익을 보호하고, 사람들 사이의 자유로운 의사소통을 보장하며, 사람들과 민족의 존엄성을 중시하고, 형제애의 끊임없는 실천 등이 따를 때 실현됩니다. 평화는 '정의의 결과'(이사 32,17)이며 '사랑의 열매'입니다(사목헌장 78항 참조). 따라서 증오와 폭력을 조장하는 지금 우리 사회의 모습은 다시 전쟁을 불러올 뿐입니다. 우리는 또다시 69년 전의 고통과 파멸의 순간으로 되돌아가선 안 됩니다. 지금 당장 서로에게 쏟아붓는 증오와 적의에 가득한 말부터 멈춰야 합니다. 그리고 남북 당국이 대화에 나설 수 있도록 힘을 모아주어야 합니다. 근거 없는 비방과 공격으로 아까운 시간을 낭비해선 안 됩니다.

마지막으로, 우리 신자들에게 호소합니다. 프란치스코 교황님은 올 세계평화의 날 담화에서 "평화를 가져다주는 것. 이것이 그리스도 제자들이 맡은 사명의 핵심"(제52차 세계평화의 날 담화 1항)이라 하시며 모든 신자에게 '평화의 사도'가 되어달라고 당부하셨습니다. 이 말씀은 이미 동족상잔을 경험하였고, 또다시 이런 위험 앞에 서 있는 우리 민족에게 더욱 절실한 시대적 요청입니다.

'진정한 평화는 용서와 화해를 통해서만 가능'합니다. 동족상잔으로 서로가 당한 "고통은 당사자 모두의 깊고 진실하며 용기 있는 반성, 참회로 깨끗해진 마음가짐으로 현재의 어려움에 맞설 수 있는 반성을 통해서만, (…) 용서받을 수 없는 과거의 짐은 오직 서로 용서하고 용서받을 때에만 받아들일 수 있습니다."(『간추린 사회교리』 517항) 이 고통을 받아들임으로써 실현되는 '용서와 화해'는 6·25 발발 69주년을 맞은 우리 신자들이 가장 먼저 실천해야 할 과제입니다.

우리는 그동안 기도 운동을 통해 주님의 뜻을 찾고, 주님의 도움을 청해왔습니다. 그럼에도 우리 마음 안에는 여전히 용서 대신 증오가 가득합니다. 우리 마음 안에서 전쟁이 계속되고 있는 것입니다. 따라서 지금 우리에겐 '선하신 하느님께서 우리 마음에서 계속되고 있는 오랜 전쟁의 굴레에서 우리를 해방시켜 주시도록 기도하고 행동'(사목헌장 81항 참조)하는 것이 필요합니다.

형제가 손을 내밀지 않아도 우리가 먼저 손을 내밀어야 합니다. 프란치스코 교황님은 우리에게 호소하십니다. "펼친 손보다 더 아름다운 것이 있겠습니까? 펼친 손은 주고받으라는 하느님의 뜻입니다. 하느님께서는 그 손으로 고통을 주거나 살인하는 것을 바라지 않으셨습니다(창세 4,1 이하 참조). 대신에 그 손으로 삶에서 보살핌과 도움을 주기를 원하셨습니다."(제52차 세계평화의 날 담화 5항) 교황님의 호소에 따라 이렇게 우리들이 먼저 마음의 벽을 허물고 형제를 용서하고 기꺼이 보살핌과 도움의 손길을 내밀 때 이 땅에 진정한 평화가 찾아올 것입니다. 이 일이 바로 오늘 이 땅에 사는 그리스도의 제자인 우리가 하느님께로부터 받은 사명입니다.

"모든 민족들이 그들을 갈라놓는 벽을 허물고 서로 사랑의 유대를 강화하고 이해를 증진하며 자기에게 잘못한 이들을 용서하게 하소서."(제46차 세계평화의 날 담화 1항)

2019년 6월 25일
천주교 주교회의 민족화해위원회

평양 장충 성당과 북녘 신자들

장충 성당의 의미

장충 성당은 1988년에 세워진 북한의 유일한 천주교 성당이다. 해방 당시 북한에는 4개(덕원, 함흥, 평양, 연길) 교구에 방인 주교 1명, 외국인 주교 2명, 방인 신부 26명, 외국인 신부 54명, 신학생 56명, 수사 56명, 수녀 123명, 신자 52,008명이 있었다. 천주교 신자들은 덕원 수도원교구 5,370명, 함흥교구 5,474명, 평양교구 28,400명, 연길교구 17,746명, 서울교구 황해도 지역 12,853명이 분포되어 있었다. 이 가운데 연길교구는 1946년 이후 중국교회로 이속되었다. 그러므로 연길교구를 제외한 북한 지역의 신도 수는 대략 5만 2천여 명에 이른다고 볼 수 있다.

그러나 1949년 공산당에 의해 평양교구 사제들이 순교하며 북한교회는 사제가 한 명도 없이 미사도 성사활동도 중단된 채 긴 세월을 침묵의 교회로 존재해왔다. 그나마 남았던 성당 건물마저 한국전쟁과 공산정권에 의해 모두 파괴되었다.

남한 천주교회가 북한교회에 본격적으로 관심을 갖게 된 시기는 1982년 한국천주교회 설립 200주년을 준비하면서 '북한선교부'(1985년 북한선교위원회로 개칭)를 설립한 것이 시작이라 볼 수 있다. 북한 역시 1988년 장충 성당 건립을 계기로 조선천주교인협회(1998년 조선카톨릭교협회로 개칭)를 출범시켰다. 장충 성당과 조선천주교인협회가 세워지면서 이들은 북한 천주교의 대표성을 띠게 되었고, 한국교회는 그동안 이들과 많은 교류와 지원을 진행해왔다.

지난 20여 년 동안 여러 경로를 통해 북한을 방문했던 성직자나 신자들은 장충 성당을 찾아가 북한 신자들과 함께 미사를 드렸고, 인도적 교류나 지원도 이곳을 통해 진행하였다. 그러나 장충 성당에서 미사를 봉헌한 남한 성직자나 신자들의 북한 교회에 대한 반응은 서로 다르게 나타났다. 북한 땅에서 북한 사람들과 함께 드린 미사에 감동하고 이 공동체의 신앙적 성장을 위해 기도드리는 사람이 있는가 하면 함께 미사를 드린 북한 신자의 모습이나 태도를 보고 그 진실성에 의구심을 갖는 사람들도 있는 것이다. 장충 성당 미사에 나온 이들이 정말로 신자일까, 저런 미사와 신자 공동체가 무슨 의미가 있을까 하며 의구심을 갖는 것은 비단 이분들뿐아니라 남쪽교회

지도자들 중에도 있을 수 있다.

　문제는 장충 성당 미사에 나온 북한 신자들 중에 참된 신자가 존재한다는 사실이다. 비록 많은 이가 당에 의해 동원되었을 수도 있지만, 그 가운데도 일부지만 참된 신자가 있다는 사실이 중요하다.

　나는 평양 장충 성당이 자리한 선교 구역과 가까운 선교리에서 태어났다. 선교 구역은 선교리가 구역으로 승격된 것이 아닌가 생각된다. 내가 세례받은 곳은 대신리 본당인데, 방북 기간 동안 장충 성당에서 시내 쪽으로 차로 5분도 채 못가 대신동이라는 길 안내 표지판이 붙어 있는 것을 보았다. 이 대신리 본당에는 '논재 공소'가 있었는데, 1866년 병인박해 때 북한 지역 가운데 이곳에서 가장 많은 신자가 순교했다. 이 순교자들의 후손이 아직도 이곳에 살고 있으리라 생각한다. 그들 중에는 어린 시절 세례받은 사람, 몰래 신앙생활을 하는 부모를 본 사람, 뜻도 잘 모르고 부모들로부터 대세를 받은 사람도 있을 테고, 좋은 시절이 오면 꼭 신앙생활을 하라는 유언을 들은 사람도 있을 것이다. 그뿐 아니라 중국에서 세례를 받고 온 사람, 미국과 중국, 일본 등에서 방문한 사제들을 통해 세례를 받은 사람들도 있을 것이다.

다양한 방식으로 이루어진 북한 신자들의 세례

북한의 신자찾기운동(1989년)

1950년 11월, 평양수복 직후 '선교리 성당(대신리 성당)'에 모여든 학생들과 신자들 모습. [사진출처: 《통일뉴스》 제공]

현재까지 알려진 바에 따르면, 북한에는 현재 약 3,000여 명의 천주교 신자가 존재하고 있다. 북한은 1989년부터 신자찾기운동 사업을 전개했다. 1988년 '조선천주교인협회'가 결성된 후 가장 역점을 두고 추진한 사업이 지방조직을 확대하면서 전국에 산재한 천주교 신자들을 찾아내는 일이었다. 이 사업은 대단한 성공을 거두어, 1988년 11월까지 800여 명에 불과하던 천주교 신자가 1991년 3월에는 1,258명, 1995년 2월에는 3,005명으로 급증했다. 이에 따라 평양시에 거주하는 천주교 신자도 1989년 2월에는 130명뿐이었으나, 1991년 3월에는 350명으로 늘었다. 특히 1995년에는 천주교 측 신자찾기사업에 북한 당국도 적극적으로 협조했다. 그해 1월에는 북한 당국이 천주교를 믿는 사람이 있으면 나서라는 공문을 말단 행정조직인 인민반에까지 내려 신자를 찾은 적이 있었다. 조선천주교인협회는 이 과정에서 새로 찾은 신자들을 계속 조직화하여, 1995년 초까지 덕원·원산, 남포, 황남, 평남 지구 등 4개 지구로 전국조직을 만들었다.

1990년대에 출현한 새로운 영세자들

1993년 당시 북한선교위원회에서 간접적으로 확인한 바에 따르면, 북한에는 1990년대까지도 드러나지 않게 신앙을 간직하면서 자녀들에게 천주교 집안이라는 사실을 밝히는 경우가 있었다. 부모가 죽음을 앞두고 유언을 통해 신자임을 밝히면서 앞으로 때가 오면 성당에 나가 영세를 받으라 자녀들에게 당부한 경우도 있었다. 부모가 자녀들 모르게 대세로 유아세례를 준 경우도 있었을 수 있다. 지금까지는 감춰져 있지만 북한 사회에 변화가 일어나면 자신이 신앙을 지켜온 집안 자손이라는 사실을 알게 되는 경우도 적지 않을 것이다.

중국 연변 지역에 친척 방문 형식으로 나왔다 비밀리에 신부님을 만나 영세를 받거나 고해 성사를 하고 돌아가는 경우가 있었다. 이에 대해서는 내가 동경 한인 교포사목을 할 당시 요코하마 교구장이던 하마오 주교 초청으로 동경신학교에 유학 온 중국 조선족 신학생(현재 길림교구에서 사목중임)을 통해 비교적 상세히 전해 들을 수 있었다. 그의 말에 따르면 중국에 있을 당시 북한에서 온 어느 청년의 대부를 서게 되었는데, 그 청년의 부모는 중국에 가면 다른 일은 하지 않더라도 영세만은 꼭 받으라 신신당부했다고 한다. 그 청년을 통해 북한 신자 부모들의 신앙생활과 비밀리에 신앙생활하는 동네(마을공동체) 신자들의 신앙을 엿볼 수 있었다.

이런 사례들로 미뤄볼 때 1990년 이전 북한 신자들은 6·25 전쟁 이전부터 천주교 신앙을 가지고 있던 사람이 주류였던 반면, 장충 성당 설립 이후 1990년대에 이르러서는 새로운 영세자들이 나타나는 양상임을 알 수 있다.

1990년대 이후 나타난 북한 신자 가운데는 일본과 중국 주교들에게 견진성사를 받은 사람들도 있다. 1992년 3월 24일부터 3월 28일까지 일본기독교협의회(JNCC) 대표단과 함께 옵서버 자격으로 북한을 방문했던 일본 천주교 나고야교구 소마(相馬信夫) 주교는 평양 장충 성당을 찾아 견진성사를 주었다. 후에 이 소식을 전해 들은 김수환 추기경이 소마 주교에게 북한 신자들에 대한 접근 및 성사 집전에서 보다 신중하게 처신할 것을 요청하기도 했다.

그 후 조선천주교인협회 대표단은 내가 교포사목하던 시기인 1993년 4월 19일부터 1주일 동안 일본 동경을 방문하였다. 대표단 동경 방문은 중국 이외의 해외 방문으로는 처음이었기에 그만큼 남측의 주목을 받았다. 장재철 사무엘 위원장을 단장으로 하여 차성근 율리오, 김유철 요한, 한인철 토마스 등 네 명으로 구성된 이 대표단의 일본 방문은 일본 천주교 나고야교구장 소마 주교 초청으로 이루어진 공식 행사였다.

북측대표단은 방문 중에 조총련 행사 등에 참석했고, 당시 북한 최고인민회의에서 발표한 '통일을 위한 10대 강령'을 준비하여 일본 정의평화위원회와 공동성명을 발표하자고 제안

했는데 일본 측이 이를 거절하였다. 이들은 방문 기간 중 주일에는 동경 한인 성당 미사에 참석했다. 미사 후 한인교회에서는 신구약 합본 4권과 묵주 100개를 선물하였는데 이들은 묵주 선물에 특히 감사하다고 하였다.

1993년 중국교회를 방문한 적이 있던 조광 교수의 증언에 따르면 중국 천주교회 인사들이 1992년 4월 처음으로 북한을 방문하였다. 이때 중국 천주교회 인사 7명은 부활절 미사를 집전하고 10일간 머물렀다. 중국 천주교회 방북단은 평양에서 라틴어로 미사를 거행했고, 제1독서와 제2독서는 한국어로 봉독했다. 중국 주교회의 의장 종화이더(宗懷德) 주교는 강론을 통해 김수환 추기경이 평양교구장이므로 평양 신도들은 김수환 추기경과 연락을 취하도록 공개적으로 권고했다.

종화이더 주교는 평양에 머무는 동안 교리를 가르치고 견진성사를 집전했다. 이와 같은 사실이 북한 신문과 텔레비전에 보도되자, 조선천주교인협의회가 조직된 이후에도 여전히 안심이 안 되어 숨어 지내던 신도 다수가 안심하고 새롭게 나타났다고 한다. 이때 중국 대표단이 만난 북한 신도는 약 300명 정도였다고 한다.

소마 주교가 견진성사를 준 신자 수는 기록에 정확히 나타나지 않으나, 종화이더 주교가 만난 신자가 300명 정도이므로

종 주교로부터 견진성사를 받은 장충 성당 신자는 300여 명으로 추정할 수 있다.

이런 사례와는 대조적으로, 1998년 최창무 주교가 장충 성당을 방문했을 때 북측은 최창무 주교에게 장충 성당 신자들에게 견진성사를 베풀어줄 것을 요청했으나 최 주교는 이 요청을 거절하였다. 당시 최창무 주교는 북측에 영세 문서를 확인해야 견진성사를 줄 수 있다고 하면서 영세 문서 확인을 북측에 요청했다. 북측이 영세 문서 공개를 거절해서 최 주교 또한 북측의 견진성사 집전 요구를 거부할 수밖에 없었다.

남북 천주교의 교류 창구 조선카톨릭교협회

한국교회에 '민족화해위원회'라는 명칭은 1995년에 도입되었다. 그전까지 명칭, 즉 민화위의 전신은 '북한선교위원회'였다. 나는 이 명칭 변화가 중요하고 의미 있는 일이라 생각한다. '북한 선교'는 북한 '복음화'를 겨냥해 사용한 명칭, '민족화해'는 남·북의 '화해'와 협력이라는 목표를 가지고 사용한 명칭이다. '민족화해'는 포괄적 접근 방법이고, '북한 선교'는 종교적 접근 방법이라 할 수 있다. 그러므로 이러한 명칭 전환은 현 단계 통일 여정에서 한국교회가 '남북 화해와 협력'을 '북한 복음화'라는 종교적 접근보다 우선하겠다는 입장을 표명한 것이라 평가한다.

실제로 북한 교회는 남북 천주교가 교류를 시작하던 초기부터 '북한선교위원회'과 '침묵의 교회'라는 말을 싫어했다. 현 단계에서 북한이 종교를 통해 얻고자 하는 것은 남북 화해와 교류, 그리고 인도적 지원이지 종교 그 자체는 아니었다. 그러나 우리는 많은 경우 북한에 복음의 뿌리를 내리고 북한 주민들을 대상으로 선교하는 '북한 복음화'에 목적을 두고 있다.

북한 헌법에 나타난 종교에 관한 표현을 보면, 헌법이 개정될 때마다 표현이 달라짐을 볼 수 있다. 최초에는 종교를 위험시하였던 것이 1992년 개정 헌법에서는 종교의 자유가 있는 국가임을 명시적으로 드러내고 있다. 그러나 당시에는 남북 교류협력과 인도적 지원의 한 방편으로 종교를 생각한 것이지 그 이상은 아니었을 것이다. 북한은 신앙이 북한 사회에 침투하여 주민들에게 정신적 영향을 끼치는 것을 무척 경계하고 있었다.

1998년 최창무 주교 방북단의 일행으로 북한에 갔을 때 마지막 날 평가회 시간을 가졌는데 우리는 장충 성당 측에 두 군데 정도 공소를 지으면 어떻겠는지를 건의한 바 있다. 이에 대해 북측은 노골적으로 불쾌하게 생각했다. '지금처럼 식량 지원을 열심히 하면 남쪽 천주교에서 지원한 것임을 알게 되고,

이것이 선교가 아니겠는가'라고 했다.

우리 입장이 아니라 북한 입장에서 종교관을 이해할 필요가 있는데, 이를 위해서는 북한 종교관의 역사적 변천 과정, 사회주의 종교 정책, 종교에 대한 법률적 규정 등을 알아야 한다. 그들을 이해하지 못하고 우리 입장, 생각대로만 한다면 대화가 되지 않고 양자 간에 더 이상 관계 진전도 없을 것이다. '민족화해위원회'라는 명칭 전환이 이러한 상대방에 대한 이해를 바탕으로 이루어진 것이다.

이러한 이해와 노력으로, 지금까지 남북교회 교류 여정에서 볼 때 북한의 대응 방법도 조금씩 유연하게 변해가는 것을 볼 수 있었다. 과연 참다운 신자가 나타날 수 있을까 우려했는데, 장충 성당과 조선카톨릭교협회를 통해 보여지는 북한교회의 모습이 조금씩 변화됨을 느끼게 되었다. 장충 성당에 진실한 신자들의 출현이 전에 비해 많아지고 있고, 지방에서도 신자라고 나서는 사람들이 늘어간다는 사실도 놀라운 변화였다.

다만 이 현상은 북한 당국이 종교를 이해했다기보다 종교를 가진 사람들이 필요하다는 의미일 수 있다. 북한 신자 대표들은 남북 종교인의 교류를 통해 자신들이 모르는 사이 시야를 넓혀가고 있다. 때로는 국제 모임에도 참여하면서, 이들은 보편교회의 모습과 프란치스코 교황의 영향과 세계 안에서 종교의 위치가 어떠한지를 점차 깨닫고 있다.

현재 북한은 자신들의 가장 시급한 당면 과제의 해결을 위해 민족 공조를 주장하고 있다. 이러한 민족 공조는 남·북의 정치·경제·사회·문화·종교 등 다양한 계층 간 상호 연대·교류를 통해서 이루어진다. 답답하고 인내가 필요하지만 북한 교회와 만남은 이렇게 더디 진행될 수밖에 없다.

북한 당국이 설정한 한국의 모든 종교를 대하는 공식 파트너는 조선종교인협의회이며, 그중에서 천주교의 공식 파트너가 조선카톨릭교협회다. 이런 상황에서 최근 한국 교계에서 제기되는 대북 창구 다변화 문제는 신중히 재고될 필요가 있다. 이것은 국제카리타스 같은 지원단체를 이야기하는 것이 아니라 국내 단체를 이야기하는 것이다. 한때 주교회의 민족화해위원회가 조선카톨릭교협회가 힘이 약하다는 이유로 북한의 '아태'(아시아태평양평화위원회)를 파트너로 삼은 적이 있다. 아태는 확실히 힘이 있어 모든 일이 순조롭게 잘 풀리는 것 같았지만, 두고두고 장충 성당과 관계에선 틈(간격)이 벌어지는 문제가 있었다.

우리가 창구를 다양화하더라도, 북한 당국 통제에 의해 언제든 조정될 가능성이 있다. 설령 북한의 조선카톨릭교협회 외의 다른 단체와 교류·협력관계가 진행되더라도, 결국 우리는 최종적으로 '북한 복음화'라는 종교 단체로서 목표를 이루기 위해 북한 종교 단체와 교류·협력 관계를 맺어야 한다.

우리가 교류 지원하고 힘을 키워줘야 할 곳은 장충 성당과 조선카톨릭교협회다. 현 정세에서 조선카톨릭교협회를 통해 국내, 국제 교회단체의 인도적 지원사업을 추진하기 어렵고 또한 이 단체가 힘이 약해 보이더라도, 인내를 가지고 지속적으로 교류해야 한다. 조선카톨릭교협회를 통한 교류와 지원이 점차 늘어날 때, 북한 천주교의 힘은 강해지고 북한 사회 안에서 장충 성당의 위상 또한 드높아질 것이다.

또한 북한 종교를 대표하는 조선종교인협의회 회장이나 조선카톨릭교협회 위원장을 단지 평신도라는 이유로 남쪽교회식으로 생각하거나 대해서는 안 될 것이다. 지난날 북한 신자 대표로부터 남한교회의 젊은 신부들이 자신들을 예의 없이 함부로 대해 불쾌했다는 이야기를 들은 일이 있다. 북한 신자 대표들이 성직자들에게 예의와 존경을 진정으로 표하는 모습으로 변화되기에는 많은 교류와 시간이 필요하다. 그들이 북한이라는 한 나라를 대표하는 신분이지만, 교회 위계질서 안에서는 평신도 계층에 속한다는 생각으로 변화시키기에는 이 역시 많은 교류와 시간이 필요하다. 북한의 천주교 지도자를 양성하기 위해서라도 장충 성당과 조선카톨릭교협회 대표들 역시 소중하게 생각하고 그들과의 만남을 성실하게 이어가야 하겠다.

제 3 장

-

인터뷰

'DMZ 평화의 상' 수상 소감

먼저 오늘 저에게 디엠지(DMZ) 평화상 수상이라는 큰 영광을 주신 강원도와 강원일보에 감사드리고 수고해주신 심사위원 여러분에게도 감사드립니다.

전통과 권위 있는 디엠지 평화상을 받는 것은 저에게 큰 영광입니다. 저는 디엠지에 대해 상당히 오랜 추억이 있습니다. 저의 성장에도 많은 도움을 주었습니다. 성직자의 꿈을 안고 살던 20대 초반 신학생 시절 군에 입대하여 강원도 15사단 북녘 땅이 건너다보이는 철책 앞에서 근무했습니다. 통나무로 된 초소에 앉아 매일 밤을 새며 경계 근무를 하였습니다. 그 긴 밤 보초를 설 때 북녘을 바라보며 많은 생각을 하였습니다. 분단된 조국과 평화에 대해 많이 생각하였지요. 신부가 되고 난 후 군종신부로 파견되었는데 임기 4년 중 절반을 강원도 양구 21사단에서 보냈습니다. 밤새 철책 앞에서 경계근무를 서는 병사들을 위문하는 게 제 일이었습니다. 주교가 될 때는 군을 담당하는 군종교구장으로 임명되었습니다.

저는 1947년 평양에서 태어났습니다. 신학대학에 입학할 때 평양교구 소속으로 입학했습니다. 56년 전 그때 저는 신부가 될 때쯤이면 통일이 될 것이라 생각했습니다. 신부가 되면 평양으로 가게 되겠지…. 그러나 통일은 오지 않았고, 10년이 흐르고 20년이 흘러 70년이 지났음에도 통일은 오지 않았습니다. 그 사이 고향을 그리던 저희 부모님과 집안 어른은 다 돌아가셨습니다. 하느님께서 우리 민족이 통일을 누리기에는 준비가 덜 되었다고 생각하시는 것은 아닌지 모르겠습니다. 게다가 통일에 앞장서야 할 남쪽 사회는 너무 많이 갈라져 있고 다툼도 많습니다. 디엠지 앞 철조망만큼이나 적대감과 분열로 뒤엉켜있습니다. 존중과 다름을 받아들이는 사랑의 문화가 절실히 필요한 상황이 아닐 수 없습니다.

저는 1998년 처음 북한을 방문하였습니다. 서울대교구 민족화해위원회 일원으로서였습니다. 그때는 북한이 고난의 행군으로 무척 힘들 때였습니다. 처음 만난 북한 주민은 같은 민족이었는데도 마치 딴 나라 사람 같았습니다. 초췌한 얼굴에 덩치가 왜소하고 힘도 없어 보였습니다. 마음이 무척 아팠습니다. 남한으로 돌아와 저는 작은 책을 한 권 내 서울대교구 사제들에게 인도적 지원을 계속 호소하였습니다. 식량 지원을 하면 이 식량이 군용으로 전용될 것이라는 의혹이 지배적이었을 때였습니다.

몇 년후 다시 북한을 방문하게 되었습니다. 이 방문 목적 가운데 하나는 주민에게 식량이 제대로 전달되는지 확인하는 것이었습니다. 당시 우리가 찾아간 식량창고로 주민들이 배급을 타러 왔습니다. 식량 포대에는 서울대교구 민족화해위원회라는 글씨가 선명히 새겨져 있었습니다. 우리들이 가진 의혹을 알고 있다는 듯 어느 주민은 고맙다고 말하며 남조선이 도와주고 있다는 소식이 입소문을 통해 금방 널리 퍼져나갈 것이라 하였습니다. 그렇게 한동안 지원활동이 이어졌습니다.

그러나 늘 위태위태한 것이 남북관계입니다. 머잖아 북한의 미사일 발사로 남북관계에 찬 바람이 불었습니다. 그러다 남북관계에 따뜻한 바람이 다시 분 것이 강원도 평창 동계올림픽이었습니다. 그러나 이 훈풍도 잠시였습니다. 2019년 하노이 북미 정상회담 결렬에 실망하고 자존심이 크게 상했던 북한이 이후 문을 아주 걸어 잠갔기 때문입니다. 그로 인해 북한 측과 부활이나 성탄 때 주고받던 인사마저 답장 없이 몇 년이 흘렀습니다. 이제 이 엉킨 실타래를 힘을 모아 다시 풀어가야 하지 않을까 생각합니다.

지난 5월 춘천교구장 김주영 주교님이 위원장으로 있는 민족화해위원회 주관으로 몇 명의 주교가 디엠지 도보순례를 하였습니다. 도보순례를 하면서 저희는 많은 기도를 하였습니다. 한국 천주교회는 오래전부터 밤 9시면 '한반도 평화를 위해 기도'를 드리고 있습니다. 다행스러운 것은 교황님께서도 한반도 평화를 위해 기도해주고 계시고 우리를 위해 마음을 쓰고 계시는 점입니다. 교황님은 북한 김정은 위원장 초청이 있으면 언제든 북한을 방문하겠다 하시니 교황님의 방북이 성사되도록 기도해야겠습니다. 만일 교황님 방북이 이루어지면 한반도 평화에 큰 전기가 마련될 것이라 확신합니다. 평화를 위해 무엇보다 필요한 것이 연대입니다. 지난 10월 워싱턴에서 미국 주교회의와 한반도 평화 포럼을 할 때 미국 주교님들이 함께 해나가자며 저희의 손을 잡아 주던 일이 너무나 고마웠습니다.

이번에 저에게 명예로운 상을 주신 것은 더 열심히 기도하고, 할 수 있는 최선을 다하라는 당부라고 생각합니다. 앞으로도 한반도 평화를 위해 할 수 있는 일에 열심히 최선을 다하겠습니다. 감사합니다.

2022년 12월 16일
춘천

6·25전쟁 발발 70주년 기념 인터뷰

문 __ 한국전쟁 발발 70주년, 아직도 전쟁은 끝나지 않았습니다. 슬프고 아픈 현실, 주교님은 어떻게 보고 계십니까?

답 __ 70년이란 세월은 인간의 한생애입니다. 시편에서도 "인생은 기껏해야 70년 근력이 좋아서야 80년"이라 하였습니다. 우리 민족은 한생애라 할 수 있는 긴 세월을 6·25전쟁 후유증에 매달려 살아왔습니다. 6·25전쟁이 70년이 지난 옛일인데도 전쟁의 아픔을 잊지 못하는 이유는 같은 민족끼리 치른 전쟁이었다는 점과 전투가 오랜 기간 계속되어 피해가 너무 컸기 때문입니다. 한반도 전체가 영향을 받았고, 한국군 사상자 62만을 비롯 피아 군사상자 숫자가 120만이나 되었으며, 민간인 사망자도 250만 명에 이릅니다. 그뿐 아니라 전쟁 직전과 전쟁 중 이 마을 저 마을에서 저질러진 민간인 학살로 남한에서만 120만 명이 희생되었습니다. 이 끔찍한 학살 장면을 목격한 사람이 많아 그 이야기가 널리 대를 이어 전해진 데서도 원인을 찾을 수 있겠습니다.

이는 북쪽도 마찬가지라고 생각합니다. 이처럼 전쟁으로 깊어진 분단 70년은 남북의 이질화를 가져왔고 두 민족화로 인해 민족공동체 의식도 약화되고 있습니다. 70년이란 세월이 남북 사이에 높은 장벽을 쌓아놓은 것입니다. 하지만 이젠 이 장벽을 허물어야 합니다.

성경에서는 예수님께서 두 민족 사이를 가르는 장벽인 적개심을 허물기 위해 십자가에서 돌아가셨다고 하셨습니다. 이민족도 아닌 한 형제들 안에 있는 장벽인 적개심을 허물고 이제는 새로운 시대를 맞이해야 합니다. 6·25전쟁 발발 70주년을 맞는 우리 민족의 새로운 과제는 동족 간 적개심을 버리고 최근 악화되는 한반도 정세를 완화시키기 위해 정부와 국민이 하나 되어 노력하는 것입니다.

문 ― 남북관계 특히 한반도 평화 실현 여정에서 6·15 공동선언의 의미는 대단히 큽니다. 최초로 남북 정상이 만나 서로 이해를 증진하고 남북관계를 발전시켜 평화통일을 실현하겠다는 합의라는 점에서 중대한 의미를 가진다고 할 수 있습니다. 주교님은 어떻게 평가하시는지요?

답 ― 길지는 않지만 통일 문제를 우리 민족끼리 자주적으로 해결하고 친척 방문, 경제협력, 교류 활성화와 지속적인 대화를 하자는 내용이 골자였습니다. 그리고 후에 이루어진 판문점 선언을 비롯 다른 선언들도 6·15 공동선언의 정신을 이었다고 볼 수 있습니다. 6·15 공동선언의 출발점은 우리 민족끼리에 있습니다. 그런데 현실적으로 남북문제는 우리 민족끼리 해결하기엔 어려운 문제인 것이 사실입니다. 한반도 문제를 자국 이익을 위해 이용하는 주변 강대국, 특히 미국과 중국의 존재가 한반도 문제 해결을 어렵게 하고 있습니다. 지난 하노이 회담은 무척 기대가 컸는데 아무 결실 없이 끝나 북한이 무척 실망한 것 같고 현재는 그 후유증이 계속되는 중으로 보입니다. 북한은 남쪽에 탓을 돌리고 있습니다. 남쪽이 미국 눈치를 보며 아무런 역할을 하지 못했다고 생각하는 것이지요. 그동안 우리 민족끼리를 강조하였는데 남쪽이 너무 약했던 게 사실입니다.

세계정세가 조금씩 변해가고 있고 한국도 이제는 예전과 다른 모습을 보여주어야 할 때라고 생각합니다. 최근 들어 이전 정부에서 남북관계 실무에 앞장섰던 분들이 목소리를 내야 한다는 말을 하고 있고, 미국 어느 대학교수도 한국 입지가 커지기 위해서는 내부 단합과 경제력의 필요성을 이야기하였는데 맞는 말이라 생각합니다. 이제 우리가 해야 할 노력은 내부 갈등과 대립에서 벗어나 단합하는 일과 북한 주민들에게 한 형제로서 모습을 보여주며 북한 주민들의 마음을 얻어가는 일입니다.

문 __ 북한은 탈북자 단체의 전단 살포로 남북 간 모든 연락 채널을 끊겠다고 위협하는 상황입니다. 그럼에도 한국 사회는 대북정책을 둘러싼 이념과 진영논리에 갇혀 발전적인 논의를 전개하지 못하고 있습니다. 이 문제는 어떻게 풀어야 할까요?

답 __ 탈북 단체의 대북 전단 살포로 남북관계가 갑작스럽게 경색되고 있어 유감스럽고 심히 걱정스럽습니다. 대북 전단 살포를 이유로 북한은 청와대 핫라인을 포함 남북 간 연락 채널을 모두 차단하였습니다. 그뿐 아니라 남북공동연락사무소를 폐쇄하겠다고 하더니 급기야 공동연락사무소를 폭파하고 말았습니다. 게다가 군사행동까지 예고하고 있어 한반도에 한파가 몰아치는 형국입니다.

이 문제를 두고 국내 반응도 둘로 나뉘었습니다. 한쪽은 탈북자 단체의 대북 전단 살포에 대한 정부의 대응을 놓고 지나친 저자세라 비판하는가 하면, 다른 편은 남북관계에 찬물을 끼얹을 수 있으니 강력히 조치해야 할 것이라 주장합니다. 대북 전단 살포와 관련한 다른 반응들에서도 우리 사회의 양극화된 이념과 진영논리가 드러나고 있습니다.

어느 시대 어느 사회나 좌우 진영논리는 있었습니다. 오히려 없는 사회가 이상한 것입니다. 그러나 70년이라는 세월을 한계나 극복해야 할 시점으로 받아들이면 좋겠습니다. 한반도는 더 이상 과거 냉전 시대로 돌아가서는 안 됩니다. 지금은 남북 모두 격앙된 상태인데 이럴 때일수록 대화를 나누고 외교적인 지혜를 발휘해야 합니다. 남북 모두가 평화와 일치를 위해 함께 손잡는 길이 무엇인지 선택해야 합니다. 6·25전쟁 발발 70주년은 용서와 장벽을 허무는 원년을 의미할 수 있습니다. 성경에 나오는 일곱 번씩 일흔 번의 용서나 예수님의 십자가가 우리에게 던져주는 장벽을 허무는 일을 해야 하는 시점을 이야기합니다. 더 이상 분열이 되어서는 이 사회에 평화나 공동선을 실현할 수 없습니다.

문 ＿ 가톨릭교회는 북한에 수많은 지원을 해왔습니다. 북핵 문제나 북한 인권 문제에 대해서도 적극적으로 목소리를 높여왔는데요?.

답 ＿ 천안함 사건으로 시작된 5·24조치와 유엔 경제 제재가 이루어지기 전까지 한국교회는 북한에 비교적 많은 대북 지원을 해왔습니다. 그러나 5·24조치와 유엔 제재로 인해 대북 지원은 국제 카리타스를 통해서만 하게 되었습니다. 대북 지원은 지원을 시작할 때부터 북한의 변화를 바라고 한 것은 아닙니다. 그야말로 어려운 북한 형제를 도와준다는 인도적 차원의 지원일 뿐입니다. 북한의 변화를 의도하지 않고 그렇게까지 한 것은 교회였기 때문입니다.

교회가 북핵 문제에 목소리를 높이지 않은 것은 아닙니다. 그동안 여러 차례 북핵 문제 하나만을 꼬집어 한 것은 아니지만 한반도 평화를 위협하는 핵문제에 대해 이야기하였습니다. 민족화해위원회가 담화문이나 호소문을 발표하고, 때로는 정의평화위원회나 주교회의 의장의 담화로 하기도 하였습니다. 특히 언론에 보도되진 않았지만 민족화해위원회에서는 바티칸이나 아시아주교회의를 통해 우리 입장이나 협조를 요청하였고, 특히 미국 주교회의를 통해 백악관에 호소문을 내기도 하였습니다.

그러나 인권 문제에 대해 목소리를 높이지 못한 것은 사실입니다. 보편교회 안에서 인권 문제는 너무나도 중요한 사안이고, 따라서 북한 인권 문제 역시 중요하다는 것은 두말할 나위 없습니다. 그런데 인권 문제는 우리가 잘 알고 있듯이 북한의 아킬레스건입니다. 어떻게든 만나고 대화해야 관계가 이어지는데, 그 문제를 말하려면 아예 만나지도 말자고 하는 북한 때문에 북한 인권 문제를 최우선 의제로 삼기 어려웠던 것입니다.

문 ─ 이번 담화에서 본당에서 해야 할 평화와 화해에 대한 교육과 실천적 노력을 강조하셨습니다. 이러한 노력은 학교에서도 이루어져야 한다고 하셨습니다. 교육부와 통일부가 조사한 바에 따르면 북한을 경계 대상, 적이라 생각하는 학생들이 늘고, 협력대상이라고 생각하는 학생이 줄어들고 있다고 합니다.

답 ─ 바로 이런 점 때문에 교구와 본당에서 평화와 화해 교육과 실천적 노력이 필요한 것입니다. 주교회의에서는 몇 해 전부터 각 본당에 민족화해분과를 설치하자는 권고를 해왔는데 제대로 이행하는 교구가 많지 않습니다. 최근 들어 대북 지원은 정부나 지자체를 비롯해 많은 지원 단체들이 하고 있기에 우리 교회에서 해야 할 더 중요한 일은 평화와 화해에 대한 교육과 기도 운동이라고 생각합니다.

그동안 교회 안에서도 남북 문제에 일치를 이루지 못해 청소년들에 대한 교육까지는 엄두를 내지 못했지만, 최근 어른과 봉사자들을 위한 평화교육 교재를 만들고 있습니다. 차츰 대상의 범위를 넓혀갈 예정입니다. 적어도 교회에서만큼은 북한 사람이 경계 대상이나 적이 아니라 형제가 되어야 하는데, 청소년의 의식이 점점 부정적으로 변해간다니 안타깝습니다.

지난해 서울대 평화통일연구원에서 조사한 북한에 대한 인식 조사 결과에 의하면 세대와 지역에 따라 긍정과 부정의 비율이 달라지는 것을 볼 수 있었습니다. 특히 청소년은 민족의식보다 현실적 이익과 판단에 기초해 생각하는 것이 아닌가 생각됩니다.

문 __ 대북 지원, 기도 운동, 민족화해학교 등 교회는 평화와 화해를 위한 길을 걸어왔습니다. 앞으로 교회는 또 어떤 방향에서 무슨 일을 해야 할까요?

답 __ 그동안 주교회의에서는 5·24조치나 유엔 제재로 국내에서 직접 지원이 어려워 국제 카리타스를 통해 지원하기로 하면서 대북 지원은 카리타스가 하고 민족화해위원회는 북한교회와의 교류나 기도 운동, 민족화해학교 운영이나 평화교육에 주력하고 있습니다. 이 가운데 가장 중요한 일은 기도입니다. 매일 밤 9시에 한반도 평화를 위해 주모경 바치는 일은 이제 어느 정도 잘 이루어지고 있는데 이 기도는 앞으로도 계속되어야 하겠습니다. 각 본당에 설치하라고 권고하는 민족화해분과를 통해서는 작은 규모지만 모여서 기도하고 평화에 대한 교회의 가르침을 배우며 이를 생활에서 실천하는 신자가 늘어나면 좋겠습니다.

문 ＿ 한반도 평화와 화해를 위해 일상에서 우리 국민이 실천해야 할 일에는 무엇이 있다고 보시는지, 특별히 신자들에게 당부하고 싶은 말씀이 있으시다면?

답 ＿ 평화와 화해를 위해서 가장 중요한 일은 상대방을 존중하고 우리와 다른 것들을 이해하고 받아들이는 것입니다. 남과 북도 70년이란 긴 분단 세월 동안 이루어진 다른 방식의 교육과 생활로 같은 민족이라곤 하나 너무 많은 점에서 이질화되었습니다. 체제, 교육, 문화가 달랐던 서로를 존중하고 이해하며 받아들이는 시간이 필요합니다. 이를 위해 우리 사회의 많은 부분을 차지하는 이주민 노동자, 다문화 가정과 함께 잘 지내는 일이 실천할 수 있는 좋은 방법입니다. 그뿐 아니라 사회 전반에 존재하는 차별이나 혐오를 없애고 존중하며 함께 살아가는 분위기를 조성하는 것도 좋은 일입니다. 특히 우리 신자들은 그동안 한반도 평화와 남북 화해를 위해 기도해 온 만큼 북한 형제들과의 형제애 회복을 위해 더 열심히 기도하고 노력해야 하겠습니다. 그러기 위해 우리는 일상생활에서 나와 다른 정치 이념이나 생각을 가진 사람에게 적대감을 품지 않고 존중하고 이해하려는 노력을 해야 할 것입니다.

문 __ 교황님의 사목 방문은 가능할까요?

답 __ 교황님의 사목 방문은 늘 놀라운 감동을 주고 있습니다. 특히 북한교회 방문은 생각만 해도 기쁘고 감동스러운 일입니다. 판문점에서 있었던 지난 남북 정상의 만남은 전 세계 많은 사람이 감탄했고 축하해주었는데 교황님께서 북한을 방문해주신다면 놀라운 발걸음이 될 것이고 아마도 성령께서 교황님 방문을 통해 무언가 한반도에 작은 열매라도 주시지 않을까 생각합니다.

《가톨릭평화신문》(2020년 6월 25일)

2018 남북 정상회담의 성과와 한계

문 __ 주교님은 판문점 선언을 어떻게 보셨습니까?

답 __ 판문점 선언은 8,000만 온 겨레가 오랜 기간 염원해왔던 평화와 번영, 통일을 향하는 큰 발걸음을 내딛는 시작을 천명한 감동적인 선언이었습니다. 북한 정상으로는 처음으로 군사분계선을 넘어 남쪽을 찾아온 김정은 위원장과 문재인 대통령과의 만남은 처음부터 큰 감동을 주었습니다.

일관된 정책으로 인내를 갖고 한반도 평화를 위해 노력해온 문재인 대통령과 그동안 핵실험과 대륙간 탄도미사일로 미국을 위시하여 주변 국가를 위협하던 북한은 극심한 경제 제재에 시달리고 체제 안정에도 위협을 느끼게 되었습니다. 이런 어려운 국면을 벗어나기 위하여, 김정은 위원장은 새해를 맞이하여 경제를 우선하고 보통의 국가로 인정받겠다는 중대 결심을 하게 되었으며, 이러한 결심이 남북 정상회담과 북미회담을 성사시켰다고 할 수 있습니다.

이러한 두 정상의 의지와 노력이 낳은 이번 남북 정상회담은 한반도 평화와 번영을 위한 의지로 볼 수 있습니다. 이 모든 것을 담은 판문점 선언은 한마디로 한반도에 더 이상 전쟁은 없을 것이고 평화의 시대가 열렸음을 남북 8,000만 겨레와 전 세계에 엄숙히 천명한 것이었습니다. 또한 평화의 길로 나아가기 위해 "남과 북이 완전한 비핵화를 통해 핵 없는 한반도를 실현한다는 공동의 목표를 확인"하였고 '완전한 비핵화', '핵없는 한반도' 라는 단어를 명시한 것은 무엇보다 큰 성과였습니다. 남북 정상회담 결실인 판문점 선언이 나오기까지 보여준 두 정상의 진지하고 솔직한 모습은 그동안의 정상회담과 다를 것이라는 진정성을 느끼게 해주었습니다. 두 정상이 결코 뒤돌아가지 않겠다는 확신에 찬 선언은 신뢰를 느끼게 해주었습니다.

문 __ 주교님은 회담 성과가 무엇이라 평가하시고 아쉬우셨던 점은 무엇입니까?

답 __ 이번 남북 정상회담의 가장 큰 성과는 남북 양 정상이 한반도 평화를 위해 모두 노력하고 있고, 한반도 평화 발전을 위해 상호 신뢰를 쌓았다는 점과 이를 지켜본 국민도 공감하였다는 점입니다. 이번 선언문에는 남북 역대 정상이 해왔던 중요 선언을 비롯해 남북 간에 이루어진 중요한 결정 사항이 판문점 선언에 녹아 있음을 볼 수 있습니다. 특히 남북이 서로의 체제를 존중하면서 회담 성공과 발전을 위한 토대를 만들었다는 것이 큰 성과라 할 수 있겠습니다.

남북 정상회담과 주변 상황이 TV를 통해 전해졌으며, 시민들이 눈물을 흘리며 감동스러워하는 모습은 전 세계 많은 사람에게 평화의 메시지로 전달되었다고 생각합니다. 무엇보다 판문점 선언으로 정리된 회담 내용은 남북 정상회담 성패를 판가름하는 북미회담에 좋은 영향을 줄 수 있을 것이라 판단합니다.

아쉬운 점이 있다면 판문점 선언에 비핵화와 비핵화 실현 방안에 대해 구체적으로 표명하는 것이 약하지 않았는가 하는 점입니다. 그런데 비핵화 관련 사항은 북미 정상회담을 통해 구체적으로 다룰 사안이므로 남북 정상이 비핵화에 대해 확고한 의지를 표현한 것만으로도 의미가 있다고 생각합니다.

문 ─ 주교님은 앞으로 교회가 무엇을 준비해야 한다고 보십니까?

답 __ 그동안 너무 오랜 기간 남북관계의 악화 속에서 민족화해를 위한 활동에 적극적이지 못했습니다. 오랜 기간 지속된 '남북관계 악화'는 신자들 마음에 무관심과 적대감을 증대시켰습니다. 이러한 사실은 그동안 민화위의 여러 조사에서 나타났는데 교회가 해야 할 무엇보다 중요한 일은 신자들의 무뎌진 마음을 변화시키는 일일 것입니다. 사목활동 안에도 이런 화해와 평화에 대한 교육과 가르침이 시급합니다. 이를 위해서는 본당 공동체 안에 민족화해와 평화를 위해 일하는 봉사자들과 단체가 필요합니다. 주교회의에서 결정하여 각 본당에 설치하기로 한 민족화해분과를 많이 조직해야 하겠습니다. 그뿐 아니라 북미회담을 잘 마치게 되면 남북 교류를 비롯해 인도적 지원이 활발하게 될 것입니다. 특히 오래전 지정되었던 각 교구와 북한 자매 지역 간 교류가 이루어질 수 있도록 단계적 준비를 해나가야겠습니다. 주교회의에서는 이전에 협의되었던 장충 성당에 대축일 사제 파견과 노후화한 장충 성당 재건축도 시도해야 할 것이며, 북한 교회와 만남을 비롯 신앙대회도 차근차근 준비해 나가야 하겠습니다.

문 __ 한반도 평화 실현을 위해 신자들에게 당부하고 싶으신 말씀은?

답 __ 평창 동계올림픽으로 시작하여 이번 정상회담이 성사되는 것을 지켜보면서 평화는 하느님께서 주시는 것임을 체험하였습니다. 남북 정상회담은 한반도 평화의 여정의 시작입니다. 평화 여정에 필요한 것은 기도입니다. 우리가 할 수 있는 가장 큰 무기는 기도입니다. 평화를 위해 무엇보다 필요한 것은 많은 이가 평화의 대열에 함께 연대하는 것이라 하였는데 기도의 연대야말로 누구나 할 수 있는 가장 큰 일입니다. 한국천주교회가 그동안 해왔던 밤 9시 한반도 평화를 위한 주모경 바치기에 더 많은 이들이 참여해 주시기 바랍니다. 그리고 평화 실현을 위해 일상생활에서부터 평화의 도구로 살아갑시다. 늘 이웃을 존중하고 나와 다른 사람을 받아들이는 삶을 삽시다.

《가톨릭평화신문》(2018년 12월)

제 4 장

-

평화 단상

밤 9시 기도는 계속됩니다

며칠 전 추계 주교회의 정기총회에서 그동안 밤 9시에 한반도 평화를 위하여 바쳤던 주모경을 금년 한 해만 할 것이 아니라 한반도에 평화가 이루어질 때까지 계속해서 바치기로 결정하였습니다.

2019년 대림절부터 시작된 밤 9시 기도는 참으로 많은 신자가 한마음으로 열심히 바쳤습니다. 간혹 사목 방문이나 본당 행사에 참여할 때 밤 9시가 되면, 여기저기서 핸드폰 알람 소리가 울릴 때가 많았습니다.

한 해 동안 열심히 기도를 바쳤는데 한반도 평화는 이루어지지 않고 있습니다. 아직 우리 기도가 미약하였고, 평화를 이루기 위해서는 기도와 함께 해야 할 일이 많은 것 같습니다.

저는 종종 북녘이 바라다보이는 곳에 세워진 성모상 앞에서 성모의 밤을 여러 차례 지낸 적이 있습니다. 우리 한국 신자들처럼 성모님께 열심히 기도하는 사람도 없을 텐데, 왜 성모님께서는 우리 기도를 들어주시지 않는 걸까 어린아이처럼 투정을 부려보기도 했습니다. 과연 우리는 성모님께서 기도를 들어주실 만큼 잘살고 있는 걸까 생각해보아야 하겠습니다.

전 세계 많은 신자의 기도 지향 중에 아마도 가장 많은 것이 평화가 아닐까 생각합니다. 해마다 새해 첫날인 1월 1일을 우리 가톨릭교회는 평화의 날로 보내고 있습니다. 가톨릭교회의 세계평화의 날은 2018년에 시성되신 바오로 6세 교황께서 제정하셨습니다. 1968년 시작된 평화의 날에는 매번 교황님께서 담화문을 발표하시는데 이 담화문을 통해 평화를 이루기 위해 교회가 해야 할 일이 무엇인지를 늘 알려주십니다. 해마다 시대 상황에 맞게 주제가 바뀌는데, 예를 들면 기도, 대화, 생명 보호, 기후변화, 사회적 약자들에게 다가가기, 용서, 다른 이들에 대한 존중, 연대, 양심, 인권 존중, 난민 돌봄 등으로 다양합니다. 해마다 교황님의 평화의 날 담화문을 읽으며 평화의 길이 참으로 긴 여정임을 깨닫게 됩니다.

지난 대림절부터 전국적으로 밤 9시 기도를 시작한 것은

2020년도가 6·25전쟁 발발 70주년이 되기 때문이었습니다. 한반도의 분단과 6·25전쟁으로 점점 더 쌓여만 가는 남북 갈등, 오해와 긴장이 풀릴 듯하면서도 쉬 풀리지 않는 것 같습니다. 그뿐 아니라 남쪽 사회에서 팽창하는 갈등과 분열, 적대감이 쉬 해결되지 않는 그 중심에는 6·25전쟁이라는 역사적으로 불행한 사건이 자리잡고 있습니다.

한반도에 평화를 실현해야 하는데 이 평화를 둘러싸고 엉켜 있는 실타래들을 풀어나갈 주인공은 우리입니다. 평화라는 선물을 얻기 위해 우리가 안고 살아가야 할 그 많은 과제를 신앙인으로서 이제 기도로 함께 풀어나갑시다.

그럼 무엇부터 해나가야 할까요? 나와 다른 사람을 존중하는 일이 시작일 것입니다. 최근 우리 교회가 가장 중요한 숙제로 삼고 있는 생명 존중, 그리고 기후변화에 따른 생태 환경적 실천들도 시급한 과제일 것입니다.

한반도 평화를 위한 밤 9시 기도를 지속적으로 하기로 결정한 우리 마음에 하느님께서 함께해주시기를 청합시다.

평화의 어머니이신 성모 마리아여 한반도 평화를 위해 빌어주소서!

평화의 어머니이신 성모 마리아여 세계평화를 위해 빌어주소서!

2020년 10월 18일

빨간색의 편견을 지우며 평화의 여정에 함께합시다

한반도에 평화의 바람이 불고 있습니다.

작년 9월 한반도 평화를 위해 파티마 성모님을 모시고 미사를 드렸을 때만 해도 북한의 6차 핵실험으로 한반도는 전쟁의 어두운 그림자가 가득했습니다. 그런데 대반전이 일어났습니다. 북한의 김정은 위원장이 핵 개발 완성을 선언하였고, 신년사를 통해 국가시책의 중점을 경제개발에 두겠다고 선포한 것입니다. 그뿐 아니라 남쪽에서 동계올림픽이 열리게 됨을 축하하였고 대규모 응원단을 비롯하여 선수단과 예술단까지 파견할 것이며 남북대화에도 응할 용의가 있다고 밝혔습니다. 이 모든 일은 예정대로 이루어졌고 고위급 인사들로 구성된 특사들도 남한에 와 우리 대표들과 함께 대화를 나누었습니다. 이어 숨 가쁘게 진행된 남북 대표들의 회담은 남북 정상회담과 북미 정상회담까지 이어졌습니다.

판문점에서 열린 남북 정상회담은 TV로 생중계되어 많은 국민이 이를 보았고, 외국에도 보도되어 한반도 평화에 대한 세계적 공감대가 형성되었습니다. 남북 정상회담의 결실인 판문점 선언에는 '남북관계 개선과 발전에 대한' 의지는 물론 전쟁을 종결하고 비핵화를 통해 한반도에 평화체제를 이루겠다는 강한 의지가 담겨 있었으며 특히 김정은 위원장의 비핵화에 대한 강한 의지가 전 세계인이 보는 가운데 표명되었습니다.

　8,000만 남북 겨레가 꿈꾸어 왔던 일들이 실현될 수 있음을 느끼며 감동의 하루를 보냈습니다. 그런데 놀라운 것은 평창 동계올림픽을 시작으로 남북 정상회담 과정을 지켜보는 그 짧은 기간 동안 국민의 의식이 너무도 많이 바뀌었다는 사실입니다.

　우선 남북 정상회담에 대한 긍정 평가가 85% 이상으로 나타났습니다. 김정은 위원장에 대한 신뢰나 호감도도 상당히 긍정적으로 바뀌었습니다. 그동안 언론을 통해 남한 사람에게 형성된 북한 지도자의 모습은 폭력적이고 은둔형의 괴팍스러운 인물이었습니다. 어린 시절부터 뇌리 깊이에 박힌 북한은 비정상으로 가득한 나라였습니다. 그리고 북한 사람은 따스한 마음을 갖지 못한 포악하기 이를 데 없는 악마 같은 사람들이었습니다.

　남북 정상회담을 보고 환호하는 젊은 사람들에게 '전쟁을 경험하지 못해 공산당이 얼마나 잔인하고 무서운 줄 모르고 저렇게 좋아하다니 철없는 사람들…'이라고 하실 분들이 아직 계실 것입니다. 지금 자녀를 둔 부모 세대는 이렇게 철저한 반공교육을 받은 사람들입니다. '공산당이 싫어요'를 외치고 용감하게 죽어간 이승복 어린이의 용기를 배운 사람들입니다. 길에서 주운 삐라를 보면 놀라 어쩔 줄 몰라 했던 세대였습니다. 군대에서 총검술을 할 때 표적이나 사격 표적지에도 북한의 인민군 얼굴을 크게 붙여놓았습니다. 아마도 이는 남쪽만의 일이 아니었을 것입니다. 나중에 북한도 우리와 마찬가지였다는 사실을 알게 되었습니다. 탈북민 숫자가 3만 명을 넘은 요즘에도 우리와 똑같은 용모나 마음을 가진 탈북자를 이상하게 보는 것도 사실 신기한 일입니다.

　이제 평화의 여정이 시작되었습니다. 너무 오랫동안 교육을 받고 자라온 탓에 우리 안에는 아직도 북한에 대한 잘못된 빨간 도장이 자리잡고 있습니다. 그러나 이러한 빨간 도장이 지워지지 않은 채 평화의 여정을 향해 갈 수는 없습니다.

　프란치스코 교황님께서도 남북관계 개선을 통해 형제애가

회복되기를 바라며 기도한다고 하셨습니다. 우리도 우리 형제에게 갖고 있던 빨간 인식을 지우며 평화의 대열에 함께합시다.

2018년 6월

종군 위안부, 김군자 할머니

김군자 할머니가 지난 7월 23일 세상을 떠나셨습니다. 할머니는 1926년 강원도 평창에서 태어나셨습니다. 할머니는 10대에 부모를 여의고 17살 때 중국 길림성 훈춘 위안소로 끌려갔습니다. 몇 차례 탈출을 시도하였는데 번번이 실패했다고 합니다. 저항하다 맞아 고막이 터진 할머니는 평생 왼쪽 귀가 들리지 않았다고 합니다.

할머니는 해방되자 두만강을 넘어 귀국하였습니다. 고향에 돌아와 위안소에 끌려가기 전 결혼을 약속했던 남자와 재회했지만, 집안의 반대로 남자가 스스로 목숨을 끊었고 그와의 사이에 난 딸은 5개월 만에 숨졌다고 합니다. 그 후 1998년 나눔의 집으로 오시기 전까지 할머니는 혼자 사셨다고 합니다.

김군자 할머니를 처음 뵌 것은 몇 해 전 설 즈음이었습니다.

평소 위안부 할머니들에 대한 죄송한 마음이 있었고 특히 그분들이 조선의 딸이라서 겪어야 했던 모진 고통과 불행을 우리도 함께 나누어야 한다는 생각이 들었습니다. 나는 교구청 국장 신부님들과 할머니들에게 가 세배도 드리고 고기도 구어 드릴 수 있게 준비하였습니다. 또 한 가지 우리가 기쁜 마음으로 준비한 것은 할머니들에게 불러드릴 합창곡이었습니다. 방문을 며칠 앞두고 함께 모여 몇 차례 연습을 했는데 제법 화음이 잘 맞았습니다. 부를 곡으로는 할머니들도 좋아하실 것 같은 〈오빠 생각〉과 〈고향의 봄〉을 선정하였습니다.

당일은 마치 오래 뵙지 못했던 친척 할머니를 찾아뵈러 가는 것처럼 가볍고 기쁜 마음들이었습니다. 나눔의 집을 찾아가니 여섯 일곱 분의 할머니들이 계셨습니다. 이제는 연세들이 많이 드셔서 휠체어를 타는 분도 계셨고, 귀가 잘 안 들리고 거동도 불편하신 분도 있었습니다. 할머니들에게 세배를 드리고 나서 합창을 들려드리니 너무들 좋아하셨습니다. 아마도 이 국땅에 끌려가 외롭고 슬펐을 때 많이 그리워하고 보고 싶어 했을 고향이며 고향 집 오빠가 아니었을까 생각되어 눈시울이 뜨거워졌습니다.

방문을 마치고 나올 때 나눔의 집 직원이 정치인이나 단체들이 찾아왔을 때보다 무척 기뻐하시는 것 같다며 또 들려 달라고 하였습니다.

할머니들 중에는 천주교 신자도 두 분 계셨는데, 김군자 할머니도 그중 한 분이셨습니다. 주교님이 왔다고 기뻐하시던 김군자 할머니는 내 손을 붙잡고 당신 방으로 좀 가자고 하였습니다. 고해성사를 하시려는가 생각하며 할머니 방으로 따라가 보았습니다. 할머니는 매우 감동하시며 뭔가 이야기하고 싶으셨던 것 같은 데 이야기를 잘 꺼내진 못하셨습니다. 저는 내 손을 꼭 잡고 계시는 할머니와 이심전심으로 이야기를 나누었습니다. 깨끗하게 정돈된 방에 사진들과 기념패가 몇 개 있었는데 그 가운데서 제게 꺼내 보여주신 것이 수원교구 이용훈 주교님이 할머니에게 주신 감사패였습니다. 할머니는 정부에서 받은 지원금과 사비를 모아 몇 군데 기부하셨는데, 나에게 보여주고 싶었던 것은 아마도 당신의 교적이 있는 수원교구 퇴촌 성당에 학생들 장학금으로 1억 5천만 원을 기부하고 받은 감사패였던 것 같습니다. 열심히 기도하며 사신다는 할머니는 이날 우리들의 방문을 너무 기분 좋아하셨습니다.

할머니는 "죽기 전 소원은 일본의 사과를 받는 것"이라 하셨습니다. 피해 당사자인 할머니들 마음에는 일본이 하는 사과의 진정성이 없어 보이는 듯합니다. 사실 그동안 일본 정부는 위안부 문제에 대해 몇 차례 사과했지만 정권이 바뀔 때마다 사과한 사실이나 사과를 표현하는 단어 때문에 논란을 일으켰습니다. 심지어 최근 '일본 정부는 일본군이 위안부 인신 매매를 한 사실이 결코 없다'고 부정하기까지 하였습니다. 그러니 어린 나이에 끌려가 한생을 불운하게 마친 수많은 위안부 할머니들의 불행을 어떻게 보상할 수 있겠습니까? 과거 나치가 저지른 일에 무릎을 꿇어 사과한 서독의 빌리브란트 수상이 보여준 독일의 모습과 일본은 얼마나 다른지…?.

모든 위안부 할머니들과 이미 세상을 떠난 가엾은 분들을 대신하여 김군자 할머니는 2007년 2월 미국 하원에서 열린 일본군 위안부 청문회에 나가 참상을 증언하였습니다. 정부에 등록된 239명의 피해자 가운데 생존자는 이제 37명 뿐이라고 합니다.

얼마 전 나이 어린 여고생들이 학교에 위안부 할머니들을 기리기 위해 100개 학교를 목표로 작은 소녀상을 스스로 세우고 있다는 소식을 들었습니다. 참으로 기특한 일입니다. 이제 새로운 정부가 잘못된 위안부 합의안을 새로 정리해줄 것이라고 기대합니다. 더불어 위안부 할머니들의 삶에 무관심하였던 우리도 그분들을 기억하며, 특히 돌아가신 분들을 위해 기도드려야 하겠습니다. "주님 외롭고 힘들게 살다 간 할머니들에게 영원한 안식을 주소서."

이스라엘 유대인 학살 기념관에 쓰여 있는 "그들을 용서는 해주자. 그러나 잊지는 말자"는 말이 떠오릅니다.

2017년 9월

이기헌 베드로 주교 약력

1947. 12. 31.	평양 출생
1973. 2.	가톨릭대학교 신학부 졸업
1975. 12. 8.	사제 수품
1978. 8. ~ 1982. 8.	군종신부
1982. 9. ~ 1987. 8.	서울대교구 잠원동 본당 주임신부
1987. 9. ~ 1990. 4.	서울대교구 석관동 본당 주임신부
1990. 5. ~ 1995. 8.	동경 한인 천주교회 주임신부
1995. 9. ~ 1998. 9.	서울대교구 교육국장
1998. 9. ~ 1999. 10.	서울대교구 사무처장
1999. 10. 29.	군종교구장 임명
1999. 12. 14.	주교 수품
1999. 12. 15.	제2대 군종교구장 착좌
2000. 3. ~ 2005. 10.	주교회의 가정사목위원회 위원장(보건사목 담당 겸임)
2003. 3. ~ 2005. 10.	주교회의 '생명31 운동본부' 책임 주교
2003. 5. 19. ~ 2004.	아시아주교회의연합회 제8차 정기총회 담당 주교
2005. 10. ~ 2010. 10.	주교회의 문화위원회 위원장
2009. 10 ~ 2021. 3.	주교회의 선교사목주교위원회 위원장
2010. 2. 26.	의정부교구장 전보
2010. 2. 26. ~ 현재	주교회의 시복시성주교특별위원회 위원

2010. 2. 26. ~ 2012. 3.	주교회의 청소년사목위원회 위원장(문화위원회 위원장 겸임)
2010. 5. 4.	의정부교구장 착좌
2010. 10. 14. ~ 현재	한일주교교류모임 한국측 연락담당
2011. 10. 12. ~ 2020. 10.	한국천주교중앙협의회 감사
2012. 3. 14. ~ 2021. 3.	주교회의 민족화해위원회 위원장
2021. 3. 10. ~ 현재	주교회의 민족화해주교특별위원회 위원장
2022. 12. 16.	2022 DMZ 평화상 수상(강원도)

평화를 주소서

교회인가 2023년 9월 13일 천주교 의정부교구장 이기헌 베드로 주교
인쇄일   2023년 10월 6일 초판 1쇄 발행

지은이   이기헌
펴낸이   강주석
펴낸곳   가톨릭동북아평화연구소
편집 기획 박문수 ㅣ 편집 디자인 박현정
주소   경기도 파주시 탄현면 성동로 111
전화   031-850-1501~3 ㅣ 팩스 031-850-1581
전자우편   publ-cinap@hanmail.net
등록   제406-2018-000071 (2018년 6월 18일)

ISBN 979-11-92063-04-1 (03230)

ⓒ 이기헌 2023

- 이 책 내용의 전부 또는 일부를 재사용하려면 반드시 저작권자와
  가톨릭동북아평화연구소 양측의 동의를 받아야 합니다.
- 책값은 뒤표지에 표시되어 있습니다.